成语里的中国（上册）

曹玉骞 著

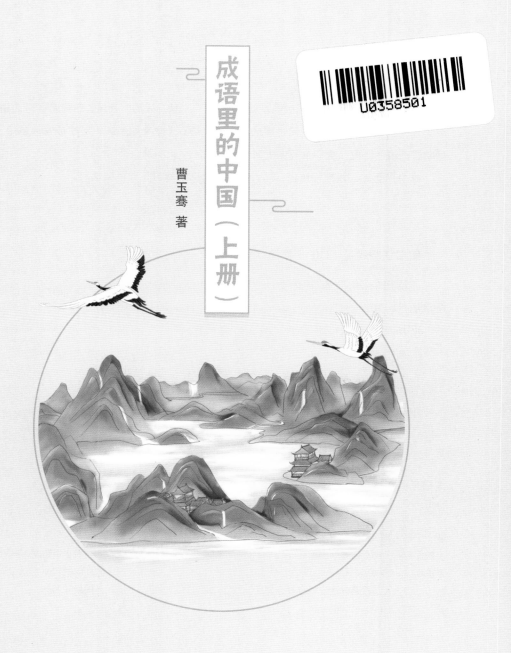

上海交通大学出版社
SHANGHAI JIAO TONG UNIVERSITY PRESS

内容提要

本书按年代顺序，分上古传说、夏商西周、春秋、战国、秦汉、三国两晋南北朝、隋唐五代、宋元明清八个单元讲解成语，将中华五千年文明融入一百个成语故事中，借助成语讲述历史，更穿透历史去探寻中国人的文化精神。

本书同历史、地理相结合，助力跨学科大思政学习与大语文学习。

图书在版编目（CIP）数据

成语里的中国 / 曹玉骞著 . —上海 ： 上海交通大学出版社，2024.1

　　ISBN 978-7-313-28152-4

　　Ⅰ . ①成 ... 　Ⅱ . ①曹 ... 　Ⅲ . ①汉语—成语—青少年读物 　Ⅳ . ① H136.31-49

　　中国国家版本馆 CIP 数据核字（2023）第 237595 号

成语里的中国
CHENGYU LI DE ZHONGGUO

著　　者：曹玉骞

出版发行：上海交通大学出版社 　　　　　　地　　址：上海市番禺路 951 号

邮政编码：200030 　　　　　　　　　　　　电　　话：021-64071208

印　　制：上海盛通时代印刷有限公司 　　　经　　销：全国新华书店

开　　本：710mm×1000mm 　1 / 16 　　　印　　张：34

字　　数：418 千字

版　　次：2024 年 1 月第 1 版 　　　　　　　印　　次：2024 年 1 月第 1 次印刷

书　　号：ISBN 978-7-313-28152-4

定　　价：136.00 元（全二册）

序

一

1984年，我来到北京大学重启学术生涯，北大校园也成为我学术活动的中心点之一。在这里，我遇到过许多年轻的面孔，他们研读旧典、探索新知，传承着中华民族的思想文明。

2020年，因为工作关系，我认识了曹玉骞。那时，距他进入北大求学已过去了将近二十年。谈论中，得知他在网上做了一档公益音频节目，通过成语讲中国历史，获得了很高的社会关注度。三年来，我们时常往还，他也会将读书和工作近况告知给我。去年冬天，他对我说准备将成语课程的核心内容撰写出版，并嘱我作序。看到他这些年的工作有了成果，我感到由衷高兴。

一般讲成语的方法，不外拼音和笔画排序两种；玉骞却独辟蹊径，按年代顺序讲解成语，将中华五千年文明融入一个个成语故事，借助成语讲述历史，更穿透历史去探寻中国人的文化精神。从上古开天辟地，到三代礼乐相济；从春秋诸侯称霸，到战国百家争鸣；从秦汉王朝一统，到魏晋民族融合；从隋唐社会气象，到宋明士人风貌，都被熔铸进一百个成语当中。作者娓娓道来，文字中有老子对天地的参悟，庄子对人生的超脱，孔子对文化的坚守，墨子对正义的执着；也有春秋五霸的苦心励志，秦汉英雄的万里远征，魏晋人物的俊逸风骨，唐宋名臣的豪迈情怀。

　　这套书主讲成语，传承的却是生生不息且历久弥新的中华文化精神；并以中西互鉴的方式，引入西方经典著作选段，同成语中所蕴含的哲理比较阅读，在东西方文明之间架起沟通理解的桥梁。它不是象牙塔里的高深著作，而是面向社会大众，尤其青少年群体的文化性读物。我曾编撰过"中小学生阅读指导目录"中的普及本《老子今注今译》，目的是传播和推广中华优秀传统文化，《成语里的中国》与此可谓有异曲同工之效。

　　庄子在《养生主》篇尾写道："指穷于为薪，火传也，不知其尽也。"我相信，经由代际相承的努力，中国的历史和文明必然能够薪尽火传，让更多的人——包括中国人，也包括外国人，共同感受到五千年中华文化的悠久魅力。

　　是为序。

陈鼓应

2023 年 11 月

于北京大学道家研究中心

序

二

　　2007年在香港中文大学时，我和玉骞有过几次深谈，同他分享了我对中国近代史的一些观点。后来他对我讲，我的看法给他很大启发，让他重新思考二十世纪中国历史，以及社会革命与文化传承之间的关系。

　　鸦片战争之后，面对三千年未有之大变局，中国文明遭遇到深刻的危机与挑战。如何在国家层面、社会层面、文化层面应对挑战、化解危机，几代人苦苦思索却茫然无解。直到中国共产党应运而生，经过二十八年艰苦斗争，国家危亡、社会涣散的乱局才得以挽救。相较而言，应对文化层面的挑战，我们要走的路更长，要付出的努力更多。直到今天，还有很多人机械地将中国革命与中国文化简单割裂和二元对立，认为二十世纪的历次革命是对中国文化的破坏与毁灭，而忽略了革命对文化的重铸作用，不知道正是中国共产党领导的革命斗争，让中国文化如凤凰涅槃般浴火重生，获得了对抗西方霸权的精神力量。只有深入中华优秀传统文化，发掘其内在价值，并将之融入地理大发现以来的世界历史和近二百年中华民族抗御外侮的斗争史，才能真正将传统与现代结合，走出独立自主、具有文明主体性并超越西方的中国式现代化道路，迈上文化复兴的新途与正道。

　　这些年，我的主要工作是从本源上探寻中国共产党与中国文明的传承关系，提出新的文明形态建设理论。玉骞的新著则以成语为切入点，将中华文化精神与近现代历史发展脉络相融合,面向社会特别是青少年群体进行传播,我认为这是一项有意义的尝试。

文化的生命力不是印刷在书本上的,而是活跃在人心中的。只有越来越多的人对其心生认同,中华文化才能在新的时代里焕发活力并走向世界。

中华文化是可大可久的,希望我们的不懈工作能使其绵亘得更加久远,积淀得更加深厚;中华文化又是可亲可敬的,希望本书能让更多人感受到其温度与力量。

谢茂松

2023年11月

于清华大学国家战略研究院

自序

二十世纪，中华文化经历了剧烈的震荡与革新。世纪之初，一批先进知识分子高举科学与民主大旗，对几千年来的历史传统进行了深刻反思与批判；世纪之末，伴随着中国经济的腾飞，人们充满期待，憧憬中华文明能够浴火重生，引领未来的发展之路。

从北京大学毕业后，我因对钱穆先生与新亚书院的景慕，前往香港中文大学研读历史，得以同钱先生的弟子孙国栋先生朝夕往还、请益学问，听他讲述前辈学人在历史大变局中守护中国文化的往事。同样在港求学期间，我结识了谢茂松学长，几次深谈让我展拓视野、荡涤心胸，以"《春秋》之义大居正"的视角重新思考中国近现代历史进程，并由此树立了对中国共产党的坚定信仰。

自负笈燕园以来，二十余年间，我对中国历史与文化的探索始终没有停歇。近六七年则一边学习西方古典语言，一边从《史记》开始逐部批读二十四史和《资治通鉴》，在对中西文化的比较研究中，寻求中国历史文化的独特价值与普遍意义。2018年初，经上海国学新知创始人徐渊建议，我决定以成语为切入点，阐述自己对中国历史和文化精神的理解。几年下来，500期音频节目在喜马拉雅平台的播放量累计超过2 000万次。2022年初，本书策划人张珺兄同我讨论出版事宜，于是有了这套《成语里的中国》。

书稿撰写完成后，我请两位熟识并敬重的学界前辈——陈鼓应先生和谢茂松学长赐序。陈先生是享誉国际的文化巨擘，茂松学长则致力于中国文明与中国道路的研究工作，作为晚学后辈，我希望踵武前贤，为中华文化的传承与普及勉竭绵薄。

　　今天，中华文化的复兴已经成为大势所趋。立足当前社会环境，对其文明价值进行探索和发掘，更加具有必要意义。通过对中华优秀传统文化的现代性解读，结合世界主要文明成果，以流畅易晓的讲述方式，让更多处于不同生活背景下的人群得到优秀文化的涵养，是我与本书联合创作团队伙伴们的共同心愿。

　　我们坚信，在中华民族伟大复兴的新时代，文化自信的建设与重构势在必行。

2023 年 12 月

前　言

　　成语，是中国语言的璀璨瑰宝，也是中华优秀传统文化的不朽结晶。它承载了五千年的人文历史，更承载了历史背后的民族精神。

　　上古时期，鸿蒙初辟，面对天崩地裂、沧海横流的艰危世局，中华大地上涌现出了一批英雄人物。女娲补天、大禹治水、愚公移山、精卫填海……这些故事虽不乏神话色彩，但其中所映射出的华夏先民与天奋斗、不屈不挠的抗争精神，却极为真实生动。

　　随着夏朝建立，中国历史进入王权社会。如何处理与人民大众的关系，成为治理国家的首要问题。在历史经验中，统治者深刻认识到"民惟邦本，本固邦宁"的道理——只有尊重人民的力量，国家才能长治久安。

　　春秋战国是一个旧有秩序逐步瓦解，新兴阶级全面崛起的时代，大量成语随之涌现。志在四方的晋文公、一鸣惊人的楚庄王、同仇敌忾的申包胥、完璧归赵的蔺相如，众多历史人物如群星般交相辉映，谱写了波澜壮阔、荡气回肠的兴亡故事。老子和孔子的出现，为旧制度带来新文明的曙光，诸子百家继之而起，思想学术竞相争鸣，中华文化的基石由此奠立。

　　秦汉以降，大一统国家开始形成。汉代精神雄健刚强，留下了投笔从戎、勒功燕然的恢宏战绩；魏晋人物飘逸不羁，以轻裘缓带、鹤立鸡群的姿容为历史所记忆；隋唐气象繁荣昌盛，离不开以人为鉴、守文持正的励精图治；

宋明士子风操刚劲,精忠报国、两袖清风震响了高亢的时代脉搏。天下兴亡,匹夫有责,更是古往今来无数仁人志士的毕生志愿与不懈追求。

　　成语,就这样融会贯通于五千年文明史当中,积淀着中华民族深沉的信仰追求,代表着中华民族独特的精神标识。通过成语走进五千年华夏历史,探索它延续的血脉传承,追寻它蕴涵的文化精神,是本书作者期待与读者诸君共同开启的经典之旅。

说明

文 化 精 神	成语中所蕴含的中华民族文化基因。
中 西 互 鉴	同成语精神意涵或讲述情境具有相关性的西方经典著作选段(中、英双语对照)。共引用西方经典著作57部,诗歌15篇,演讲12篇,评论及信函4篇,涵盖古希腊、古罗马、拜占庭至近现代德、法、英、美、意、俄及南美诸国哲学、历史、政治、法律、军事、文学等内容。征引及参考文献见附录。
成 语 释 读	成语基本含义及使用场景。
典 籍 诗 文	成语讲述中所引用的典籍著作与诗文名篇。共计中国古籍文献45部,古诗文195篇(含《义务教育语文课程标准:2022年版》优秀诗文推荐背诵篇目108篇,以*标注),近现代诗文著作28部/篇。
跨 学 科 及 影 视 拓 展	与成语内容相关的跨学科主题链接及影视作品。根据《中华人民共和国学科分类与代码国家标准(GB/T 13745-2009)》,共链接二级学科17个,三级学科44个。另推荐纪录片25部,电影3部。
研 学 旅 行	成语相关研学路线及旅行目的地。共包括国家历史文化名城52座,一、二级博物馆29座,国家考古遗址公园14处,全国重点文物保护单位73处,世界地质公园4处,国家级风景名胜区11处。

　　　注:行政区划名称截至2023年12月,省级行政区直接标注,市、自治州、
　　　　县、自治县前标注其所属的省级行政区,市辖区不单独标注。

目录

战国　思想之刃与刀剑之锋　　　　　　　/ 173

上古传说

永不屈服的拓荒年代

○○一

开天辟地

成 语 人 物

盘古

人 文 地 理

韶关　贺州

文化精神

奉献自己，开创空前伟业；告别混沌，迎接崭新世界。

熟悉中国神话的朋友，都知道盘古开天辟地的故事。

在很多人印象中，这样一个描述世界起源的成语，历史应该非常古老。事实却是，直到三国时期，吴人徐整才第一次在书里记载了盘古开天辟地的传说。这部著作名叫《三五历纪》，今天已经失传，只有少量段落保留在《太平御览》《艺文类聚》等类书当中。

据徐整记载，宇宙起源的最初时刻，天与地是连为一体的，其间混沌黑暗，好像一只大鸡蛋。人类的祖先盘古，就在这只"鸡蛋"里孕育了一万八千年。

在这一万八千年中，天地渐渐分开，清澈的阳气上升成为天，重浊的阴气下沉成为地，每当天升高一丈，地加厚一丈，盘古的身体也增长一丈。如此日复一日，直到天地间相隔了整整九万里。

盘古始终站立在天地之间。他怕自己稍有懈怠，天地会再次合并到一起，世界重又陷入黑暗。许多年后，天地的构造完全稳固了下来，盘古实在太疲倦、太需要休息了，他魁伟的身躯倒在了大地上。

To create in the region of the body, or in the region of the mind, is to issue from the prison of the body: it is to ride upon the storm of life: it is to be He who Is. To create is to triumph over death.

—*Jean-Christophe*, Romain Rolland

创造，不论是肉体方面的或精神方面的，总是脱离躯壳的樊笼，卷入生命的旋风，与神明同寿。创造是消灭死。

——罗曼·罗兰《约翰-克利斯朵夫》

在濒临死亡的时刻，盘古身体发生了变化：他的气息变成风云，他的声音变成雷电，他的双眼变成日月，他的四肢变成山川，他流淌的血液变成江河，他跃动的脉搏变成道路，他壮硕的肌肉变成农田，他浓密的须发变成星辰，他的皮肤变成草原和森林，他的牙齿变成岩石和金属，他的骨髓变成珠宝和美玉，他的汗水变成雨露和甘霖。为开天辟地奉献了毕生精力的盘古，死后仍用他的全部身体润泽万物，让这个新世界变得富饶而美丽。

人们不禁要问：开天辟地的传说，为什么没有跟三皇五帝、尧舜禹汤的故事一起，记载在先秦古籍中呢？我想，很可能因为它最初并不来自中原地区。

比《三五历纪》略晚，晋朝干宝的《搜神记》描写了这样一个故事：传说上古时候，有位居住在王宫的老妇人患了耳病，医生从她耳朵里取出一条蚕茧状的虫子，放置在瓠蒌（一种类似水瓢的容器）当中。虫子化身为一只五色神犬，名叫盘瓠。不久强敌犯境，国王屡战屡败，于是传令国中，谁能打退敌军进攻，便将女儿嫁他为妻。正当举国上下一筹莫展之际，盘瓠叼着敌国将领的首级回来了。

这下国王犯难了，他的女儿却说："盘瓠有本领打退敌军，说明得到了上天的帮助。我们若不信守诺言，一定会遭受灾祸。"说完，她离开王宫，和盘瓠一起前往山中居住，生息繁衍。

南北朝范晔撰写《后汉书》时，对盘瓠的故事又进行了改编。故事中的国王变成了三皇五帝之一的帝喾，奉盘瓠为祖先的西南地区少数民族，也顺理成章地和华夏民族拥有了共同的血脉源头。

直到今天，中国南方的瑶族、苗族等少数民族，还流传着盘瓠的传说。他们尊称盘瓠为"盘王"，每年举办盛大的盘王节纪念他。广东韶关和广西贺州的"瑶族盘王节",更被列入首批国家级非物质文化遗产名录。每到农历十月,在广东、广西、湖南、贵州、云南等省区的很多少数民族聚居地,都能目睹盘王节盛况。据学者考证,"盘古"或是"盘瓠"的转音,被少数民族同胞祭祀千年的盘王,就是汉族典籍中开天辟地的英雄盘古。

西南少数民族的起源传说,加上中原汉族的创世想象,共同构建出盘古开天辟地的故事。在西方,打破混沌给世界以光明的,是独一无二的神,他可以创造人类,也可以毁灭人类;而中国开天辟地的,是有血有肉的人,他会生长,也会死亡,无论活着还是死去,他都在用自己的全部生命开辟洪荒、滋养万物。

盘古是汉族与少数民族共同纪念的英雄和祖先。民族融合、多元一体,从古至今都流淌在中华民族的血脉里,绵绵不绝、生生不息。

成语释读

表示开创了空前宏伟的事业,或指有史以来第一次发生。

发现与探索

典籍诗文

《搜神记》【东晋】 干宝

《后汉书》【南朝宋】 范晔

跨学科及影视拓展

文化人类学与民俗学(二级学科) 瑶族盘王节的起源和发展

研学旅行

瑶族盘王节（国家级非物质文化遗产——民俗） 广东省韶关市、广西壮族

自治区贺州市

图片来源：视觉中国

2010年11月到访贺州市。图为第十五届中国瑶族盘王节活动现场。

○○二

女娲补天

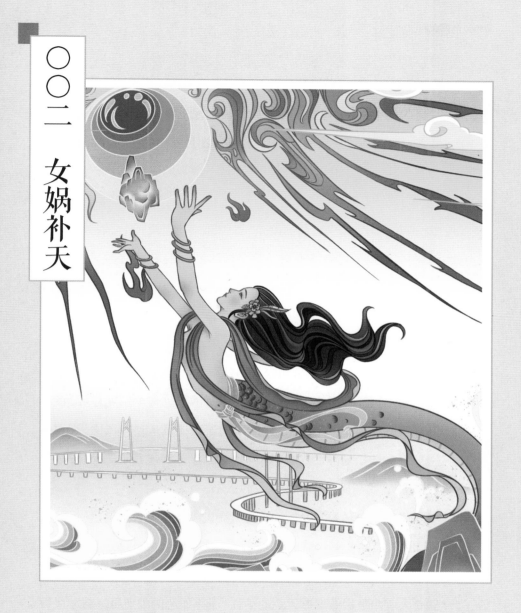

成语人物

女娲

人文地理

香港　澳门

文化精神

面对大自然的挑战，中国先民选择与天奋斗、生生不息。

中国历史上有两个与女娲相关的传说——女娲造人和女娲补天。相传女娲造人时，先用手来捏，捏累了便拿树枝沾上泥土甩，甩出的泥点变成一个个小人。鲁迅专门写过一篇关于女娲的小说，题目就叫《补天》，收录在《故事新编》里。文中对封建礼教、神仙方士都做了微妙的讽刺，很具有时代风格和现实意义。

虽然女娲被公认为中华文明的始祖，在民间家喻户晓；但女娲补天的故事，却是西汉初年才形成的。《淮南子·览冥训》记载：远古之时天崩地裂，宇宙之间一片混沌，熊熊烈火燃烧不停，滔滔洪水四处奔流，黎民百姓无家可归。

了解西方文化的朋友，应该记得诺亚方舟的故事——洪水肆虐、世界毁灭之际，诺亚建造了一艘方舟，带领家人和各类动物躲进舟中。在洪水消退四十天后，诺亚才打开一扇小窗，派遣渡鸦探听消息。一个星期过后，渡鸦音讯全无，诺亚又将鸽子派出。不久，鸽子衔着橄榄枝从远方飞回，证明洪水已经退去，万物开始复苏。这时，诺亚才走出方舟重建家园。因此，今天国际社会普遍将飞鸽与橄榄枝当作和平的标志。

同样面对洪水，中国人是怎么做的呢？在世界即将毁灭的至暗时刻，站出来一位英雄，她就是女娲。《淮南子》上说"女娲炼五色石以补苍天，断鳌足以立四极，杀黑龙以济冀州，积芦灰以止淫水"。她熔炼五色石修补崩裂的苍天，砍断大龟四足用做支撑天地的梁柱，斩杀作恶的黑龙以拯救黎民百姓，堆积起芦灰来遏止滔天泛滥的洪水。做完这些，天地间一片安宁，人民过上了太平的生活。

从中我们可以看到东西方文化传统对于自然的不同态度。灾难来临之时，诺亚是完全顺服的，他的解决办法是建造一艘大船躲进去，等待洪水消退；而在中华大地上，每当灾难发生，都会有一个英雄人物站出来，带领人民迎难而上。女娲补天、大禹治水、愚公移山、精卫填海……映射出的是华夏先民与天奋斗、生生不息的精神。这是一种从骨子里面迸发出的、具有极强生命力的拼搏意志，它支撑着这个民族，挺过了一次又一次天灾人祸，在风吹雨打中耸立了五千年。

传说女娲因为补天，耗尽了自己的精力，她倒在大地上，再也没有醒来。慢慢地，她的身体成为润泽大地的养分，一如龚自珍《己亥杂诗》所描写的，"落红不是无情物，化作春泥更护花"。

中西互鉴

I have nothing to offer but blood, toil, tears and sweat.

—*Blood, Toil, Tears and Sweat*, Winston Churchill

我无可奉献，唯有热血、辛劳、眼泪和汗水。

——温斯顿·丘吉尔《热血、辛劳、眼泪和汗水》

从此之后，人们便用"补天"比喻在风雨飘摇中挽狂澜于既倒的献身精神。宋代诗人辛弃疾就曾以"我最怜君中宵舞，道'男儿到死心如铁'，看试手，补天裂"，抒发自己的抗金报国之志。

时间来到1984年，中、英两国签署《中华人民共和国政府和大不列颠及北爱尔兰联合王国政府关于香港问题的联合声明》，中国政府确定于1997年7月1日对香港恢复行使主权。香港回归，举国欢腾，女作家霍达为此写下讲述香港割让历史和清末维新变法的小说《补天裂》。书中有一首《忆秦娥》词——"零丁洋上忠魂烈，宋王台下男儿血。男儿血，化五色石，补南天裂。"宋王台位于九龙半岛，零丁洋（伶仃洋）则是香港与澳门之间的海域，南宋末年文天祥抗元兵败被俘，曾在这里写下"惶恐滩头说惶恐，零丁洋里叹零丁。人生自古谁无死？留取丹心照汗青"的千古名句。今天，港珠澳大桥跨海矗立，粤港澳大湾区融合无间。从山河破碎、风雨飘摇，到故土回归、金瓯无缺，中国人民正是以女娲补天的拼搏精神，筑就了伟大的民族复兴之路。

成语释读

表示面对危机迎难而上，力挽狂澜。

发现与探索

典籍诗文

《淮南子》【西汉】 刘安等

《贺新郎·同父见和再用韵答之》【南宋】 辛弃疾

《过零丁洋》【南宋】 文天祥*

《己亥杂诗》(浩荡离愁白日斜)【清】 龚自珍*

《故事新编》 鲁迅

《补天裂》 霍达

跨学科及影视拓展

神话学(三级学科) 伏羲女娲传说

研学旅行

港珠澳大桥 广东省珠海市、香港特别行政区、澳门特别行政区

图片来源：视觉中国

2006至2009年旅居香港求学期间，多次搭乘渡轮经零丁洋往返港、澳。图为港珠澳大桥。

○○三　夸父逐日

成语人物

夸父

人文地理

罗布泊　川藏公路　青藏公路

新藏公路　滇藏公路

文化精神

追求光明，
用生命践行
理想。

《山海经》是中国历史上的一部奇书，充满了古人对未知世界的遐想，同时蕴含了丰富的地理知识和神话传说。

顾名思义，《山海经》是山和海之间的故事。全书由《山经》《海经》《大荒经》三部分组成，《海经》又分《海外经》和《海内经》。其中，《山经》以四方名山大川为纲，讲述各地风土、地理和物产情况；《海经》重点描绘海内外的奇幻故事；《大荒经》则主要记载黄帝、女娲、夸父等上古神话人物事迹，特别集中地反映了华夏先民的英雄气概。

《山海经》是两千年前中国古人对周边世界的认知。这部书包罗万象，有神话、地理、矿产和动植物，也有巫术、民俗、医药和原始宗教，还有关于中外交通的早期记载，很值得我们深入研究。

《山海经》还有一个特点，就是趣味十足，因为书里刻画了各式各样的神奇妖怪。鲁迅先生写过一篇回忆少年生活的散文，名叫《阿长与〈山海经〉》，文中提到他对《山海经》的第一印象，是"人面的兽；九头的蛇；一脚的牛；袋子似的帝江；没有头而'以乳为目，以脐为口'，还要'执干戚而舞'的刑天"。从保姆长妈妈处寻来的四册插画本《山海经》，则是他"最初得到，最为心爱的宝书"。

夸父逐日，正是《山海经》中一个充溢着壮丽想象的上古传说。

为了追赶太阳，夸父一直在奋力奔跑。但太阳运转得速度太快，逐日而行的夸父体力耗尽、口渴难耐，于是跑去黄河与渭河饮水。河水无法缓解他的焦渴，夸父便奔向北方的大湖，却在半途干渴而死。夸父死后，他的手杖化作了一片树林。

这个故事很短，然而家喻户晓、世代相传，因为它为我们塑造了一个英雄，一个矢志追求光明、不惜牺牲生命的英雄。夸父不知道太阳是永远无法追上的吗？不，他知道！但他仍要逐日而行，为了对光明的渴望，为了践行心中的理想,哪怕渴死在路途之上,也决不动摇初心。夸父为理想献出生命之后,他用过的手杖还化成树林,为后人遮风挡雨。

Lux et Veritas〈Latin〉

Light and Truth〈Eng.〉

——Yale's motto

光明与真理

——耶鲁大学校训

二十世纪九十年代,上海有一位名叫余纯顺的探险家。从1988年开始,他背起行囊独自徒步中国,踏遍了进出西藏的五条主要线路——川藏公路、青藏公路、新藏公路、滇藏公路和中尼国际公路。最终,在1996年夏天穿越罗布泊时,余纯顺因迷路中暑脱水而死,把自己永远留给了那片"死亡之海"。余纯顺和夸父,都是在用生命践行自己的理想。他们的所作所为,有种直击人心的力量,震撼着每一个不甘平庸的灵魂。清朝后期,龚自珍曾大声疾呼:"九州生气恃风雷,万马齐喑究可哀。我劝天公重抖擞,不拘一格降人才。"夸父和余纯顺所追寻的,不正是这样一种激荡风雷的蓬勃生气么?

现代诗人余光中则以《夸父》为题,对这个流传千载的故事进行了另一维度的解读,拓展出更加开放的思考空间:

为什么要苦苦去挽救黄昏呢?

那只是落日的背影

也不必吸尽大泽与长河

那只是落日的倒影

与其穷追苍茫的暮景

埋没在紫霭的冷烬

——何不回身挥杖

迎面奔向新绽的旭阳

去探千瓣之光的蕊心？

壮士的前途不在昨夜，在明晨

西奔是徒劳，奔回东方吧

既然是追不上了，就撞上！

成语释读

比喻心怀理想，始终不渝；有时也表示不自量力。

发现与探索

典籍诗文

《山海经》

《己亥杂诗》(九州生气恃风雷) 【清】 龚自珍*

《阿长与〈山海经〉》 鲁迅

《夸父》 余光中

跨学科及影视拓展

神话学(三级学科) "夸父逐日" 的历史文化内涵

纪录片《路见西藏》

研学旅行

楼兰博物馆　新疆维吾尔自治区若羌县

川藏公路　四川省、西藏自治区

青藏公路　青海省、西藏自治区

新藏公路　新疆维吾尔自治区、西藏自治区

滇藏公路　云南省、西藏自治区

2020年9月至10月全程自驾川藏及青藏公路。上图为川藏公路业拉山口风光.下图为青藏公路沿途风景。

愚公移山

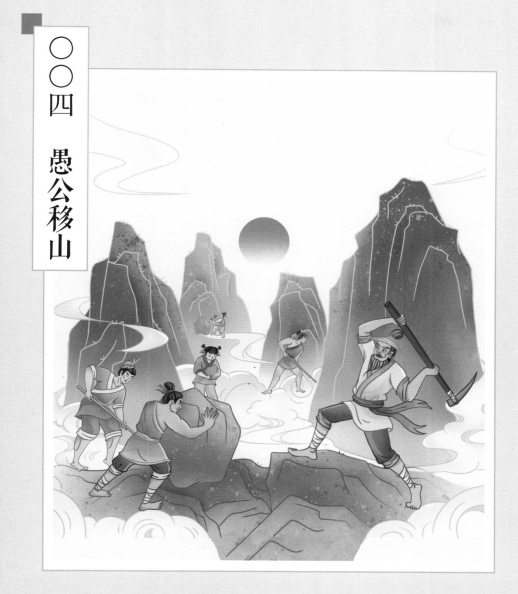

成语人物

愚公　智叟

人文地理

太行山脉　中条山脉

济源　延安

文化精神

下定决心，
不怕牺牲，
排除万难，
去争取胜利。
——毛泽东

愚公移山出自《列子·汤问》。中国的先秦诸子，大多喜欢通过寓言阐发人生哲理。作为道家学派的代表，列子更是擅长讲述各种寓言故事。他思维奔逸，纵横驰骋，给人一种遨游太空的自由之感。《列子》这部书，也在后世被尊为仅次于《老子》和《庄子》的道家经典。

据说很久以前，在冀州之南、河阳之北，有太行和王屋两座大山。这两座山方圆七百里，峰高万仞，愚公一家就居住其间。年近九旬的愚公觉得出入不便，于是把家人聚集起来说："咱们一起努力，将这两座山挖平，打通前往豫南和汉阴的道路怎么样？"大家听了都说好，只有他的妻子感到为难，对愚公说："你偌大年纪了，力气连个土丘都铲不动，怎么能将两座大山挖平呢？再者，挖下来的土石又放到哪去呢？"大家七嘴八舌地说："把泥土和石头都扔到渤海里去不就好了吗？"说完，愚公便率领着儿孙们热火朝天地干了起来。住在愚公家附近的一个男孩子，只有七八岁，也蹦跳着前来帮忙。这时，名叫智叟的老人出来泼冷水了。他对愚公说："你真是不够聪明，都一把年纪了，哪里还能撼动大山呢！"愚公听后非常感慨，回应道："你的心地太顽固、太鄙陋了，还不如一个小孩子。我死了还有儿子，儿子又生孙子，孙子又生儿子，儿子又有儿子，儿子又有孙子，子子孙孙永远不会断绝。这两座山却不能增加分毫，只要我们一年接着一年干，总有挖平的那天。"最终，愚公坚韧不拔的意志感动了上天，天帝命令两个大力士把山搬到远方。从此愚公家门前一马平川，再没有大山阻隔了。

God helps them that help themselves.

—*The Way to Wealth*, Benjamin Franklin

自助者天助之。

——本杰明·富兰克林《财富之路》

故事中的太行和王屋两山，今天仍矗立在华夏大地之上。王屋山位于河南省济源市，属中条山脉分支；太行山则纵贯华北平原，更是河北、山西两省分界线。驾车或徒步穿行其中，我们会对祖国河山的雄伟壮阔，以及华夏先民生长于斯的艰苦环境，获得真实而亲切的认知。

愚公移山的故事，最能反映中华民族战天斗地、改造自然的英雄气概和坚强意志。无论个人还是民族，聪明才辩都不可或缺；但在此之上，还有更高维度的价值——勇敢坚毅。失去了勇往无前的气魄，任何聪明才辩都不堪一击。

毛泽东主席非常欣赏这个故事。1945年6月11日，他为中国共产党第七次全国代表大会所作的闭幕词，题目就是《愚公移山》。这篇文章与《为人民服务》《纪念白求恩》合称"老三篇"，是一代中国人的青春记忆。当时，中国人民的抗日战争即将取得全面胜利，中国正面临两种命运的抉择，毛主席特别告诫全体党员："现在也有两座压在中国人民头上的大山，一座叫做帝国主义，一座叫做封建主义。中国共产党早就下了决心，要挖掉这两座山。我们一定要坚持下去，一定要不断地工作，我们也会感动上帝的。这个上帝不是别人，就是全中国的人民大众。全国人民大众一齐起来和我们一道挖这两座山，有什么挖不平呢？"

无论是当年推翻帝国主义与封建主义的压迫，建立新中国，还是今天砥砺奋进，实现中华民族的伟大复兴，我们都需要愚公移山的精神。

成语释读

比喻坚持不懈改造自然或坚定不移进行斗争。

发现与探索

典籍诗文

《列子》

《愚公移山》 毛泽东

跨学科及影视拓展

美术史(三级学科) 徐悲鸿画作《愚公移山》

纪录片《太行·王屋》

纪录片《百年巨匠》(徐悲鸿)

研学旅行

延安革命纪念馆 陕西省延安市

延安革命遗址 陕西省延安市

云台山世界地质公园 河南省焦作市

王屋山–黛眉山世界地质公园 河南省济源市

河南省红旗渠·太行大峡谷景区 河南省林州市

徐悲鸿纪念馆 北京市

2009年11月、2023年9月两次到访延安。上图为延安革命纪念馆，下图为中国共产党七大会址。

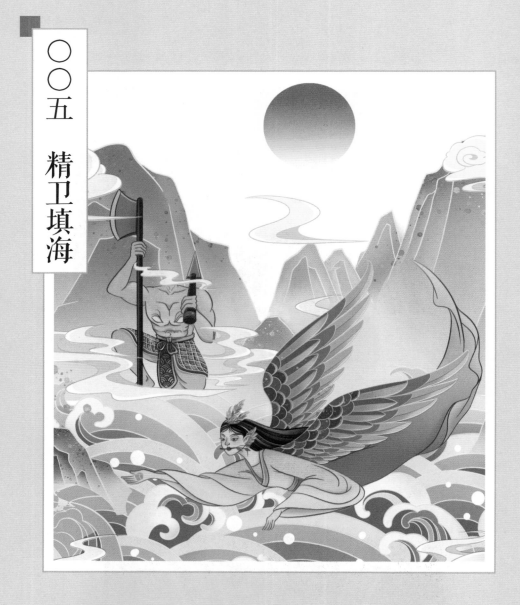

○○五

精卫填海

文化精神

即使生命消逝，抗争的精神也永不磨灭。

《山海经》中说在一座名为发鸠的山上，生长有很多珍贵的桑柘木，其间栖息着一种小鸟。它的样子像乌鸦，头顶有花纹，嘴是白色的，脚爪是红色的，人们根据叫声，将它称作精卫。

精卫原本是炎帝的小女儿——在东海游玩时不慎溺水而亡的女娃。她怨恨夺走自己生命的大海，于是化身成为精卫鸟，从远方的山上衔来树枝和石子，想要将烟波浩渺的东海填平，日复一日，无止无休。凭其一己之力，能否完成移山填海的壮举？《山海经》没有说，我们也不知道。

问题的关键不是一只小鸟能否填平大海，而是它与大自然抗争的勇气，以及锲而不舍的毅力。精卫的执着之举，当然有其不幸夭亡的怨恨与愤怒，但却不止于此，它要去挽救那些无辜的生命，让后人不再重蹈自己的覆辙。

同愚公移山一样，精卫填海的故事也是在讲述中国古人战天斗地、改造自然的生命意志——即使自身力量微不足道，每次只能衔回一根树枝、一块碎石，却无所畏惧、矢志不移，相信终有一天浩荡的海波会被填平，高耸的山岭会被移开。

同大自然进行斗争，不是竭泽而渔，破坏人与自然的和谐关系；而是不屈服于任何外在力量，将人的主观能动性发挥到极致状态。上古时期物质匮乏，生产力十分不发达，面对大自然的威力，人们往往感到惊惶恐惧。但华夏先民没有被严酷的环境征服，他们以坚韧顽强的意志，不断改造和拓展生存空间。世界许多民族的早期神话中，人类都是匍匐在天神脚下的驯顺羔羊，中国人则敢于直面并挑战天神的权威，哪怕遭遇最惨痛的失败，仍然愈挫愈勇、不屈不挠。这种视死如归的精神，就连以恬淡、率性著称的田园诗人陶渊明，都不禁击节赞叹，写下了"精卫衔微木，将以填沧海。刑天舞干戚，猛志固常在"的豪迈诗句。

这样一种永不屈服的斗争意志，并不独属于中国。大洋的另一端，经历过新大陆远航和西进运动的美国，也曾具有类似的精神特质。海明威在《老人与海》里刻画了一个敢于牺牲，从不向命运低头的孤独老人。他的名言"一个人可以被毁灭，但不能被打败"，更成为硬汉精神的最佳注脚。在筚路蓝缕的拓荒年代，蓬勃进取的气象、昂扬向上的斗志，是不分畛域、无问东西的。

A man can be destroyed but not defeated.

——*The Old Man and the Sea*, Ernest Hemingway

一个人可以被毁灭，但不能被打败。

——欧内斯特·海明威《老人与海》

精卫填海的故事，在历史上激励过无数人。无论"口衔山石细，心望海波平"的韩愈，还是"我愿平东海，身沉心不改"的顾炎武，都曾以精卫鸟自我期许，在神州板荡、道统衰微之际挺身而出，凭借道德学问与人品操守，为中华文明传灯续火。甲午战争后，黄遵宪更以"杜鹃再拜忧天泪，精卫无穷填海心"抒写其报国之情、忧国之思。支撑他们理想与信念的，正是华夏先民那永不屈服的抗争精神。

形容不畏艰难、矢志不移的抗争精神。

发现与探索

典 籍 诗 文

《山海经》

《读山海经》【东晋】 陶渊明

《学诸进士作精卫衔石填海》【唐】 韩愈

《精卫》【明】 顾炎武

《赠梁任父同年》【清】 黄遵宪

《老人与海》〔美〕 欧内斯特·海明威

跨 学 科 及 影 视 拓 展

世界近代史(三级学科)　新航路的开辟与地理大发现

研 学 旅 行

东极镇　浙江省舟山市

图片来源:视觉中国

2010年9月到访舟山并眺望东海。图为东海风光。

夏商西周

华夏文明的初始密码

〇〇六 孜孜不倦

成语人物

大禹

人文地理

绍兴

文化精神

勇于担当的
实干精神。
不畏险阻的
拼搏意志。

孜孜不倦出自《尚书》。儒家核心经典"五经"——《诗》《书》《礼》《易》《春秋》——中的《书》就是《尚书》，这部典籍记载了尧、舜、禹和夏、商、周时期有关国家政治的各种宣言、文告，以及明君贤臣之间的对话，可以说是华夏文明早期历史文献的汇编。在历史上，《尚书》有两个版本——《古文尚书》与《今文尚书》。这是因为经过秦始皇焚书，儒家典籍散佚得非常厉害。西汉初年，一位叫伏生的学者将他历尽劫难保存的《尚书》公诸于世，因其用汉代流行的隶书写成，故而被称为《今文尚书》；几十年后，鲁共王改建府邸，又在孔子故宅的墙壁中发现了一部用古代蝌蚪文写成的《尚书》，称为《古文尚书》。《古文尚书》的内容比《今文尚书》丰富，但在汉代一直没有受到官方重视，到魏晋时期逐渐失传。今天我们看到的《古文尚书》，大部分出于后人伪作。

成语孜孜不倦的主人公是大禹。在华夏文明早期，大禹是一个枢纽性人物，他不仅有着凿山治水的丰功伟业，还通过政治运作，将"公天下"的禅让制转变为"家天下"的继承制，开创了中国第一个朝代夏，王权制国家从此走上历史舞台。

和女娲补天一样，大禹治水也是中国先民不畏艰难、与天奋斗的光辉典范。大禹为了治理滔天泛滥的洪水四处奔波，走旱路坐车、走水路坐船、走泥路坐橇、走山路坐轿，碰到问题就亲自解决，两条腿的汗毛全被磨掉了，多次经过家门都无暇探望。这样拼搏了十几年，在华夏大地上打通一道道沟渠，理顺大江大河的走向，将"九曲黄河万里沙，浪淘风簸自天涯"的泛滥洪水导入东海。凭着实干精神和无私情怀，他赢得了人民的爱戴，成为继尧、舜之后的又一位圣君。

大禹治水，靠得是苦干、实干，而非蛮干。传说，他的父亲鲧不注重实地调研，采用堵塞的方法治理洪水，结果徒劳无功，治水九年一事无成，受到舜帝的严厉惩罚。大禹开始治水之时,很多人劝他采取和父亲一样的法子,但大禹是一个非常具有务实精神的人,他在进行了详细考察,充分掌握实际情况之后,决心改用疏导的方法治理水患。方向找准了,再撸起袖子加油干,自然事半功倍、收效显著。大禹治水的成功经验告诉我们,遇到问题不仅需要埋头苦干、拼命硬干,还要重视实地调研。毛泽东主席同样提倡实事求是的调查研究,在《实践论》中说:"你要知道梨子的滋味,你就得变革梨子,亲口吃一吃。"关于大禹治水的故事,鲁迅先生在《故事新编》的《理水》一篇中有非常生动的演绎,对那些以科学为名试图否定中国历史的人,进行了微妙而辛辣的讽刺,很有可读性。

There is no easy way to the stars from earth.

—*Hercules Furens*, Lucius Seneca

从大地通往星辰没有捷径。

——吕齐乌斯·塞涅卡《疯狂的赫拉克勒斯》

《尚书·益稷》篇记载,大禹在治水成功后回到京城,向舜帝汇报工作时说:"我也没什么好讲的,只是每天孜孜不倦地工作,思考怎样才能驯服滔天洪水。为此一直四方奔走,儿子出生都无法照顾,这才把洪水治理好,让百姓过上安定温饱的生活。"舜帝听后,对他大加称赞,并要求所有人以大禹为楷模。一个崭新的时代由此开启。

成语释读

形容工作或学习勤奋刻苦,不知疲倦。

发现与探索

典籍诗文

《尚书》

《浪淘沙》(九曲黄河万里沙) 【唐】 刘禹锡*

《故事新编》 鲁迅

《实践论》 毛泽东

跨学科及影视拓展

中国政治制度史(三级学科) 夏代王权社会的形成

研学旅行

大禹陵　浙江省绍兴市

会稽山风景区　浙江省绍兴市

2020年4月、2023年7月两次到访大禹陵
及会稽山风景区。图为大禹陵门坊。

成语人物

大禹

人文地理

宁远　运城

文化精神

勤以立业，
俭以养德。

克勤克俭出自《尚书·大禹谟》。这一篇的主要内容，是舜帝和大禹君臣关于治国方针的讨论。

大禹孜孜不倦的奋斗精神和治水成功的宏伟业绩，让他成为舜帝当之无愧的接班人。经过长时间考察，舜帝对大禹的政治操守和执政能力有了准确判断，决定将天子之位禅让给他。在进行政治交接的关键时刻，他对大禹说："往前来，禹。上天降下洪水向我们发出警告，你信守承诺，完成了治水的功业，又不追求物质享受，勤劳国事，俭朴持家，贤明无人能及。你谦虚谨慎、不骄不躁，因此天下没有人能够同你争功。你的德行和功业遍及四海，天命即将降临到你身上，但我要特别告诫你，个人欲望的私心是危险的，秉持道统的公心是幽微的，只有精诚专一，保持内心中正，才能不被诱惑。未经证实的言论不要轻信，未经征询的谋略不可轻用。百姓的命运寄托于君王，君王无道，人民便会起而反抗。作为君王，要得到百姓的爱戴，更要敬畏人民的力量。如果没有百姓，君王的社稷靠谁来守护呢？你要尽忠职守，成为人民的楷模和表率，如果国家困穷，天怒民怨，上天赐给你的福泽也就永远结束了。"

这段箴言，代表了中国政治五千年来一以贯之的大道。用今天的话说，就是永远牢记权力来自人民，时刻以人民的利益为出发点，谨慎地行使权力，不要被个人欲望所控制，铸下因私害公的大错。唐太宗在《贞观政要》里将人民比作水，君王比作舟，以"水能载舟，亦能覆舟"的道理自我诫勉，正是出于对人民力量的敬畏。

在西方文献中，拉丁文格言"Vox populi, vox Dei"与此有异曲同工之妙。这句话直译为"人民的声音是上帝的声音"，但《尚书》里另有一句箴言更适合作它的译文，这便是武王伐纣誓师孟津时所说的"天视自我民视，天听自我民听"。

成语克勤克俭正出自舜帝对大禹的告诫。勤劳国事、俭朴持家在《尚书》

里的原文是"克勤于邦，克俭于家"，合在一起就是克勤克俭。勤俭，是中国传统特别推崇的一项美德。唐代诗人李商隐在《咏史》诗中说"历览前贤国与家，成由勤俭败由奢"。宋代史学家和政治家司马光则专门写下一封家书《训俭示康》，引述孔子的教诲"奢则不孙，俭则固，与其不孙也，宁固""以约失之者鲜矣""士志于道，而耻恶衣恶食者，未足与议也"，以及李沆、寇准、管仲等古今人物以俭立身、以奢丧德的经验教训，阐释勤俭对提升个人品德修养和促进家族兴旺发展的重要意义。

By these, and other extravagances, the genteel are reduced to poverty, and forced to borrow of those whom they formerly despised, but who, through industry and frugality, have maintained their standing; in which case it appears plainly, that a ploughman on his legs is higher than a gentleman on his knees.

——*The Way to Wealth*, Benjamin Franklin

奢华挥霍让爱慕虚荣者一文不名，并迫使他们向其曾经鄙视的人借贷钱财，勤奋节俭者则能保持其尊严。显而易见，站立的农夫比跪下的绅士更加高大。

——本杰明·富兰克林《财富之路》

凭借孜孜不倦、克勤克俭的作风，大禹治平水患，安邦立业，成为中国历史上和尧、舜比肩而立的一代圣君，奠定了夏王朝四百年的统治基础。

成语释读

形容勤劳、节俭的工作和生活作风。

发现与探索

典籍诗文

《尚书》

《贞观政要》【唐】 吴兢

《咏史》【唐】 李商隐

《训俭示康》【北宋】 司马光

跨学科及影视拓展

外国语言其他学科(三级学科)　拉丁语格言与西方文化

研学旅行

九嶷山舜帝陵　湖南省宁远县

舜帝陵庙　山西省运城市

2013年6月到访九嶷山舜帝陵。图为毛泽东《七律·答友人》诗碑。

文化精神

人民至上，敬畏和尊重人民的力量。

民惟邦本出自《尚书·五子之歌》。

这个成语的背后，隐藏着夏朝初年一件翻天覆地的大事——太康失国。由大禹开创的夏王朝，刚传到他的孙子太康手里，便险些遭到覆亡的命运。这是因为大禹的儿子启，在用世袭制取代禅让制，建立夏王朝之后，忘记了父亲孜孜不倦、克勤克俭的教诲，渐渐奢侈腐化、沉缅享乐。其子太康更是骄纵放荡、热衷狩猎，经常流连在外，数月不归，国家政务无人处理，黎民百姓怨声载道。这时，一个叫有穷氏的部落，在首领后羿的指挥下，起兵攻进夏朝王城，太康仓皇出逃，被杀死在亡命途中。虽然此后历经两代人锲而不舍的努力，夏朝完成了史称"少康中兴"的复国运动。但在此刻，统治集团则有如丧家之犬，惶惶不可终日。

夏王朝的统治权被后羿夺取之后，太康的五个弟弟保护着他们的母亲逃亡。正是这次饥寒交迫、疲惫困顿的流亡之路，让太康的弟弟们对自己家族骄奢淫逸的生活进行了深刻反思，回忆起大禹当年的教导，写下《五子之歌》。

太康的弟弟们说："祖先曾经告诉我们，百姓可以亲近而不可以凌虐，人民是国家的根本，只有根本稳固，国家才会安宁。人心向背，应当早作考察、见微知著。君王治理国家，就像用快要断裂的绳索驾驭六匹飞奔的骏马，稍有闪失便会车毁人亡。作为万民之上的君王，又怎敢不谨慎行使权力呢？"

这就是四千年前，夏王朝统治者对人民力量的认知。它在《尚书》中被凝练为"民惟邦本，本固邦宁"。这八个字集中体现了中国古典政治哲学的民本思想，时刻告诫后世统治者，要想治理好国家，最根本的是尊重人民的力量。

这种民本思想，发展到战国时期，成为孟子"民贵君轻"的理论基础。

孟子提出："民为贵，社稷次之，君为轻。"社稷与国家同义，因为"社"代表土地，"稷"代表五谷，有了土地和粮食才有国家。国家的根基是人民，君王不过枝蔓。春秋晚期齐国政治家晏子也说："设立君王的目的，是为了主持国家大政，并非让他凌驾于人民之上。如果君王因为谋取私利、纵情享乐而遭受祸患，那么无论其被杀戮还是放逐，人民都没有义务追随尽忠。"从先秦时代的政治论述中，我们可以清楚看到中国传统以民为本、以民为贵的思想渊薮。

以民为本的思想，经过儒家大力弘扬，深刻影响了历代统治者，让他们在好大喜功或骄奢淫逸时，能够想起历史上那些被人民推翻和抛弃的前车之鉴，从而自我约束。即使在集权专制达到顶峰的清王朝，统治者也不敢掉以轻心。北京紫禁城乾清宫里，悬挂着一副由康熙皇帝亲撰、乾隆皇帝摹写的楹联："表正万邦，慎厥身修思永；弘敷五典，无轻民事惟难。"意在告诫后代子孙，要勤于修身、垂范天下、弘扬教化、关注民生，让百姓安居乐业。

中西互鉴

Of the people, by the people, for the people.

—*The Gettysburg Address*, Abraham Lincoln

民有，民治，民享。

——亚伯拉罕·林肯《葛底斯堡演说》

1949年3月，在辽沈、淮海、平津三大战役胜利结束，人民解放军即将"打过长江去，解放全中国"的历史性时刻，中共中央召开了七届二中全会，即西柏坡会议。在这次会议上，熟谙中国历史的毛泽东主席特别告诫全党"夺取全国胜利,这只是万里长征走完了第一步""中国的革命是伟大的,但革命以后的路程更长,工作更伟大,更艰苦",并提出"两个务必"——"务必使同志们继续地保持谦虚、谨慎、不骄、不躁的作风,务必使同志们继续地保持艰苦奋斗的作风"。正是这份卓识远见,为即将诞生的中华人民共和国铸就了历久弥新的革命本色。

成语释读

强调人民是国家的根本,只有根本稳固,国家才会长治久安。

发现与探索

典籍诗文

《尚书》

《孟子》

《在中国共产党第七届中央委员会第二次全体会议上的报告》 毛泽东

跨学科及影视拓展

新民主主义革命史(三级学科)　西柏坡会议

研学旅行

西柏坡中共中央旧址　河北省平山县

故宫博物院　北京市

2023年9月到访西柏坡中共中央旧址。上图为中国共产党七届二中全会会址,下图为毛泽东同志旧居。

○○九　咸与维新

文化精神

在求新求变中，不断逆发生命的活力。

经历了太康失国的夏王朝，对周边部落的控制力大为削弱。太康死后，其弟仲康继承王位，寻求重振王权威严。这时，羲氏、和氏部落发生动乱，仲康于是派遣一位名叫胤的将军率兵讨伐。胤出征誓师的文告，被记载在《尚书·胤征》篇中，咸与维新便出自这里。

在誓师时，胤对士兵们说："古有明训，无论朝廷百官还是地方诸侯，都应各司其职，否则就要按照国家法典进行惩罚。羲氏、和氏部落荒废职守，酗酒误事，我现奉夏王之名，去征伐这两个背叛天子、扰乱国政的诸侯，你们要勠力同心，为了战争的胜利勇敢战斗。昆仑山上的火焰一旦燃烧起来，无论美玉还是顽石，都会瞬间化为灰烬。天子官吏倘若失德，为害更将胜于猛火。你们必须歼灭罪魁祸首，宽赦胁从人员，要团结和帮助受到蒙蔽的群众，使其改过自新。"

团结和帮助受到蒙蔽的群众，使其改过自新，就是成语咸与维新。"维新"的原义是改过自新，随着时间的发展，它逐渐演变出改革、革新的意思。咸与维新，也成了改革旧制度、革新旧思想的代名词。

从这个成语可以引申出两层含义。

一是"首恶必办，胁从不问"原则，意即歼灭罪魁祸首，宽赦胁从人员。这一原则的精髓，在于分化和瓦解敌人，缩小政治打击面，为自己争取尽可能多的合作者，并努力减少战争伤亡。在中国历史上，对其领会和运用最充分的，是中国共产党领导下的人民军队。从井冈山时期开始，历经抗日战争、解放战争，直到新中国成立，它始终指导着党和军队的革命实践。在1947年10月10日公布的《中国人民解放军宣言》中，毛泽东主席将其概括为"首恶者必办，胁从者不问，立功者受奖"的十五字方针。无论是"三大纪律八项注意"中的"不虐待俘虏"，还是抗日民族统一战线的政策制定，解放战争期间对国民党军队的和平改编，都是这一原则的具体应用。"得道者多助，失道者寡助"，能够团结大多数，得到人民的支持，我们的事业必将无往不利。

中西互鉴

Let us go forward together with our united strength.

—*Blood, Toil, Tears and Sweat*, Winston Churchill

让我们勠力同心，团结前行。

——温斯顿·丘吉尔《热血、辛劳、眼泪和汗水》

二是中国文化对待改革的态度。很多人有一种刻板印象，认为中国传统沉闷守旧、固步自封。实际上，中华文明是最强调发展变化的——《周易》说"穷则变，变则通，通则久"，《诗经》说"周虽旧邦，其命维新"，《礼记》说"苟日新，日日新，又日新"。从华夏文明诞生之日起，求新求变的基因，就已经植入中国人的思想深处。这样一种生命密码，让我们在风雨飘摇、困顿不前的时刻，能够大胆求新、锐意进取，为自己、也为国家不断启辟新途。从戊戌维新到改革开放，我们一次次以求新求变之手段，探索国家的长治久安之道。我们的民族和国家是古老的，但我们的思想与精神是日新又新的。

成语释读

比喻革除旧有思想或制度，从而开创崭新局面。

发现与探索

典籍诗文

《尚书》

《周易》

《诗经》

《礼记》

《孟子》一则(得道者多助，失道者寡助)*

《中国人民解放军宣言》 毛泽东

跨学科及影视拓展

毛泽东思想研究(三级学科) 统一战线思想的实践经验

研学旅行

井冈山革命遗址 江西省井冈山市

井冈山革命博物馆 江西省井冈山市

2018年11月到访井冈山革命遗址及井冈山革命博物馆。
图为毛泽东同志旧居主题雕塑。

〇一〇 星火燎原

成语人物

盘庚

人文地理

安阳　郑州

文化精神

蓬勃进取的
少年心志，
纵横古今的
宏伟征途。

1930年初，毛泽东同志写下《星星之火，可以燎原》。这篇雄文在深刻分析了当时中国社会的落后、混乱局面和各阶层的现实处境后，一针见血地指出："中国是全国都布满了干柴，很快就会燃成烈火。'星火燎原'的话，正是时局发展的适当的描写。"

"星火燎原"出自《尚书·盘庚》篇。为了谋求国家长治久安，盘庚将商朝首都永久迁徙到殷，也就是今天的河南省安阳市。一说认为，商朝前期的建都之地大多位于黄泛区(黄河水灾泛滥地区)，黄河发水便要迁都；盘庚迁殷之后，直到商朝灭亡，近三百年间再未迁都，所以后世又把商称作殷或殷商。商王朝遗留下的都城、宫殿、墓葬遗址统称殷墟。1961年3月4日，国务院公布殷墟为第一批全国重点文物保护单位，2006年联合国教科文组织又将其列入世界文化遗产名录。

盘庚迁殷，在中国历史上具有划时代的意义——迄今为止，可以考证的、有文字记载的中国历史，正是从殷墟开始。自二十世纪二十年代起，随着殷墟考古的展开，一个沉睡了三千年的文明被展现在世人面前。对中国历史感兴趣的朋友，不妨前往安阳殷墟一探究竟，亲眼去看看那些豪华而残忍的大墓、那些恢宏却寂寞的宫殿、那些被祭祀和殉葬的奴隶，还有那些刻写在龟甲、兽骨上的古老文字。

回到盘庚迁殷的历史现场。《尚书》记载，为了国家安定，盘庚下决心把首都迁徙到远离黄泛区的殷地，但这一举动也意味着让商民族离开世世代代的生活环境。安土重迁的，不只是老百姓，贵族同样表示反对。这时，盘庚以极大的胆魄力排众议，对贵族大臣和平民百姓进行了严厉告诫，半劝导、半命令地带领大家踏上迁都的旅程。

盘庚对抗拒迁都的人们说："我们的先王从未长久居住在一个地方，从建国到现在，已经历过五次迁都。我现在带你们迁往新都，是为了继承先王大业，确保国家安宁，四方平定。你们却自以为是，用虚浮而有危害的话语误导舆论。你们为了煽动民众，四处传播流言蜚语，就像草原上的星星之火，终有一天要被扑灭。如果你们不肯痛改前非，弃恶从善，我便要施加严惩，上天也必定会支持我。"

This country was conquered by those who moved forward—and so will space.

—*We Choose to Go to the Moon*, John Kennedy

这个国家是由那些勇往直前者所征服的——太空也是如此。

——约翰·肯尼迪《我们选择登月》

从中不难看出，星火燎原本义是形容流言蜚语的传播程度。在盘庚看来，四方扩散的谣言，好像草原上的星星之火，非常容易散布开去，形成燎原之势。但随着时间发展，这个成语逐渐衍变出另一层含义，被用来比喻新生事物的蓬勃力量。这样一种生命的力量，就是梁启超在《少年中国说》里所讴歌的进取精神——"红日初升，其道大光。河出伏流，一泻汪洋。潜龙腾渊，鳞爪飞扬。乳虎啸谷，百兽震惶。鹰隼试翼，风尘翕张。奇花初胎，矞矞皇皇。干将发硎，有作其芒。天戴其苍，地履其黄。纵有千古，横有八荒。前途似海，来日方长。"毛泽东同志则用他的如椽大笔，在《星星之火，可以燎原》中对快要到来的革命高潮作出这样的描述："它是站在海岸遥望海中已经看得见桅杆尖头了的一只航船，它是立于高山之巅远看东方已见光芒四射喷薄欲出的一轮朝日，它是躁动于母腹中的快要成熟了的一个婴儿。"

成语释读

比喻新兴事物虽然刚刚萌芽、力量微小，却具有旺盛的生命力，无远弗届。

发现与探索

典籍诗文

《尚书》

《少年中国说》 梁启超

《星星之火，可以燎原》 毛泽东

跨学科及影视拓展

商周考古(三级学科) 殷墟考古发掘

中国古文字(三级学科) 甲骨文与汉字起源

纪录片《国家记忆》(殷墟之谜)

纪录片《人类的记忆——中国的世界遗产》(殷墟)

研学旅行

殷墟国家考古遗址公园 河南省安阳市

郑州商城国家考古遗址公园 河南省郑州市

2005年5月、2012年
11月、2019年11月(甲骨文
发现120周年)三次到访
殷墟。上图为殷墟宫殿
宗庙遗址, 左图为甲骨文
发现地纪念碑。

○一一 靡不有初，鲜克有终

成语人物

召穆公　周厉王

人文地理

宝鸡

文化精神

保持永不变色的初心，坚定信念，将事业进行到底。

"靡不有初，鲜克有终"出自《诗经》，其中蕴含了中国古人对王朝盛衰的历史总结。

西周后期，周厉王骄奢淫逸、暴虐无道。为了劝谏他，召穆公借周文王对商代灭亡的反思托古讽今，创作了《诗经·大雅·荡》。《大雅》是周民族生息繁衍、开疆拓土的史诗。

全诗共分八段。首段开宗明义，告诫统治者"靡不有初，鲜克有终"的道理。后七段都以周文王的感慨开头，连用十四个感叹词"咨"，表面是在分析商朝灭亡的历史原因，实则是对周厉王时期政治问题的全面总结。诗篇结尾，召穆公再次回归主题，用"殷鉴不远，在夏后之世"告诫周厉王要以史为鉴，像殷商统治者以夏朝灭亡的历史教训作为借鉴那样，时刻以商朝的灭亡警醒自己。从此，以史为鉴又被称作殷鉴。

夏朝由大禹开国，但只经过两代人，君王就开始奢靡骄纵，遗忘了祖先孜孜不倦、克勤克俭的教导，这才导致太康失国，有了"民惟邦本，本固邦宁"的深刻反思。"少康中兴"不久，夏朝君王又步入歧途，到夏桀之时更是民不聊生。夏桀将自己比作天上的太阳，人民痛恨他，纷纷赌咒发誓说："时日曷丧？予及汝皆亡！——太阳啊，你什么时候掉下来？我愿跟随你一起灭亡！"正因如此，汤才能取而代之建立商王朝。但是商朝末期，纣王再次走上歧路，说"我生不有命在天"，意为我的命运早由上天安排好了，平民百姓能奈我何？最终，他在周武王和诸侯联军的讨伐下兵败牧野，自焚鹿台。

周王朝建立后，统治者特别注意总结夏、商两代的经验教训。周朝初年，武王、周公、召公一再发布文告，对周民族进行诫勉，《尚书·召诰》篇特别提到"我不可不监于有夏，亦不可不监于有殷"，强调以夏、商两朝灭亡的历史教训为鉴。但两百多年后，周厉王依旧骄纵暴虐、一意孤行，他自作聪明地认为只要防民之口，就可以高枕无忧，结果被国人暴动赶下王位流放而死。此后周朝经历了短暂的"宣王中兴"，但仅过了一代人，周幽王再次演出烽火戏诸侯的闹剧，以美人一笑换来国家沦亡。

中西互鉴

Great is the art of beginning, but greater the art is of ending.

—*Elegiac Verse*, Henry Wadsworth Longfellow

开始的艺术是伟大的，终结的艺术却更加伟大。

——亨利·沃兹沃斯·朗费罗《挽歌诗》

传统文献典籍中关于夏、商、周三代的历史，有相当部分出自后人的重新建构，并不一定完全符合当时原貌，但它所反映的普遍规律却是真实存在的。"靡不有初，鲜克有终"的道理，在中国和世界历史上，也被一次次加以印证。无论帝王将相，还是市井百姓，在长期安定和平的环境中，都特别容易放松警惕，认为岁月静好理所应当，繁荣昌盛同样理所应当，于是开始懈怠，开始放纵，而祸患和危亡往往孕育其中。

因此，那些具有历史智慧和远见卓识的人物，才会一再强调居安思危的重要性。比如唐代名臣魏徵在《谏太宗十思疏》中就以"善始者实繁，克终者盖寡"告诫皇帝，务必时刻保持虚怀纳谏、戒骄戒躁的作风，只有慎终如始，才能避免重蹈破国亡家的历史覆辙。

成语释读

形容一项事业开始简单，坚持到底则十分不易。

发现与探索

典籍诗文

《诗经》

《尚书》

《谏太宗十思疏》【唐】 魏徵

跨学科及影视拓展

先秦史（三级学科） 王国维《殷周制度论》与商周之变

金石学（三级学科） 青铜器、金文与"二重证据法"

研学旅行

宝鸡青铜器博物院　陕西省宝鸡市

周原国家考古遗址公园　陕西省岐山县

2018年5月到访周原遗址。图为周太王陵。

春秋

什么样的时代才能孕育孔子

○一二

黍离之悲

文化精神

为什么我的
眼里常含泪
水？因为我
对这土地爱
得深沉……

——艾青

黍离之悲出自《诗经·王风》。根据诗歌体例不同,《诗经》可以分为《风》《雅》《颂》三个单元。《风》又名《国风》,是各地民俗歌谣的汇编,下分十五个小单元,称十五《国风》。每一个小单元,就是一个封国或地域的民歌合集。其中,《周南》《召南》分指周朝初年周公和召公的采邑,其余十三个小单元则以"风"为名,各具地域特色,如《齐风》《郑风》《豳风》等。像"关关雎鸠,在河之洲。窈窕淑女,君子好逑"和"蒹葭苍苍,白露为霜。所谓伊人,在水一方"这些我们耳熟能详、朗朗上口的诗句,都来自《国风》。

《王风》所在的地区,是位于洛阳一带的周朝王畿。西周灭亡之后,周平王把首都从镐京(今陕西西安附近)迁到洛邑(今河南洛阳),东周时代由此开启,洛阳也成为王畿所在。

作为王城,洛阳有着悠久的建都历史。武王灭商后,为了安抚商王朝的残余势力,派遣管叔、蔡叔两位兄弟,与纣王的儿子武庚协同治理东方领土。但武王刚刚去世,武庚就策反了管叔和蔡叔,阴谋发起叛乱。周公率兵平叛之后,为了维护国家稳定,决定在东方建立一座新的都城。这是因为周民族传统的政治中心镐京,距离东方路途遥远、鞭长莫及。周公认为洛邑处在天下之中,道路四通八达,于是在此营建新都,并将象征国家政权的九鼎搬到洛邑。周天子平时居住在镐京,朝会四方诸侯则前往洛邑。西周末年犬戎肆虐,周幽王兵败身死,周平王东迁洛邑,镐京逐渐被荒废,周民族的发祥地关中平原,也一变而为秦人的故乡。八百年建都史,给洛阳保存了丰富的历史文化遗迹,东周王城故址出土的"天子驾六"车马,既是华夏文物的瑰宝,更是周代礼仪制度的直观反映。

《黍离》正是东周诗人怀念故都镐京所作的长歌。黍,和稷一样是先秦时期主要粮食作物;离,是谷物茂盛下垂的样子。诗人经过镐京故址,看到曾经恢宏富丽的王宫、鳞次栉比的屋舍,如今已变成一片农田,再联想起赫赫宗周、万邦来朝的盛况，怎能不发出由衷的感慨与悲哀呢？

《黍离》一唱三叹，反复吟咏，用以寄托作者的故国之思、衰亡之痛：

> 彼黍离离，彼稷之苗，行迈靡靡，中心摇摇。知我者谓我心忧，
不知我者谓我何求。悠悠苍天，此何人哉？

诗人行走在镐京遗址，举目四望尽是禾黍萋萋，不觉心神摇荡、脚步迟缓、百感交集、苦涩难言。他说："了解我的人懂得我内心的忧伤，不了解我的人却问我更有何求。苍天啊，是什么人主导社稷兴衰，让宗庙宫阙化作离离黍苗？"

从此，人们便用"黍离"或"黍离之悲"抒发历史兴亡之感。如北宋王安石追忆东晋、南朝盛衰，就在《金陵怀古》中说"黍离麦秀从来事，且置兴亡近酒缸"。

Nothing beside remains. Round the decay

Of that colossal wreck, boundless and bare,

The lone and level sands stretch far away.

—*Ozymandias*, Percy Shelley

颓败之外，一切荡然无存。

巨大废墟四周，唯余黄沙莽莽，

寂寞荒凉，伸向远方。

——珀西·雪莱《奥兹曼迪亚斯》

西安的唐代大明宫遗址，曾让我真切地产生过黍离之悲。走在殿址残基之间，遥想光耀万邦、流芳千载的大唐盛世早已化作脚下一抔黄土，我也像两千多年前的诗人那样，不由"行迈靡靡，中心摇摇"。但与之不同，今天

的中国，正处于伟大复兴的新时代，只要我们笃行奋进，一定能够创造出更加光辉灿烂的煌煌盛世。

成语释读

形容国破家亡之痛，表达对于故国的怀念与哀思。

发现与探索

典籍诗文

《诗经》

关雎*

蒹葭*

《和贾至舍人早朝大明宫之作》【唐】 王维

《金陵怀古》(霸祖孤身取二江)【北宋】 王安石

跨学科及影视拓展

人文地理学(三级学科) 关中平原、洛阳盆地

历史地理学(三级学科) 中国古代都城选址

纪录片《圆明园》

纪录片《大明宫》

研学旅行

圆明园国家考古遗址公园　北京市

大明宫国家考古遗址公园　陕西省西安市

洛阳周王城天子驾六博物馆　河南省洛阳市

2019年7月到访大明宫国家考古遗址公园。
图为复建后的大明宫丹凤门。

成语人物

州吁　石碏

人文地理

淇县

文化精神

谦虚、谨慎、不骄、不躁。

——毛泽东

骄奢淫逸出自《春秋》三传之一的《左传》,它为我们讲述了一个关于子女教育的故事。

　　故事要从卫庄公说起。他的小儿子州吁,自幼娇生惯养,性格顽劣不羁。老臣石碏预见到潜在的危险,劝谏卫庄公说:"父母爱护子女的方法,是教导他们远离邪路,过分宠溺只会助长其骄、奢、淫、逸的作风。您如果想培养州吁为继承人,应当及早确立储位,督促他走上正道;否则就要对其不法举动进行限制,以免将来酿成大祸。获得宠爱而不骄纵,骄纵过甚而能谦退,地位降低而无怨恨,心生怨恨而能克制,是很难做到的。低贱妨害高贵、卑少凌驾尊长、疏远离间亲近、新交毁谤故旧、弱小侮弄强大、放纵危害节制,是六种畸形状态;君明、臣贤、父慈、子孝、兄友、弟恭,是六项良好品德。您现在的做法,无异去顺从逆,招灾致祸,请三思而行啊。"

That parents are oftentimes the cause of ruine to their children, when either they educate them with such fondness, that they never cross them in their wills, or desires, but suffer them to act and doe whatsoever they please, whereby they become so corrupt in the manners of their infancy, that vice grows ripe with them at the years of manhood.

——*The Royal Commentaries of the Incas*, Inca Garcilaso de la Vega

父母常常是子女腐败堕落的原因,他们教育子女时充满溺爱,从不违背其意愿行事,任其娇生惯养、为所欲为,以致幼年养成的恶习在其成人后日益昭彰。

——印卡·加西拉索·德拉维加《印卡王室述评》

石碏在此提到引人堕落的四条邪路：骄、奢、淫、逸。根据唐代学者孔颖达的注释——"骄谓恃己凌物，奢谓夸矜僭上，淫谓嗜欲过度，泆（逸）谓放恣无艺"——刚愎自用、凌辱他人是骄，吹嘘标榜、不安本分是奢，恣纵欲望、无所节制是淫，放荡散漫、背离法则是逸。这四个字将不走正路的种种形态表现得淋漓尽致，可谓金石之论、逆耳之言。可惜卫庄公根本不为所动，无奈当中，石碏只能告老归乡。

在父亲的纵容下，州吁更加桀骜不驯。卫庄公死后，长子卫桓公继位，骄狂成性的州吁果然阴谋取而代之。他发动突然袭击，杀死兄长，篡夺了卫国君位。

得国不正的州吁想通过对外战争来稳固地位。当时郑庄公已崭露头角、称霸诸侯，郑、卫两国又有旧怨，州吁便将矛头指向郑国。他自知实力不够，于是想方设法拉拢宋国，并派出使者联络传统盟友鲁国。

面对州吁攻打郑国的请求，鲁隐公举棋不定，向一个叫众仲的大臣征询意见。众仲说："能够安定百姓的是德行而非暴乱，州吁妄想通过穷兵黩武巩固自身统治，恰如整理丝线却漫无头绪、乱作一团。战争就像猛火，稍有不慎便玩火自焚。州吁弑君篡位、倒行逆施，又滥用民力、轻启战端，依我看不会有好下场。"

果然，州吁仓促拼凑的军队根本不堪一击。郑国乘胜进攻，兵锋直抵卫国都城之下。势穷力蹙的州吁想到了老臣石碏，派心腹石厚去求取计策。石厚是石碏之子，却利欲熏心，与州吁共浊合污。石碏自知年事已高，无力处置这两个弑君乱国的罪人，于是假意劝说州吁结好陈国，以此获得周天子的政治承认；同时暗中致信陈桓公，请他主持公道，替卫国先君报仇。在陈桓公的安排下，州吁和石厚一到陈国，马上遭到逮捕，被卫国派来的使者就地正法。

大义灭亲的石碏平定了卫国内乱，骄奢淫逸的州吁终以玩火自焚的结局验证了石碏当初的预言。

成语释读

形容态度骄横、吹嘘浮夸、纵欲无度、自由散漫的各种行为方式。

发现与探索

典籍诗文

《左传》

跨学科及影视拓展

发展心理学(三级学科) 毁掉孩子的四条快车道:骄、奢、淫、逸

研学旅行

云梦山风景区　河南省淇县

图片来源:视觉中国

2015年11月到访淇县。图为云梦山风光。

文化精神

只有动员群众才能进行战争，只有依靠群众才能进行战争。

——毛泽东

春秋初年,齐鲁大地上发生过一场以弱胜强的经典战役——长勺之战。《左传》关于这场战争的记载,曾被毛泽东同志在《中国革命战争的战略问题》中全文引用。这就是著名的"曹刿论战"。

　　长勺之战的背景,是齐国内乱和齐、鲁两国间的政治斗争。当时,齐国爆发政变,国君接连被杀,逃亡在外的公子纠和公子小白,在各自背后政治势力的支持下,展开了争夺君位的较量——鲁国派遣军队护送公子纠回国,不想公子小白捷足先登,即位成为齐桓公。鲁庄公派兵攻打齐国,却在乾时之战惨遭败绩,迫于外交压力,只得处死公子纠,承认了失败的结局。

　　次年,齐桓公主动出击,对鲁国展开报复行动。齐强而鲁弱,鲁国又刚打了败仗,战局胜负似乎已经毫无悬念。但曹刿的出现,扭转了战争形势。

　　大战前夕,曹刿请求面见鲁庄公,乡人劝他:"用兵打仗是统治者谋划之事,你何必参与其中呢?"曹刿却说:"肉食者鄙,未能远谋。"批评统治阶级目光短浅,缺乏深谋远虑,并启程前往鲁国宫廷。

　　见到鲁庄公,曹刿直接发问:"您做了哪些准备,凭什么打这一仗呢?"面对一国之君,曹刿要问的不是武器、军械等技术层面的工作,而是国家政治建设的成败得失。鲁庄公听明白了曹刿的意思,对他说:"每有锦衣玉食,我都不会独自享用,必定分给身边近臣。"曹刿答道:"小恩小惠无法广施于民,百姓不会追随您的。"鲁庄公继续说:"宗庙祭祀之时,我的祭品都合乎礼制、检点严谨。"曹刿再次反驳道:"小诚小义无法取信于人,神明不会保佑您的。"鲁庄公又说:"审断刑狱诉讼,即使不能明察秋毫,我也一定酌情裁决。"听到此处,曹刿才表示肯定说:"这是尽职爱民之举,凭这点,可以同齐国一战了。"

War is merely the continuation of policy by other means.

—*On War*, Carl von Clausewitz

战争无非是政策的另一种延续。

——卡尔·冯·克劳塞维茨《战争论》

齐、鲁两国交战的地点长勺，位于今天的山东省济南市附近。两军对阵，齐国人开始擂鼓呐喊，准备击鼓进兵的鲁庄公却被曹刿拦了下来。直到齐军敲响第三通鼓，曹刿才下令鲁国军队擂鼓出战。结果出人意料，弱小的鲁国战胜了强大的齐国，将齐军打得丢盔弃甲、落荒而逃。鲁庄公下令全线追击，这时曹刿再次拦住了他。只见曹刿跳下战车，仔细查看敌军败逃的辙痕，再登车眺望远方，随后下达追击命令，鲁军大获全胜。

战争结束，鲁庄公向曹刿请教其中究竟。曹刿回答："战争依靠的是勇气，'一鼓作气，再而衰，三而竭'。敌军三鼓，精力已尽；我方一鼓，士气正盛，所以能力克强敌。但齐是大国，变化难测，我担心他们埋有伏兵，见其车辙杂乱，旗帜倒伏，确属仓皇奔逃，才敢放心追击。"

从"曹刿论战"中，我们能够看到军队士气对战场形势的重要影响，战略退却与战略反攻的辩证关系，更能看到政治建设对战争成败的关键作用，社会公平与民心向背的决定意义。

成语释读

形容干劲十足、力争上游的拼搏状态。

发现与探索

典籍诗文

《左传》一则(曹刿论战)*

《中国革命战争的战略问题》 毛泽东

跨学科及影视拓展

中国古代战争史(三级学科) 长勺之战

毛泽东军事思想(三级学科)《中国革命战争的战略问题》 与第二次国内革命战争

研学旅行

曲阜鲁国故城国家考古遗址公园 山东省曲阜市

长勺之战遗址 山东省济南市

1998年10月、2010年10月、2018年7月、2021年9月等多次到访曲阜。图为曲阜明故城仰圣门。

文化精神

与朋友患难相从，共同成就理想事业。

管鲍之交出自《史记·管晏列传》。

管仲和鲍叔牙是肝胆相照的朋友,在齐国内乱中却各为其主——管仲辅佐公子纠,鲍叔牙则担任公子小白的领路人。当初,为了阻止公子小白回国,管仲曾亲手射过他一箭,却恰好射中带钩。公子小白大难不死,在鲍叔牙的护持陪伴下,返回齐国继承君位。齐桓公即位之初,兼具道德操守和行政能力,又是元勋首功的鲍叔牙,被朝野一致认作辅政大臣的不二之选。历史的发展却超越了常人的判断。

《左传》记载:未能辅助公子纠登上君位的鲁庄公心有不甘,在齐、鲁边境的乾时跟齐国兵戎相见,结果败绩而归,不得不委曲求和。鲍叔牙派人对他说:"公子纠是鄙君的兄长,我们不忍处置,请您代劳;管仲是鄙君的仇人,请您交还齐国,让我们亲手处置。"鲁庄公遵命办理,却不成想管仲的囚车一进入齐国境内,鲍叔牙就将其释放,并力劝齐桓公不记射钩之恨,任管仲以国政。他说:"管仲治国之才远胜于我,您若想争霸中原、纵横天下,非用管仲不可。"出于对鲍叔牙的信任尊重,也出于自己的慧眼卓识,齐桓公不计前嫌拜管仲为相,尊称其为"仲父"。从此,齐国在管仲的治理下,通货积财,富国强兵,齐桓公也成为春秋时代第一位无可争议的诸侯霸主。

鲍叔牙先公后私、举贤让能的做法,历来受到人们推崇。对二人的友谊,管仲是这样描述的:

吾始困时,尝与鲍叔贾,分财利多自与,鲍叔不以我为贪,知我贫也。吾尝为鲍叔谋事而更穷困,鲍叔不以我为愚,知时有利不利也。吾尝三仕三见逐于君,鲍叔不以我为不肖,知我不遭时也。吾尝三战三走,鲍叔不以我为怯,知我有老母也。公子纠败,召忽

死之，吾幽囚受辱，鲍叔不以我为无耻，知我不羞小节而耻功名不

显于天下也。生我者父母，知我者鲍子也。

管仲回忆二人交往的经历时说："当初我生活困苦，与鲍叔牙合伙经商，经常自己多分钱财，鲍叔牙不认为我贪婪，因为知道我家中贫穷。我曾为鲍叔牙出谋划策，却反令他陷入窘境，鲍叔牙不认为我愚蠢，因为知道时机有顺有逆。我曾多次出仕为官，但每每遭人驱逐，鲍叔牙不认为我品行低劣，因为知道我的机遇尚未到来。我曾从军出征，一再临阵退缩，鲍叔牙不认为我怯懦，因为知道我有老母在堂。公子纠争夺君位失败，召忽与其同死，我却遭受囚禁侮辱，鲍叔牙不认为我无耻，因为知道我不在意小节，渴望的是将功名显扬天下。生我的人是父母，知我者唯鲍叔牙而已。"

这段记载或许有艺术加工成分，但不可否认，管鲍之交在历史上真实地发生过，和高山流水同为朋友交往的典范。与伯牙、子期那种超然物外的友谊不同，管鲍之交是建立在共同事业基础之上的。

我认为管鲍之交的最大启示，是朋友之间不要去刻意追求形式上的平等，而应在了解、尊重对方实际需求的基础上相互成就。以管、鲍二人合作经商为例，看似财产分配不均，实则彼此心神无贰。君子有通财之义，管仲和鲍叔牙深知，在个人财富与金钱之外，他们还有更为宏大的目标要去实现，即使这项事业在当时看来并不清晰。回顾历史，我们早已得知，他们的共同事业正是辅佐齐桓公振兴邦国、称霸天下。

《史记》上说：鲍叔牙推荐管仲之后，心甘情愿位居其下，他的子孙则世代享有齐国的高官厚禄。齐桓公"九合诸侯、一匡天下"的霸业，齐国数百年的富强，都来自管仲的谋略和功劳。

Friendship is nothing else than entire fellow-feeling as to all things, human and divine, with mutual good-will and affection; and I doubt whether anything better than this, wisdom alone excepted, has been given to man by the immortal gods.

——*De Amicitia*, Marcus Cicero

友谊是彼此对于天人之际全部事物的一致看法，融合了相互间的善意与情感。我认为除智慧之外，没有什么能同其相提并论，它是不朽神灵赋予人类的最好礼物。

——马库斯·西塞罗《论友谊》

从此，管鲍之交好像一个失落的梦境，让无数人心生想往，却最终难以寻觅。唐代最负盛名的两位大诗人——李白和杜甫，都曾经发出过感慨。

李白在《箜篌谣》中叹息人心难测，说："他人方寸间，山海几千重。轻言托朋友，对面九疑峰。开花必早落，桃李不如松。管鲍久已死，何人继其踪。"

杜甫更在《贫交行》中直陈胸臆："翻手作云覆手雨，纷纷轻薄何须数。君不见管鲍贫时交，此道今人弃如土。"

形容彼此信任、相互成就的朋友关系。

发现与探索

典籍诗文

《吕氏春秋》一则(伯牙鼓琴)*

《史记》【西汉】　司马迁

《箜篌谣》【唐】　李白

《贫交行》【唐】　杜甫

跨学科及影视拓展

先秦史(三级学科)　齐桓公与春秋争霸战争

考古发掘(三级学科)　山东临淄齐国故城考古发掘

研学旅行

临淄齐国故城　山东省淄博市

齐文化博物院　山东省淄博市

2013年4月、2023年4月两次到访临淄齐国故城。图为齐国故城遗址博物馆及文保碑。

○一六 假途灭虢、唇亡齿寒

成 语 人 物

晋献公　荀息　宫之奇

人 文 地 理

新绛　曲沃　三门峡

文化精神

从全局角度审视当下得失，更加充分地把握未来。

假途灭虢与唇亡齿寒都出自《左传》,这是晋、虞、虢三个国家间的外交和战争故事。

周代诸侯国分为公、侯、伯、子、男五等。活跃在春秋舞台上的国家中,只有宋国一个公爵,齐、晋、鲁、卫是侯爵,秦、郑、燕、曹是伯爵,楚国仅是区区子爵。虞国和虢国虽然默默无闻,却都位列公爵,政治地位十分尊崇,因为虞国先祖是周文王的伯父,虢国先祖是周武王的叔父。周王朝重视礼制差序,建国初年分封诸侯时,武王、周公将兄弟和功臣封为侯、伯,对家族尊长及古圣先王的后裔则给予公爵封邑。宋国就是以殷商之后获封为公,受到周天子的特别礼遇。

然而,地位和实力并不必然对等。春秋初年晋国逐渐强大,虞国和虢国却暮气沉沉、固步自封。晋国的核心统治区域在山西省新绛、曲沃一带,虞国地处晋、豫两省交界处的平陆县,虢国则大致位于河南省三门峡市。晋、虞、虢三个国家的地理位置,正好自北向南顺序排列;从虢国再向东走,是周天子统治的王畿,郑、宋、曹、卫、齐、鲁等国,都位处王畿东方。晋国要想进入中原,走到春秋国际舞台的中央,必须南向用兵,打破虞国和虢国的地理封锁。终于,在晋献公时期,已经完成内部权力更迭的晋国,将目光投向这两个国家。

虞国和虢国是传统盟友,两国唇齿相依、互为表里。新兴的晋国虽然强大,也不敢贸然进兵。这时,一个叫荀息的大臣给晋献公出主意说:"虞公贪财,喜欢良马美玉,您不如把珍爱的良马'屈产之乘'和美玉'垂棘之璧'送他,乘机要求借路讨伐虢国,他一定欣然接受。"晋献公不愿将自己心爱之物送与他人,荀息开导他说:"等我们灭亡虞国,这两样宝物不还是要物归原主吗?现在暂时寄存在外,又有何不可呢?"晋献公恍然大悟,于是派遣使者携带良马美玉前往虞国,贪财的虞公不但答应了晋国借路的请求,还派兵一同攻打虢国。

中西互鉴

I fear the Greeks even when they bear gifts.

—*Aeneid*, Virgil

我惧怕希腊人，特别当他们携带礼物而来时。

——维吉尔《埃涅阿斯纪》

经过第一次试探，三年之后踌躇满志的晋献公再度以讨伐虢国的名义，向虞国借路出兵，准备一举灭掉两国。虞国大夫宫之奇看出了晋国的阴谋，劝虞公说："我们两国辅车相依、唇亡齿寒，您上次答应晋国借路已然铸成大错，难道还要一错再错吗？"眼里只有良马美玉、心中全无国家社稷的虞公，却根本听不进宫之奇的苦口忠言。他再次大开国门、送往迎来，晋国则在完成了对虢国的精准打击后，于回师途中一举灭亡了毫无防备的虞国。

虞国和虢国从此消逝在历史的云烟之中，只为我们留下了假途灭虢的故事和唇亡齿寒的教训。但生命的印迹不会永远被黄土埋藏，二十世纪五十年代，三门峡市出土了虢国贵族大型墓葬，并在遗址之上建起虢国博物馆，史书上漫漶不清的记忆因此得以保存。与其遥相呼应的，是兴建于曲沃天马遗址的晋国博物馆。

成语释读

假途灭虢：比喻先借助某一势力对第三方进行打击，再反手将其消灭。

唇亡齿寒：比喻双方相互依存，彼此利害攸关。

发现与探索

典籍诗文

《左传》

跨学科及影视拓展

历史地理学(三级学科)　晋、虞、虢三国地理位置关系及晋国领土的扩张与变迁

纪录片《探索·发现》(考古中华　河南篇　三门峡虢国墓地)

研学旅行

虢国博物馆　河南省三门峡市

晋国博物馆　山西省曲沃县

2014年7月到访虢国博物馆。图为博物馆内景。

〇一七 志在四方、表里山河

文化精神

胸怀天下，在人生的舞台上纵横驰骋。

志在四方和表里山河这两个出自《左传》的成语，为我们展现了晋文公重耳从流亡励志到争霸天下的历史画卷。

晋献公晚年宠爱骊姬，受其挑唆逼死太子申生，并派人追杀重耳、夷吾二子。已过不惑之年的重耳，从此踏上十九年流亡之旅。

晋献公去世后，晋国陷入内乱。西方强邻秦穆公会同晋国执政大臣，分别向重耳和夷吾派出使者，询问二人回国继位的意愿，以及报答秦国的交易筹码。面对来使，夷吾摇尾乞怜，主动提出割让河西五城；重耳则在狐偃的忠告下，婉拒了秦国的建议。他深知自己流亡在外一无所有，能够凭借的仅是仁德与道义。如果被小利诱惑，背礼违义，即使侥幸成功，也如无根之木，难以长久发展。

两相权衡，奉行国家利益至上的秦穆公选择了夷吾。在晋惠公夷吾的追杀下，重耳继续过起了颠沛流离的生活。

经过艰难跋涉，重耳来到齐国。齐桓公给予重耳极高规格接待，并为他娶宗室女子为妻。不久，齐国陷入内乱，桓公饿死宫中。重耳却沉醉于温柔乡里不思进取，在齐国一住就是六年。

追随重耳的众多贤臣，眼见他日渐沉沦，忘记了晋国的霸业，不禁感到非常忧虑。他们密谋将公子带出齐国，却不想谋划泄露，被重耳夫人提前获知。这位深明大义的齐国女子，不仅没有挽留重耳，反劝他说："作为晋国公子，你理应怀有四方之志。留恋富贵、贪图安逸，是没有前途的。"重耳眷恋不去，夫人便设计将他灌醉，交给狐偃等人挟持着离开了齐国。

再次踏上征程的重耳，先后辗转于曹、宋、郑、楚等国。慧眼独具的楚成王同齐桓公一样，以超高规格接待重耳。宴席当中楚成王问道："如果将来公子能够回到晋国继承君位，要怎么报答我呢？"重耳回答："假如有朝一日，我凭借大王的威灵返回晋国，那么当晋、楚两国战场相遇，我情愿退避三舍；若楚军仍不肯善罢甘休，我只能左手弯弓、右手搭箭，与君周旋了。"

此时的重耳，经过十九年流亡生活，在政治上已经非常成熟。他身处楚国，有求于楚王，又刚刚受到盛情款待，但谈及国家利益和自己的政治前途，却丝毫也不放松，并且事先表明态度，为日后的晋、楚争霸埋好了伏笔。

Mortals, who sought and found, by dangerous roads,

A path to perpetuity of fame.

—*Gibbon and Voltaire*, George Byron

他们本是凡人，通过跋涉险境，

才赢得不朽的声名。

——乔治·拜伦《吉本与伏尔泰》

同一时间，倒行逆施的晋惠公、怀公父子，已在晋国内外激起天怒人怨。秦穆公和晋国群臣联手谋划，迎接重耳返国称君。已届花甲之年的晋文公重耳，带领国家开启了狂飙突进的大国争霸之路。

晋文公先率兵平定了周王室内乱，随即攻打有宿怨的曹、卫两国，一步步拓展势力和领土范围，更联合齐、宋等中原诸侯，共同遏制楚国的军事扩张。终于，做出退避三舍承诺的五年之后，晋、楚两国在战场相遇了。

晋文公信守承诺，命令军队退兵三舍（九十里）。在卫国城濮，晋、宋、齐、秦四国联军摆开阵势，等待楚军的到来。

楚国毕竟是正在崛起的大国，久经考验如晋文公，大战前夕也感到忧心忡忡。狐偃用晋国的地理形势宽慰他说："战也,战而捷,必得诸侯;若其不捷,表里山河,必无害也。"这一仗打赢了,我们必然成为诸侯霸主;即使出师不利,凭借晋国内外的山河险阻,也不会危害到本土安全。

狐偃之所以说"表里山河,必无害也",是因为晋国的南面和东面耸立着高大巍峨的中条、太行两座山脉,更有奔腾浩荡的黄河环绕其外,共同构成了森严壁垒的天然防线。

整军经武、上下一心的晋国,在城濮之战率领诸侯联军大败楚国。晋文公一战而霸,成为继齐桓公之后当之无愧的春秋霸主。

从此,志在四方成为中国文学中的经典表述。三国时期,曹植以"丈夫志四海,万里犹比邻"抒发内心豪情。"初唐四杰"之一的王勃将其化用,写出了脍炙人口的"海内存知己,天涯若比邻"。

"峰峦如聚,波涛如怒,山河表里潼关路。"今天,放眼九百六十万平方公里广袤国土,从巍峨挺拔的三山五岳,到白雪皑皑的喜马拉雅,从万里东注的黄河长江,到波翻浪涌的雅鲁藏布,则是更加恢宏壮阔的表里山河。

成语释读

志在四方:表达豪迈高远的人生志向。

表里山河:形容地势险要,雄浑壮丽。

发现与探索

典 籍 诗 文

《左传》

《送白马王彪》【三国魏】 曹植

《送杜少府之任蜀州》【唐】 王勃*

《山坡羊·潼关怀古》【元】 张养浩*

跨学科及影视拓展

中国古代战争史(三级学科) 城濮之战

纪录片《黄河》

纪录片《天河》

研学旅行

晋国博物馆　山西省曲沃县

侯马晋国遗址　山西省侯马市

2016年12月到访晋国博物馆。图为博物馆主题雕塑。

成语人物

董狐　赵盾

人文地理

正定

敢于直言，
捍卫职业
尊严与道
德理想。

晋文公重耳开创了一代霸业，其子晋襄公克绍箕裘，兢兢业业治理国家。但襄公之子灵公，是一个不务正业、游手好闲的青年。晋国执政大臣赵盾，为了规正国君的不良行为，经常与年轻的晋灵公爆发冲突，《左传》中的成语秉笔直书，就从这对君臣的矛盾之间产生。

晋灵公即位时年纪幼小，赵盾则是一个不苟言笑、令人生畏的大臣。面对这样的长辈，小孩子往往惧怕多于喜爱，时间长了更会发展为厌恶。明代万历皇帝对老师张居正，也经历过同样的心路历程。晋灵公身为一国之君，难免有不轨之徒奉承引诱；对赵盾的畏惧和憎恶，又让他很容易向谄媚者寻求安慰，从而步入歧途。

这时的晋国，实力强盛、雄视诸侯。处在青春期的晋灵公无事可做，于是恣意妄为、滥杀无辜。他在高台之上弹射百姓，又凭一时喜怒任性杀人。作为有担当、敢负责的大臣，赵盾无法容忍国君肆意妄行，便一次次劝谏责备，二人间的矛盾越积越深。

随着冲突日益激烈，晋灵公决定痛下杀手，将赵盾置于死地。他先后派出刺客、恶犬和伏兵，但都未获成功——刺客被赵盾勤恳奉公的精神感动，不肯谋害忠臣；恶犬被赵盾左右搏杀；伏兵则被受过赵盾救命之恩的壮士击退。

连遭谋杀的赵盾在朝堂无法立足，只得仓猝出逃到晋国边境，在那里思考下一步计划。此时他并未离开晋国。

赵盾离开之后，晋国内部矛盾愈演愈烈。赵氏另一位代表人物赵穿，率领家族武装攻杀晋灵公，迎接赵盾回朝主政。对赵穿的行为，赵盾心中是默许的，虽因国君之死不能对其进行封赏，但也不愿加以惩罚。

记录这场政变时，晋国太史董狐写下了"赵盾弑其君"的千秋论断。在中国古代，这是一个极其严重的指控，不仅可能破家亡身，还会担负历史骂名,日后赵氏孤儿的悲剧便滥觞于此。赵盾不愿政治声誉受到玷污,于是找董狐解释,说国君死时我正出亡在外,此事同我没有关系。董狐却质问他:"子为正卿,亡不越竟,反不讨贼,非子而谁?"意为赵盾作为晋国首席大臣,逃亡之时并未出境,仍对国家负有责任;回朝以后,又不能将贼杀国君之人明正典刑,因此必须承担弑君罪责。

无奈之下,赵盾接受了史官的裁决。这一方面因为董狐不畏强权、坚守道义;另一方面也说明赵盾确实是位恺悌君子,他不肯利用手中权力篡改历史,宁可自己遭受骂名,也要维护国法尊严。孔子读到这段历史,特别评价道:"董狐直言无隐,可谓古之良史;赵盾为法受恶,可谓古之良臣。可惜啊!当初越过晋国边境,他就可以免除责任了。"

It was his conviction that while cleverness is appropriate to rhetoric, and inventiveness to poetry, truth alone is appropriate to history.

—*History of the Wars*, Procopius

他坚信,聪明伶俐者宜于修辞,别具创见者宜于赋诗,唯有实事求是者宜于著史。

——普洛科皮乌斯《普洛科皮乌斯战争史》

董狐秉笔直书、临难不苟的气节,成为此后无数中国人矢志不渝的信念与追求。南宋丞相文天祥囚禁北京期间,在潮湿阴暗的牢房里,更将其熔铸到不朽诗篇《正气歌》中,以"在晋董狐笔"作为天地正气化生人间的十二位典范之一。文天祥也同他在诗中致敬的众多历史人物一样,用生命演绎了"人生自古谁无死?留取丹心照汗青"的浩然正气。

成语释读

形容客观公正、实事求是地书写历史或记录当下。

发现与探索

典籍诗文

《左传》

《过零丁洋》【南宋】 文天祥*

《正气歌》【南宋】 文天祥

跨学科及影视拓展

中国各体文学(二级学科)　纪君祥《赵氏孤儿大报仇》与冯梦龙《东周列国志》

法国文学(二级学科)　伏尔泰《中国孤儿》

比较文学(二级学科)　从"赵氏孤儿"到"中国孤儿"

研学旅行

赵氏孤儿传说(国家级非物质文化遗产—民间文学)　山西省盂县

河北正定元曲博物馆　河北省正定县

2012年6月、2016年10月、2023年9月三次到访正定。
上图为河北正定元曲博物馆，下图为修复后的正定城墙。

〇一九 一飞冲天、一鸣惊人

成语人物

楚庄王　伍举

人文地理

荆州

文化精神

时机未到，隐忍积蓄力量；时机成熟，奋发有所作为。

　　一飞冲天、一鸣惊人出自《韩非子》和《史记·楚世家》,这是关于春秋霸主楚庄王奋发振作的故事。

　　经过城濮之战,楚国向中原扩张的战略态势受到压制。楚成王晚年政局动荡,太子发动宫廷政变,弑父篡位成为楚穆王。他执政的十二年间,楚国通过蚕食南方小国,在长江和汉江流域逐步拓展势力范围。楚穆王去世后,霸业落到了楚庄王肩上。

　　这位年轻的楚王,却表现出一种顽劣不羁的叛逆气质。他将自己整日锁在深宫之中,不分昼夜寻欢作乐,国家大事置若罔闻,并且下令"有敢谏者死无赦",与晋灵公可以说是相差无几。

　　同晋国一样,楚国也不乏直言敢谏的正人君子。大臣伍举冒死进宫,面对严词拒谏的君王,他没有单刀直入,而是委婉地对楚庄王说:"有个谜语,我无法参透其中奥妙,于是斗胆前来请教大王。在楚国的高山上,栖息着一只五彩斑斓的大鸟,整整三年,既不飞翔,又不鸣叫,是何缘故呢?"楚庄王听明白了伍举的隐喻,答复他道:"这只大鸟三年不飞,必将一飞冲天;三年不鸣,必将一鸣惊人。"

　　伍举谜语中的大鸟,正是楚庄王。他以大鸟为喻,问君王是否还有谋图霸业的雄心。楚庄王则告诉他:"我这只心怀鲲鹏之志的大鸟,有朝一日必将带领楚国冲天而起、惊人而鸣。"

　　不久,楚庄王撤除乐舞,遣散美女,诛杀奸佞,启用贤臣,励精图治,重振朝纲,楚国的争霸之路随即重新开启。他先是延续楚穆王的政策,并吞汉水流域诸国,巩固楚国南方疆土;再率兵北上,问鼎中原,在东周王城洛邑郊外,与周天子的代表展开了一场外交较量。最终,城濮之战三十五年后,楚庄王在邲之战中大败晋军主力,饮马黄河,成为继齐桓公、晋文公之后的又一位诸侯霸主,带领楚国站到了春秋时代的舞台中央。

在历史上，跟一飞冲天、一鸣惊人相关的政治人物还有齐威王，两个故事脉络基本相似。选取楚庄王作为故事主角，一是他的历史年代更早，再者大鸟的传说更加符合浪漫多姿的楚国文化。

但我们不禁要问：一鸣惊人的故事真正存在吗？一位君王，仅靠猜谜就能幡然醒悟、痛改前非吗？故事不是真实的历史，但历史的真实往往隐藏在故事当中。我相信楚庄王不理国政的荒唐行为、伍举入宫进谏的大胆举动，都是实有其事的。但这不是一个顽劣少年的成长逆袭，也不是一个无道君王的励志反转。

All human wisdom was contained in these two words: Wait and hope.

——*The Count of Monte Cristo*, Alexandre Dumas

人类的全部智慧都凝结在两个词里：等待和希望。

——大仲马《基督山伯爵》

故事背后很可能关乎楚国复杂的政治生态。楚庄王少年时代，目睹过父子相残的人伦惨剧；即位之初，势力膨胀的若敖氏贵族集团，又对王权形成有效掣肘。心思缜密的楚庄王，假意沉湎酒色，实则韬光养晦，等候时机，寻找盟友，麻痹敌人。伍举的劝谏，更像是对年轻君王表明自己家族的政治态度。在建立政治同盟，积蓄充足力量之后，楚庄王才敢改弦易辙，以一飞冲天、一鸣惊人的姿态冲破束缚，振作有为。

比喻平时默默无闻，突然取得惊人成就。

发现与探索

典 籍 诗 文

《史记》【西汉】　司马迁

跨 学 科 及 影 视 拓 展

中国古代战争史(三级学科)　邲之战

研 学 旅 行

楚纪南故城　湖北省荆州市

熊家冢国家考古遗址公园　湖北省荆州市

2023年8月到访楚纪南故城及熊家冢国家考古遗址公园。图为楚纪南故城文保碑。

○二○

居安思危、有备无患

成语人物

魏绛　晋悼公

人文地理

西安

文化精神

在安定中不忘忧虑，时刻保持危机意识。

中国古人说："国虽大，好战必亡；天下虽平，忘战必危。"纵然国力强盛，穷兵黩武必将招致灭亡；即使天下太平，丧失警惕定会面临危机。

纵观历史，在天下太平、社会安定的时候，盲目陷入乐观主义，不能警惕战争风险，从而将国家和人民带入深渊的例子屡见不鲜。

唐朝开元盛世，政治清明、经济发达、军事强大、文化繁荣，是中国古代社会难以逾越的巅峰。杜甫在诗中怀念那个时代说："忆昔开元全盛日，小邑犹藏万家室。稻米流脂粟米白，公私仓廪俱丰实。九州道路无豺虎，远行不劳吉日出。齐纨鲁缟车班班，男耕女桑不相失。"但随着承平日久，唐玄宗再也不思进取，在华清宫和杨贵妃过起了"在天愿作比翼鸟，在地愿为连理枝"的逍遥岁月，完全忘记了国家治理和战争防范。一旦渔阳鼙鼓动地而来，整个国家便被迅速卷入战争漩涡。"安史之乱"后政治割据和社会动荡成为常态，繁花似锦的大唐盛世只剩下"国破山河在，城春草木深"的无尽哀叹了。

二十世纪初的欧洲，也是一派歌舞升平，在历史进步主义的叙事逻辑中，欧洲文明始终是直线发展、昂扬向上的。奥地利作家茨威格在《昨日的世界》中回忆：那时的人们普遍相信，欧洲必将实现持久繁荣。不只欧洲人这么想，当时的中国知识分子大多也认为欧洲文明已经进入到"一治而不再乱，一盛而不再衰"的理想状态。但短短几十年间，两次世界大战接连爆发，欧洲文明的荣光被战火无情击碎。二战后的欧洲，虽然从满目疮痍中逐渐恢复，实现了较长时期和平发展，却失去世界中心地位，民族独立浪潮席卷全球，几百年建立的殖民体系轰然崩塌。

He is not exposed to danger who, even when in safety, is on his guard.

—*The Moral Sayings of Publius Syrus, a Roman Slave*

枕戈待旦者不会有危险。

——《普布里乌斯·西鲁斯的道德箴言：罗马奴隶》

安定之时警惕战争，繁荣之时预见衰落，是超越一般认知的。许多人只会顾及眼前，略有成绩就以为此后一帆风顺，稍遇挫折便感觉前途一片黯淡。真正有识见、有信念的人，才能在光明中看到深渊，在绝境中寻获希望。居安思危和有备无患，正是《左传》为我们讲述的一个关于远见卓识的故事。

晋国在经历了自晋灵公以来的一系列政治斗争后，迎来了晋悼公和它在春秋舞台上最后的辉煌年代。晋悼公不仅恢复了晋文公开创的霸业，团结和领导中原诸侯；更开拓边疆，向西北用兵平定戎狄部落。在平定戎狄的过程中，一名叫魏绛的大臣发挥了重要作用，他就是战国七雄中魏国的先祖。

为了表彰开疆拓土之功，晋悼公把征讨郑国获得的乐器赐给魏绛，对他说："是你告诉我要安抚戎狄、平定中原。八年之中，晋国九次主持诸侯会盟，都是你的功劳。颁赐这些乐器，是想同你分享成功的喜悦。"魏绛却没有接受晋悼公的赏赐，推辞道："安抚戎狄，让国家获得太平，是上天赐给我们的福祉。八年之中九次主持会盟，是凭借国君您的威望，我又有何功劳可言呢？作为一国之君，希望您享受安乐之时牢记慎终如始的教训。古书上说'居安思危'，只有预见到危险隐忧，才能未雨绸缪、有备无患。"晋悼公听后非常感动,回答魏绛:"你的劝告,我怎敢不牢记在心!但没有你的辅佐,晋国的势力就不能扩展到黄河以西,更无法平定戎狄部落。请你不要再推让了。"最终,魏绛接受了晋悼公的赏赐,也将居安思危和有备无患两个成语留在了史册当中。

魏绛本人,则成为后世建功边疆的楷模和典范。曾写下"前不见古人,后不见来者。念天地之悠悠,独怆然而涕下"的初唐诗人陈子昂,便十分推崇他的平戎之功,在《送魏大从军》一诗中以此激励友人,表达自己为国立功的雄心壮志:

> 匈奴犹未灭,魏绛复从戎。
>
> 怅别三河道,言追六郡雄。
>
> 雁山横代北,狐塞接云中。
>
> 勿使燕然上,惟留汉将功。

成语释读

表示在安定和平的环境里,要对可能出现的危机预作防范,从而避免祸患发生。

发现与探索

典籍诗文

《左传》

《登幽州台歌》【唐】 陈子昂*

《送魏大从军》【唐】 陈子昂

《忆昔》(忆昔开元全盛日) 【唐】 杜甫

《春望》【唐】 杜甫*

《长恨歌》【唐】 白居易

《昨日的世界》〔奥〕 斯蒂芬·茨威格

跨学科及影视拓展

历史社会学(二级学科) 两次世界大战之间欧洲的历史走向与社会变迁

研学旅行

中国人民革命军事博物馆 北京市

临潼骊山—秦兵马俑风景名胜区 陕西省西安市

图片来源:视觉中国

2004年7月到访临潼骊山风景名胜区。图为复建后的华清宫芙蓉殿。

○二一

永垂不朽

成语人物

叔孙穆子　范宣子

人文地理

北京

文化精神

将德行、功
业与言辞
书写在史
册上，镌刻
进人心里。

在北京天安门广场，隔十里长街与天安门城楼南北辉映的，是1949年9月30日开国大典前夕奠基，1958年"五一国际劳动节"揭幕的人民英雄纪念碑。碑身正面，是毛泽东主席亲笔题写的"人民英雄永垂不朽"八个大字；碑身背面，则是由毛泽东主席起草，周恩来总理手书的正楷碑文：

三年以来，在人民解放战争和人民革命中牺牲的人民英雄们永垂不朽！

三十年以来，在人民解放战争和人民革命中牺牲的人民英雄们永垂不朽！

由此上溯到一千八百四十年，从那时起，为了反对内外敌人，争取民族独立和人民自由幸福，在历次斗争中牺牲的人民英雄们永垂不朽！

这篇碑文，是对鸦片战争以来中国人民反帝、反封建斗争的高度概括和精炼总结。从此，"人民英雄永垂不朽"成为镌刻在共和国史册上的忠诚信仰。永垂不朽这个已经高度融入现代政治生活的成语，出处却是古老的典籍《左传》。

春秋后期，鲁国执政大臣叔孙穆子到晋国进行国事访问，范宣子亲自前往迎接。宾主相见后，范宣子问道："古人曾说'死而不朽'，请问是什么意思？"叔孙穆子还未答话，范宣子接着说："我的家族在尧、舜之际是陶唐氏，在夏代是御龙氏，在商代是豕韦氏，在周代是唐杜氏，时至今日则为范氏。像我家族这样源远流长、绵延不绝，可以称得上不朽了吧。"

范宣子夸夸其谈，在远道而来的客人面前大肆炫耀家族势力，以为凭此就能达到不朽的境界。叔孙穆子却并未加以迎合，他直言不讳地说："根据我的理解，您说的那些，是家族世代继承和享有的爵位、俸禄，跟不朽毫无关系。我国有一位大夫名叫臧文仲，虽然早已去世，但他说过的话一直被人们记得，这才是不朽。不朽的最高境界是立德，其次是立功，其次是立言，即使时间流逝，也不会被后人遗忘。保有祖先姓氏，守护家族基业，簪缨相继、世代传承的例子各国都有，纵然位高权重，也与不朽无关。"

叔孙穆子所说的"大上有立德，其次有立功，其次有立言，虽久不废，此之谓不朽"，在中国历史上被称为"德、功、言三不朽"。成语永垂不朽正来源于此。

通过叔孙穆子对不朽的定义，我们可以知道，早在两千五百年前，中国人已经深刻理解了精神传承的重要意义。能够长久留存、不被时间湮灭的，并不是珍宝美玉、金珠钻石，也不是名车豪宅、飞机游艇，甚至不是权位爵禄、家族产业。能在历史长河中永垂不朽的，是卓然树立的道德楷模，是奋然建立的宏伟功业，是确然刊立的著作学说。司马迁《报任安书》中的"古者富贵而名磨灭不可胜记，惟倜傥非常之人称焉"，就是这个意思。

若用"三不朽"的标准衡量，万世师表的孔子、浩然正气的孟子，在两千多年间始终受到炎黄子孙景仰和纪念，孔庙随儒学传播遍及天下，这是因"立德"而不朽。汉代张骞凿空西域的壮举，霍去病封狼居胥的伟略，至今还让

中西互鉴

The springs and minute circumstances of politics, sink into oblivion; while wise laws and institutions, the monuments produced by the arts and sciences, continue forever.

—*The Age of Louis XIV*, Voltaire

政治上的种种详情细节与计谋手段都已被人遗忘。唯有良好的法律和制度，科学同艺术的不朽成就才与世长存。

——伏尔泰《路易十四时代》

人心驰神往、壮怀激烈，这是因"立功"而不朽。唐朝诗文璀璨、人才辈出，留下无数名篇佳句——我们送别朋友时轻唱高适的"莫愁前路无知己，天下谁人不识君"，王昌龄的"洛阳亲友如相问，一片冰心在玉壶"；思念故乡时遐想王维的"遥知兄弟登高处，遍插茱萸少一人"，李白的"举头望明月，低头思故乡"；豪情满怀时高歌苏轼的"老夫聊发少年狂，左牵黄，右擎苍"；黯然神伤时低吟李煜的"剪不断，理还乱，是离愁，别是一般滋味在心头"，这是因"立言"而不朽。

那些为了新中国的诞生，前仆后继、慷慨牺牲的人民英雄，则在"争取民族独立和人民自由幸福"的伟大斗争中，将自己对国家和人民的忠诚书写在共和国的旗帜上，化作了彪炳史册的不朽丰碑！

成语释读

形容伟大精神和崇高事业永远流传于世，不被时间所磨灭。

发现与探索

典籍诗文

《左传》

《报任安书》【西汉】 司马迁

《芙蓉楼送辛渐》【唐】 王昌龄*

《别董大》【唐】 高适*

《九月九日忆山东兄弟》【唐】 王维*

《静夜思》【唐】 李白*

《相见欢》(无言独上西楼)【五代南唐】 李煜*

《江城子·密州出猎》【北宋】 苏轼*

跨学科及影视拓展

思想史(三级学科) 孔孟思想

中国古代文学史(二级学科) 唐宋诗词

研学旅行

天安门　北京市

人民英雄纪念碑　北京市

出生并成长于北京,多次到访天安门及人民英雄纪念碑。左上图为天安门,左下图为天安门广场,右图为人民英雄纪念碑。

○二二 楚材晋用

文化精神

在碰撞与交流中开拓视野、解放思想。

楚材晋用，是《左传》当中一个有关人才流转的故事。

晋、楚邲之战前夕，面对强大的晋军，令尹孙叔敖曾主张撤兵，楚庄王也犹豫不决，力争与晋国一战的只有宠臣伍参。最终楚军大获全胜。这场辉煌的争霸战争，奠定了伍氏一族在楚国的地位。

伍参和蔡国贵族公子朝关系很好，因此两人之子——伍举和声子也十分亲近。伍举遭到政敌陷害，为躲避灾祸出逃晋国，在郑国郊外与声子偶遇。老友相见，感慨万千，声子铺开黄荆树叶，同伍举席地而坐，谈论往事。畅叙过后，声子对伍举说："你先去晋国暂避一时，我必定设法将你请回楚国。"说完，两人各奔东西。

不久，在宋国执政向戌的斡旋下，晋、楚两国集合诸侯召开弭兵大会。这次会盟确立了晋、楚共同称霸的双头垄断格局。为了弭兵大会顺利召开，声子再度受命出使晋国。回到楚国后，令尹子木向他提出一个问题："晋、楚两国，哪一方人才比较多？"

声子意识到推荐伍举的机会来了，随即答复："晋国世卿世禄的贵族素质不如楚国，但握有实权、能够影响国策的人则很能干。这些干练之才，好像高大的树木和坚韧的皮革，晋国并不出产，都是从楚国输送过去的。"子木好奇地问："难道晋国自己没有人才么？"声子说："晋国当然也有人才，但发挥关键作用的还是楚国人。我们楚国刑网严密、动辄得咎，有才能的人为了避祸，往往投奔晋国，为其出谋划策。这些人洞悉楚国虚实，常使我们损失惨重。鄢陵之战中，我军本已取得压倒性优势，就在晋国准备撤军时，苗贲皇献计说：'楚国精锐都聚集在王族所领的中军，只要先引诱并击溃其左、右两军，再对中军包抄合围，一定可以击溃楚军。'晋国人采用了他的建议，导致我军大败，先王被射瞎一只眼睛，司马子反也因之而死。"子木听完感慨不已。这时声子话锋一转说："如今更有甚于此者。伍氏一族在楚国世代为官,熟谙各项军政制度,伍举遭人诬告逃往晋国,听说要被委以重任,恐怕将来为祸不浅。"子木听后不觉毛骨悚然,连忙上奏楚王,给伍举加封进爵,请其回国复任。

声子利用大国博弈中的人才战略,对楚国执政者陈说利害,迎回了老朋友伍举。他在比较晋、楚两国人才时说的那句"虽楚有材,晋实用之",就是成语楚材晋用的出处,元朝宰相耶律楚材的名字便来源于此。

We cannot always build the future for our youth, but we can build our youth for the future.

—*Address at University of Pennsylvania*, Franklin Roosevelt

我们不能永远为年轻人创造未来,但我们可以面向未来培养年轻一代。

——富兰克林·罗斯福《在宾夕法尼亚大学的演讲》

湖南长沙岳麓书院正门两侧有一副楹联:"惟楚有材,于斯为盛"。上联将"虽楚有材"中的"虽"改为发语词"惟",下联则借用了《论语·泰伯》篇"唐虞之际,于斯为盛"的后半句,合在一起是说"楚地有人才,这里最兴盛"。这也正是近代百年以来岳麓书院的真实写照。"治无古今,育才是急;学有因革,通变为雄"——在鸦片战争后的"三千年未有之大变局"中,岳麓书院以其经世致用之学,为湘楚大地,更为中华民族培育了一代又一代海宇英才,从这里走出过曾国藩、左宗棠,走出过黄兴、宋教仁,走出过毛泽东、蔡和森。

代指人才外流并在他处获得任用。

发现与探索

典籍诗文

《左传》

《论语》

跨学科及影视拓展

教育史(二级学科)　岳麓书院的历史发展

研学旅行

岳麓书院　湖南省长沙市

岳麓山风景名胜区　湖南省长沙市

2006年6月以来先后十余次
到访岳麓书院。图为书院正门。

○二三 季札挂剑

中国吴文化博物馆
鸿山遗址博物馆

成语人物

季札

人文地理

苏州　无锡

文化精神

承诺不因时间而改变，迟来的兑现见证永恒的情谊。

季札挂剑的故事出自《史记·吴太伯世家》，这是一段关于友情的美丽传说。

春秋，是一个礼崩乐坏的乱世，也是一个群贤毕出的时代。在勾心斗角、尔虞我诈的诸侯列国中，曾涌现出一批真正的贤者——鲁国的孔子、郑国的子产、齐国的晏婴、吴国的季札，他们如璀璨群星般照亮了春秋的夜空，也照耀着此后两千五百年的中国历史。

季札的父亲是吴王寿梦，远祖则是周文王的伯父——泰伯。根据历史记载，为了周民族繁荣昌盛，泰伯将王位让给最有才干的小弟季历，自己与二弟仲雍远离故土，前往东南地区发展。经过长途辗转，他们在太湖流域筑城建国，成为吴文化的开拓者。时至今日，苏州、无锡等地仍建有泰伯祠，纪念这位伟大的先驱人物。

周朝建立之后，吴国因地处偏远，长期在史书中默默无闻。直到吴王寿梦时期，才骤然以异军突起之势，进入春秋大国争霸的历史舞台。寿梦笃信，只有小儿子季札才能继承自己开创的事业，带领吴国走向振兴。然而，深受周礼影响的季札，坚决不肯打乱长幼次序，寿梦只得定下"兄终弟及"的传位制度，要求其余三子立下誓言，确保将王位传给季札。

彼时，吴国社会风气比较淳朴，季札的三位兄长也像泰伯一样，希望由小弟承袭王位。季札却澹泊宁静、高风亮节，毫不介意权力地位，只愿国家需要时出山相助。正因如此，无论在吴国内部还是诸侯之间，季札都享有崇高声望；对周代礼乐文化心驰神往的他，也热衷同中原各国交往。

季札曾经出使鲁国，在曲阜观看了周代乐舞，更前往齐、郑、卫、晋诸国，同晏婴、子产、叔向等贤臣建立起良好友谊。这次周游列国之旅，季札首先路过徐国，和徐君相谈甚欢。徐君对季札佩戴的宝剑十分喜爱，想要求取而不便贸然开口。季札心知其意，也愿以佩剑相送，但君子无剑不能远游，于是暗下决定，返程之时再行奉赠。当他再次来到徐国，却得知徐君已然身故。悲痛之中，季札亲往墓前祭吊，并把佩剑解下，悬挂于墓旁树上。从人不解，问道："徐君已逝，您又将剑送与何人呢？"季札回答："在我心中，早已默许赠送此剑。君子一诺千金，岂能因生死之故违背初衷，有负故人！"

朋友之间的许诺、君子心中的信念，如磐石一样坚固，不以盛衰改节，不以存亡易志。管鲍之交，是在深刻尊重彼此实际需求的基础上互相成就；季札挂剑，则只为实现故友的未了心愿。这个故事并不虚无缥缈，却恍若空谷足音，惹人遐想、引人追寻。

中西互鉴

The foundation of justice, moreover, is good faith; — that is, truth and fidelity to promises and agreements.

—*De Officiis*, Marcus Cicero

正义的基础是诚信，亦即真诚地履行承诺与约定。

——马库斯·西塞罗《论义务》

季札挂剑，从此成为描写朋友之交的经典文学意象。安史之乱后，杜甫悼念老友房琯的诗句"对棋陪谢傅，把剑觅徐君"，便来自这段君子间的寻常交往。

成语释读

形容朋友之间信守承诺的坦诚交往。

发现与探索

典籍诗文

《史记》【西汉】 司马迁

《别房太尉墓》【唐】 杜甫

跨学科及影视拓展

文化社会学(二级学科) 吴文化与江南社会

研学旅行

九里风景区 江苏省丹阳市

中国吴文化博物馆·鸿山遗址博物馆 江苏省无锡市

2023年8月到访九里风景区延陵季子庙。图为季札雕像。

多难兴邦

文化精神

战胜艰难困苦，激发民族生机。

多难兴邦来自《左传》当中晋、楚两国间的一次外交博弈。

随着一代雄主楚庄王去世,楚国霸业进入衰退阶段。楚共王、楚康王在位期间,北方的晋国重整旗鼓,于鄢陵之战大败楚军,夺回了中原霸主之位;东方的吴国骤然勃兴,在长江下游与楚国展开新的较量。楚康王去世前一年,有十四个诸侯国参加的"弭兵大会"召开,确立了晋、楚共同称霸的国际新秩序。春秋时代会盟争霸由此掀开新的一页。

楚康王死后,其弟篡位成为楚灵王。此人骄奢淫逸又好大喜功,称霸之心极为迫切,却只想寻求捷径,不愿艰苦奋斗。急功近利的他派遣伍举出使晋国,要求晋平公出面,劝喻中原诸侯前来楚国会盟,以此确立自己的霸主地位。

"弭兵大会"之后,晋、楚两国仍以竞争为主,合作为辅。晋国虽然实力衰落,对楚国的称霸野心处处退让,但要号召己方盟友对楚臣服,还是感到情有不堪。就在晋平公准备回绝之时,一个叫司马侯的大臣劝他:"楚王现在如此骄横,可能正是上天要他灭亡的前兆,您不如暂且答应,修德以观其变。如果楚王改恶从善,得到上天护佑,恐怕我们晋国都要屈己相从,何况其余诸侯?倘若楚王利令智昏、不知悔改,那时连楚国都会将他抛弃,我们有何损失呢?"

晋平公于心不甘,说:"晋国有三个优势可以防范危机、无往不利——地势险要,战马众多,齐、楚两国困境丛生。"司马侯反驳道:"倚仗地形、马匹,又以邻国多难为幸,非但无法防范危机,反是招致覆亡的三条途径。天下名山大川众多,有哪一座曾经阻挡朝代更替?北方草原马匹无数,那里何曾兴起过强大国家?古圣先王兴邦立业,凭借的是天佑人助,而非地势与战马。对邻国的困境,更不能心存侥幸。历史上既不乏在逆境中奋发有为、富国强兵的先例,也不缺在安逸中志气消磨、破国亡家的个案。当年齐国内乱，开启了齐桓公的霸主之路；晋国纷争，成就了晋文公的不世之勋。反观邢、卫等国，看似太平无事，一旦遭受戎狄进攻却险些亡国。若君王恃险乐祸，不能修德安民，国家社稷尚恐不保，如何能够无往不利呢？

晋平公从善如流，答应了楚国的请求。司马侯进谏时说的"或多难以固其国，启其疆土；或无难以丧其国，失其守宇"，便是成语多难兴邦的出处。灾难，往往能极大激发一个国家的团结和斗志，促使其开拓生存空间，走向繁荣强盛；安逸舒适的环境，则会让人不思进取，日益沉沦，走向衰亡。孟子说"生于忧患，死于安乐"，又说"无敌国外患者，国恒亡"，讲的正是这个道理。

经济学的资源诅咒理论，为多难兴邦提供了反面注解。有些国家自然资源丰富，却在地球赐予的财富面前无所作为，既不能建立完整的经济体系，也没有改善治理结构的动力，导致基础建设投资不足、人力资本稀缺、贸易条件恶化，甚至引发大规模社会动荡。

But life is never easy. There is work to be done and obligations to be met—obligations to truth, to justice, and to liberty.

—*Address at the Free University of Berlin*, John Kennedy

但生活从来不易。我们将勤勉工作、履职尽责——对于真理、正义与自由的职责。

——约翰·肯尼迪《在柏林自由大学的演讲》

中国则一再践行着多难兴邦的箴言。无论古时天崩地裂，还是近代民族危亡，无论"九八抗洪"，还是汶川地震，在一次次内忧外患中，我们总能自强不息、团结奋进，守护着我们的国家，在风吹雨打中屹立五千年。

成语释读

表示逆境与灾难或能振作士气、凝聚人心，促使民众奋发向上建设国家。

发现与探索

典籍诗文

《左传》

《孟子》一则(天将降大任于是人也)*

跨学科及影视拓展

先秦史(三级学科)　晋楚争霸

发展经济学(二级学科)　资源诅咒理论

研学旅行

5·12汶川特大地震纪念馆　四川省北川羌族自治县

"5·12"汶川特大地震映秀震中纪念馆　四川省汶川县

2016年5月、2023年10月两次到访"5·12"汶川特大地震映秀震中纪念馆。上图为纪念馆小景，下图为地震遗址。

〇二五 同仇敌忾、袍泽之谊

成语人物

申包胥　伍子胥

人文地理

荆州　秦岭

文化精神

不畏旅途艰辛，不惧时间磨砺，始终如一践行理想。

同仇敌忾和袍泽之谊出自《诗经·秦风》,背景仍是春秋时期的大国争霸,主角则换成了吴、楚两国。

伍氏家族在楚国世代为官,历经楚庄王、楚共王、楚康王、楚灵王四朝,长期受到宠信和重用。变故发生在楚平王之时。平王晚年昏庸,受奸臣费无极挑唆,将太子妃据为己有,派人追杀太子,并以叛国罪囚禁了太子的老师伍奢。伍奢的两个儿子伍尚和伍员正在边境驻防,楚平王派出使者,诱骗兄弟二人返回郢都(今湖北荆州一带)。哥哥伍尚心地忠厚,为了能见父亲一面,甘愿自投罗网;弟弟伍员性格刚烈,要替父兄报仇雪恨,不肯轻易捐躯。他在旷野当中张弓搭箭,对楚王使者说:"你回去告诉昏君,如果他敢杀害我的父亲、兄长,有朝一日我必定亲手灭亡楚国。"伍员,就是历史上大名鼎鼎的伍子胥。

逃亡途中,伍子胥遇到好友申包胥,两人席地而坐,互诉衷肠。得知伍子胥的灭楚之志后,申包胥说:"作为朋友,我不能劝阻你报父兄之仇。但请记住:你若灭楚,我必兴楚。"

伍子胥历尽艰难逃到吴国。他寻找勇士,刺杀吴王僚,辅助公子光登上王位;延揽人才、整军经武,迅速增强吴国实力,并对楚国形成战略压制。同一时间,楚国却政治失序、内外交困。终于,在立誓复仇十六年后,伍子胥率领吴国精锐举兵西向,在柏举之战大破楚军,五战五胜,直入郢都。他将楚平王掘墓鞭尸,报了当年的切齿之仇。

国破家亡之际,申包胥只能窜身荒野,苦苦思索复国之策。他想到秦、楚两国山水相连,楚王之母又是秦人,决定借用秦国力量,驱逐敌寇,匡扶社稷。

申包胥也像伍子胥那样,踏上了跋山涉水的万里征程。秦、楚之间的交通线是武关道,从郢都出发,先要溯丹江西上,再穿越秦岭,才能进入秦国所在的关中平原,路途艰险可想而知。但凭着坚强意志和复国决心,申包胥一路风尘，来到了秦哀公面前。

秦国此时僻处西戎，无意参与诸侯争霸，加上楚地险远、鞭长莫及，因此拒绝了申包胥出兵相助的请求。

为救亡图存、兴复楚国，申包胥展现出极为强大的精神力量。他站在秦国宫廷之中，整整七日水米不进，不分昼夜嚎啕痛哭，泪尽而继之以血。最终，秦哀公被他的赤诚与决绝打动，下令发战车五百乘助楚复国。申包胥引导秦军，浩浩荡荡杀奔郢都。

在秦、楚联军共同夹击下，吴国战败，撤出郢都。申包胥实现了自己复兴楚国的誓言，但当楚昭王封赏有功之臣时，他却说"我所做的一切，都是为了国家，并非谋求个人私利"，拒绝了楚王的赏赐。

While for daring patriotism we had no competitors.

—*The History of the Peloponnesian War*, Thucydides

我们所展现出的大无畏爱国主义精神举世无双。

——修昔底德《伯罗奔尼撒战争史》

《左传》上说秦哀公在发兵之前，曾为申包胥吟诵《秦风》中的《无衣》，以示御敌同仇之心："岂曰无衣？与子同袍。王于兴师，修我戈矛，与子同仇。——谁说没有衣服穿呢？我愿与你分享战袍。国家要兴兵打仗，修整好兵戈长矛，我们一起奔赴疆场。"

这是一首被秦国士兵广为传唱的民歌。它向我们传达的，是对战友的情谊，是对敌人的愤慨，更是保家卫国的决心。

成语释读

袍泽之谊：形容战友之间的亲密情谊。

同仇敌忾：表达对于敌人的共同愤慨。

发现与探索

典籍诗文

《诗经》

跨学科及影视拓展

历史地理学(三级学科)　武关道的地理走向与军事意义

先秦史(三级学科)　吴楚争霸

纪录片《大秦岭》

研学旅行

秦岭终南山世界地质公园　陕西省西安市

楚纪南故城　湖北省荆州市

熊家冢国家考古遗址公园　湖北省荆州市

2022年6月登顶秦岭主峰太白山。图为秦
岭风光。

〇二六 卧薪尝胆

南镇會稽山

文化精神

动心忍性，在逆境中有所作为。

《聊斋志异》的作者、清代文学家蒲松龄撰写过一副自勉联："有志者事竟成，破釜沉舟，百二秦关终属楚；苦心人天不负，卧薪尝胆，三千越甲可吞吴。"卧薪尝胆，正是越王勾践的复国故事。

春秋时期，大国争霸的历史舞台不断由周文明核心区域向边缘地带转移。周平王东迁之初，国际秩序主导者是地处中原的卫、郑两国，郑庄公甚至同周王室分庭抗礼，号称"春秋小霸"。利尽东海的齐国与表里山河的晋国继之而起，齐桓公和晋文公更是无可争议的诸侯霸主。随着齐国衰落，僻处西陲的秦国和偏居南蛮的楚国先后勃兴，晋、楚争霸成为时代的主旋律。春秋后期，晋、楚两国又同时陷入衰退，崛起于东南的吴国和越国迅速跃升。就在吴军攻入郢都之时，吴、越争霸的大幕已然徐徐升起。

最初，晋国在申公巫臣建议下，采取远交近攻策略，向吴国输送先进武器和军事技术，以此消耗楚国实力；楚国如法炮制，扶植越国扰乱吴国后方。每当吴国西进攻打楚国，越国便从南方对吴国展开袭扰，吴、越间的矛盾斗争日益加剧。

越王允常去世后，吴王阖闾趁机出兵讨伐，不想却在檇李之战中被允常之子勾践击败。阖闾本人身受重伤，不治而死。

临终之际，阖闾叮嘱其子夫差为父报仇。夫差含泪受命，厉兵秣马、奋发自强；勾践则陶醉在胜利的喜悦中，骄傲自满、无所作为。

几年后吴、越再度交锋，复仇心切的吴王夫差大败越军，将五千残兵重重围困在会稽山上。走投无路之下，越王勾践只得委派大夫文种前往吴国求和，志得意满的夫差不听伍子胥忠言，准许了勾践的请求，令其作为附庸臣属吴国。

回到越国的勾践，日思夜想灭吴大业。为了牢记亡国之痛，他搬出宫殿住进草舍，并将苦胆置于座上，饮食之前加以品尝，通过卧薪尝胆的方式，保持自己复兴越国的斗志。

　　勾践的苦身焦思，换来了越国的发展壮大。与此同时，吴王夫差却野心膨胀、穷兵黩武。他不断向北攻打齐国，挑战晋国的霸主地位，更杀害了忠言直谏的伍子胥。就在吴军精锐尽数北上和晋国争霸的胶着时刻，勾践率领越国军队趁虚而入，杀奔吴国都城姑苏(今江苏苏州)。经过连年战争，吴国民穷兵疲，财力耗尽，被困于姑苏山上的吴王夫差挥剑自刎。吴越争霸，以越王勾践的全胜告终。

With this faith, we will be able to hew out of the mountain of despair a stone of hope.

—*I Have a Dream*, Martin Luther King, Jr.

拥有这种信念，我们必将从绝望之山中凿出希望之石。

——马丁·路德·金《我有一个梦想》

　　《史记·越王勾践世家》为我们记录下这个卧薪尝胆、忍辱复国的故事。一位亡国之君，在内忧外患中刻苦励志，十年休养生息，十年积蓄力量，重新带领国家走向振兴，并将强大的敌人亲手埋葬。这样的经历，绝对震人心魄，但这是勾践成功复国的全部原因吗？

　　不可否认，卧薪尝胆加速了勾践的成功；更为关键的，却是他对新型战争模式的理解。春秋各国仍保存着古老的贵族风范，大国之间只有争霸而无兼并。当历史的车轮驶入战国，战争形态发生转变，不惜代价消灭敌人有生力量，成为国家竞争的主要手段。勾践敏锐捕捉到新时代的脉搏，淡漠的道德观念和无所顾忌的性格，则让他在思想转变之时毫无心理负担。夫差局限于争霸战争的旧框架，会给对手留有余地；勾践掌握了兼并战争的新规律，必将敌人赶尽杀绝。这场处在历史转折点上的吴越兴亡之战，也为春秋争霸画上了终止符。

成语释读

形容为了追求远大目标而刻苦自励、发愤图强。

发现与探索

典籍诗文

《史记》【西汉】　司马迁

《聊斋志异》【清】　蒲松龄

跨学科及影视拓展

商周考古(三级学科)　越王勾践剑(现藏湖北省博物馆，属禁止出国/境展览文物)

历史地理学(三级学科)　春秋列国的地理方位与诸侯争霸

冶金技术(二级学科)　铸剑术

研学旅行

苏州园林(虎丘山)　江苏省苏州市

鸿山国家考古遗址公园　江苏省无锡市

印山越国王陵　浙江省绍兴市

湖北省博物馆　湖北省武汉市

2005年4月、2020年3月两次到访虎丘山。上图为虎丘剑池摩崖石刻，下图为苏州云岩寺塔。

○二七 上善若水

文化精神

天之道，利
而不害；圣
人之道，为
而不争。

——老子

上善若水，是老子心中最完善的人格境界。

《老子》第八章说："上善若水，水善利万物而不争，处众人之所恶，故几于道。"意思是，最完善的人格像水一样，善于润养万物而不与之相争，将自己放置在众人厌恶的地方，故此最接近道。

老子推崇水，是由于它的三个特性：柔顺、谦卑、利益万物而不争。因为柔顺，所以平静坚韧，可以战胜一切艰难险阻；因为谦卑，所以博大包容，拥有源源不竭的力量；因为不争，所以思虑深远，成就伟大，无人可及。

胡适在美国康奈尔大学读书时，从校园铁桥上俯视瀑布冲刷形成的峡谷，曾对老子笔下的水深有共鸣。"飞流直下三千尺，疑是银河落九天"，如此气势磅礴的力量，正是从柔弱的水里喷涌而出的。再坚硬的岩石，也无法承受水流经年累月的冲刷激荡。所以老子才会说"天下之至柔，驰骋天下之至坚""天下莫柔弱于水，而攻坚强者莫之能胜"。

清华大学校歌说"海能卑下众水归，学问笃实生光辉"，民族英雄林则徐说"海纳百川，有容乃大"，都是在用水谦卑的特性，强调无论探求学问还是立身处世，均应放低姿态、谦虚为怀。希腊神话中的巨人安泰俄斯拥有不可战胜的力量，这是因为他的双脚稳稳站在自己的母亲——大地女神盖亚怀中，一旦双脚离开大地，再强大的力量也会瞬间消失不见。谦卑，便是脚踏实地的力量源泉。

老子又讲："天之道，利而不害；圣人之道，为而不争。"自然的规律，是利益万物而不进行损害；人间的道理，是发挥努力而不据为己有。不争，不是态度消极，无所作为；而是秉持公心，顺势而为。周恩来总理正是"为而不争"的典范，他一生可进可退，能上能下，无论身处何种工作岗位，都时刻以党和人民的利益为重，从不考虑自己。臧克家在《有的人》中写道："给人民作牛马的，人民永远记住他！……他活着为了多数人更好地活着的人，群众把他抬举得很高，很高。"可以说，周总理用其一生践行了"夫唯不争，故天下莫能与之争"的道理。

德国学者雅斯贝尔斯将老子与孔子并列，称其为中国轴心时代的两大哲人。《吕氏春秋》记载："孔子学于老聃。"两人的关系亦师亦友，共同奠定了中华文明的思想根基。与老子一样，孔子对水也具有独特感情。

孔子将灵动流淌的水比喻为智者，说"智者乐水"；在川流不息的江河前慨叹："逝者如斯夫，不舍昼夜。"毛泽东主席畅游长江时，发出了跟孔子同样的感慨，在《水调歌头·游泳》中挥笔写下"不管风吹浪打，胜似闲庭信步，今日得宽余。子在川上曰：逝者如斯夫！"

据《孔子家语》记载，子贡曾问孔子："为什么君子一定要观看奔腾东流的河水？"孔子回答："流水生生不息，润泽万物却不据为己有，好像君子的德行；奔流时由高向低，遵循地理的脉络，合乎义理；浩浩荡荡、横无际涯，有如君子所追求的大道；面对崇山峻岭、悬崖峭壁也毫无畏惧，体现出勇敢的特性；无论流向何方，水面始终持平，恰似法度公正；注满容器，适可而止，一如君子处事有度、讲求分寸；涓涓细流却无所不入，仿佛君子明察秋毫；历经千回百转，必然东流而去，象征君子内心的坚定志向；将万物洗涤一新，宛若君子润物无声的教化。水有这么多美好的品德，因此君子见到流水一定要驻足观看。"

中西互鉴

For Thales indeed, who was the leader of this philosophy, said that this principle is water.

— *Metaphysics*, Aristotle

这一哲学体系的创始人泰勒斯认为：水是万物之源。

——亚里士多德《形而上学》

没有什么比流水更能触发中国哲人的沉思。孔子之后，孟子也用水劝勉人们勤奋学习、踏实做事。他说："有源头的大水，不分昼夜滚滚奔流，将沿途遇到的一切坎坷填平，才会继续东行注入大海。如果没有本源，就像夏天暴雨过后的沟渠，虽然略有积水，但不用多久便会枯竭。君子之行亦然，要笃正诚恳、厚积薄发，切忌虚伪浮夸、名过其实。"

汉乐府《长歌行》则以"百川东到海，何日复西归？少壮不努力，老大徒伤悲"劝勉人们青春易逝、珍重光阴。

中华文明与水的关系，正如滔滔入海的百川江河，从远古走来，向未来奔去。

成语释读

比喻宽厚、包容、谦和、无私的崇高品德。

发现与探索

典籍诗文

《老子》

《论语》

子在川上曰*

《吕氏春秋》

《孔子家语》

《长歌行》 汉乐府*

《望庐山瀑布》【唐】 李白*

《水调歌头·游泳》 毛泽东

《有的人》 臧克家

跨学科及影视拓展

思想史(三级学科) 诸子百家——道家

西方哲学史(二级学科) 卡尔·雅斯贝尔斯及其轴心时代理论

研学旅行

鹿邑太清宫遗址 河南省鹿邑县

武汉长江大桥 湖北省武汉市

长江文明馆(武汉自然博物馆) 湖北省武汉市

林则徐纪念馆 福建省福州市

图片来源:视觉中国

2006至2009年旅居香港求学期间，多次搭乘T97、T98次列车经武汉长江大桥往来南北。图为武汉长江大桥。

君子不器

成语人物

孔子

人文地理

曲阜

文化精神

心存良知，
放眼天地，
淬励完善的
君子人格。

君子不器出自《论语·为政》篇，其中蕴含了孔子对君子人格的最高理想。

必成大器，是对一个人极高的评价；但在孔子看来，比"成大器"更高的评价是"不成器"，因为君子不器。

《周易·系辞》说："形而上者谓之道，形而下者谓之器。"道是精神因素，是包括社会意识形态和政治法律制度在内的上层建筑，是抽象且无形的；器是物质载体，是具体且有形的。根据容量不同，器有大小之分，所谓大器或小器，就是在描述其自身容量的大小。有一次，子贡询问孔子如何评价自己，孔子说："你是瑚琏之器。"瑚琏，是宗庙祭祀使用的贵重器物。孔子将子贡比作瑚琏，是赞赏他器量宏大、人才难得。但这并不是对君子的最高评价，只有超越"大器"的阶段，达到"不器"，才是孔子追求的君子境界。

如何理解君子不器？我想从以下三个方面来探讨。

首先，无论大器还是小器，都只是工具性的存在。君子不应像工具那样为人所用，因为工具不会区分是非善恶，君子却需要心存良知、独立判断，不被外物奴役或利用。第二次鸦片战争期间，英法联军火烧圆明园。次年，维克多·雨果写下《致巴特勒上尉的信》，对英、法两国的暴行进行了严厉批判和强烈谴责。他在信中说："两个来自欧洲的强盗闯进圆明园，一个洗劫财物，另一个放火焚烧。在历史的审判台上，他们一个叫法兰西，一个叫英格兰。但统治者的罪行不能归咎于普通大众，强盗是两国政府，而非人民。"像雨果这样，为了社会公理，为了人类的普遍价值，谠论侃侃、正道直言，不取媚于友人，不惧祸于乱世，才是君子的所作所为。

其次，君子的心量与志向，不应仅局限在具体的器物层面，否则便会一叶障目，不见泰山。君子要有能力从各种形而下的事物表现方式当中，抽象出形而上的普遍规律和哲学意义。对此，人文科学和自然科学是相通的，因为二者都是探求真理的学问。

In which case, can you find any fault with an activity which no one could ever follow properly without having a naturally retentive memory, an aptitude for learning, a willingness to undertake great things, a pleasant nature—and without being a friend and kinsman of truth, justice, courage and self-discipline?

——*The Republic*, Plato

有关这么一种生活追求，还有什么不足之处你可指责，既然这不是任何人都可充分追求的东西，除非他天生记忆力强，擅长学习，思路开阔，气质和蔼，喜欢并且亲近真理，拥有正义感，充满勇气，具有节制的精神？

——柏拉图《理想国》

最后，君子不能囿于某种具体技术或学科。诚然"术业有专攻"，当今社会存量知识太多，任何人终其一生都难以穷尽。但在普通人的层面，只要掌握一才一艺即可谋生；君子却必须具备通观全局的视野与统筹整体的能力。在孔子的时代，君子有两层含义：既指道德品行和学识修养上的卓越者，也指国家的统治者和管理者。作为领导人物，如果不能统筹全局，只掌握一知半解的真理，则其治国理政无异于盲人摸象。我们试想，第二次世界大战当中，倘若美国总统罗斯福不了解科技的最新进展，没有批准实施研制原子弹的"曼哈顿计划"，将核武器发展先机送给纳粹德国，那人类命运又将如何呢？

正因如此,孔子才会以"不器"作为评价君子的最高标准。一个立志对国家有所贡献的人,无论过去还是今天,也应将"君子不器"当作自己的座右铭。

成语释读

表示君子应超脱器物的局限,追求更为广阔的人生境界。

发现与探索

典 籍 诗 文

《论语》

《周易》

《师说》【唐】 韩愈

《致巴特勒上尉的信》〔法〕 维克多·雨果

跨 学 科 及 影 视 拓 展

世界战争史(三级学科) 曼哈顿计划与第二次世界大战

研 学 旅 行

曲阜孔庙、孔林和孔府　山东省曲阜市

孔子博物馆　山东省曲阜市

1998年10月、2010年10月、2018年7月、2021年9月四次到访曲阜孔庙。上图为金声玉振坊，下图为孔庙大成殿。

发愤忘食，乐以忘忧

成语人物

孔子

人文地理

曲阜

文化精神

从学问中寻求快乐，把学问当作生命的意义。

"发愤忘食,乐以忘忧"出自《论语·述而》篇,这是孔子对自己的人生期待。

有次楚国贵族叶公问子路:"你老师是怎样的人?"子路一时语塞,无法回答。孔子得知后对子路说:"你何不这样答复:我的老师发愤用功、废寝忘食,陶醉在学问当中,忘却了人生的忧愁与生命的短暂。"这段夫子自道,就是"发愤忘食,乐以忘忧,不知老之将至"。它当然是在形容学习的勤奋,但如果只理解到这一层,则忽略了孔子思想中丰富的哲学内涵。

勤奋,只是外在的表现形式。有些人的勤奋是被迫的,还有些人是以勤奋炫材扬己。孔子发愤忘食,却是一种怡然自乐的生命状态——徜徉在学问的浩瀚天地里,不仅忧愁,连生命的短促都被遗忘了。这一层境界,也是东西方往圣先贤共同的人生体悟。古希腊思想家苏格拉底每天的工作,就是在雅典街头寻人谈天,通过辩论去思考与阐释一个又一个哲学问题。许多古希腊哲学和政治著作,如《理想国》《法律篇》,都是以对话形式保存下来的,跟《论语》的体裁有些相似。从中不难看出,轴心时代的东西方哲人之间,是存在某种共通之处的。

很多人会问:"读书有什么用?"无论曾经甚嚣尘上的"读书无用论",还是当年聚讼一时的"读书能否改变命运",乃至宋代《劝学诗》里所写的"书中自有黄金屋",本质都在强调读书的功利属性。读书,当然不能完全忽视其功利因素,小到明理知法维护自身权利,大到经世致用实现人生抱负,无不如此。但我们必须清楚,除了功利性、工具性的一面,读书也可以成为意义本身。并且当读书成为意义之时,它所发挥的作用往往是裂变式的。比如孔子和苏格拉底,在某种程度上说,追求学问就是他们人生的终极意义。"问渠那得清如许?为有源头活水来",正是在乐此不疲的上下求索中，他们为此后两千年的东西方文明开拓出一条条通衢大道。

中西互鉴

Ipsa scientia potestas est.〈Latin〉

Knowledge itself is power.〈Eng.〉

—*Meditationes sacrae*, Francis Bacon

知识本身就是力量。

——弗朗西斯·培根《沉思录》

对于这种生命状态，孔子还做过另一个更加富有诗意的表述。同样是在《述而》篇，他说："饭疏食饮水，曲肱而枕之，乐亦在其中矣。不义而富且贵，于我如浮云。"布衣疏食、弯臂当枕，君子依然乐在其中。不合道义原则的功名富贵，就如浮云般稍纵即逝。此处需要注意一点，《论语》的原文是"不义而富且贵，于我如浮云"，并非富贵如浮云。孔子从不排斥商业与财富，他反对的只有不义之财。

"发愤忘食，乐以忘忧"和"饭疏食饮水，曲肱而枕之"两段文字，把一位追求学问不知疲倦，澹泊宁静却有着坚定人生志向的孔子形象描绘得亲切生动。直到两千年后，乾隆皇帝还对这几句话无限神往。他到曲阜祭孔时，特意前往孔子故宅，从井中舀起一瓢清水饮下，并以"我取一勺，以饮以思，呜呼宣圣，实我之师"的诗句寄托怀古之情。乾隆皇帝想告诉世人，自己也有与孔子一样的情怀操守和人生追求。但这位锦衣玉食又好大喜功的封建帝王，能否真正领会孔子思想的精华，恐怕连他自己也未必知道。

成 语 释 读

形容学习或工作十分勤奋且乐在其中。

发现与探索

典 籍 诗 文

《论语》

不义而富且贵*

《观书有感》【南宋】 朱熹*

《理想国》〔古希腊〕 柏拉图

《法律篇》〔古希腊〕 柏拉图

跨 学 科 及 影 视 拓 展

古希腊罗马哲学(三级学科) 苏格拉底哲学思想

应用心理学(三级学科) 心流理论

研 学 旅 行

曲阜孔庙、孔林和孔府 山东省曲阜市

孔子博物馆 山东省曲阜市

1998年10月、2018年7月两次到访孔林。上
图为洙水桥石坊，下图为孔子墓。

沂水舞雩

成语人物

孔子　子路　曾皙　冉有　公西华

人文地理

曲阜　儋州

文化精神

脱去名缰利索，追寻率性自然、潇洒不羁的人生境界。

沂水舞雩，是一个发生在春天里的故事。

说到孔子，很多人脑海中浮现出的，是一位不苟言笑的学者、一位德高望重的师长、一位威仪赫赫的圣人；也许有人还会想起那个带着学生周游列国，辗转道路、栖遑困顿的孔子。此刻，让我们翻开《论语·先进》篇，领略一个不同于人们刻板印象的孔子、一个令人如沐春风的孔子。

两千五百多年前的一个暮春时节，孔子和学生们围坐在曲阜郊外的沂水之滨，畅谈人生理想。孔子说："我比诸位年长些，你们不必因此有所顾忌，大家都要畅所欲言。平时你们常说'没有人能够赏识我'，倘或得到执政者的青睐，有机会施展抱负，诸位都有什么打算呢？"

心直口快的子路率先开口，他跃跃欲试地说："给我一个中等规模的国家，夹在晋、楚这样的大国之间，外有强敌压境、内有连年灾荒。只要三年，我一定让百姓勇敢善战，同时教导他们懂得礼义。"

孔子听后，微微笑了一下，什么也没有说，继续问道："冉有，你呢？"

与子路相比，冉有是一个谦退的人，他谨慎地说："由我治理国家，三年之间，可以让百姓生活富足。至于礼乐教化，并非我所擅长，要留待以后的君子。"

孔子接着问："公西华，你呢？"

公西华的兴趣，在于礼乐制度，他回答道："我能力有限，但愿意学着去做。会盟、祭祀一类的事务，如果交给我主持，当一个小司仪应不成问题。"

这时，孔子转向正在一旁鼓瑟的曾皙，问道："你呢？"

曾皙平静地弹完一曲，放下手中乐器，回答老师说："我的人生理想，和大家都不一样。"

孔子说："那有什么关系呢？本来就是要各言其志。"

曾皙这时缓缓说出自己的人生理想："莫春者，春服既成，冠者五六人，童子六七人,浴乎沂,风乎舞雩,咏而归。——暮春三月之时,换上洁净、明丽的新衣,约上五、六好友,带领六、七少年,共同到沂水当中沐浴,荡涤冬日的尘埃,随后前往求雨的祭台,让和暖的春风尽情吹拂身体,一边吟咏歌唱一边踏上归途。"

在子路等人抒发理想抱负时,孔子除了微微一笑,没有发表任何评论;当曾皙说完这番话,孔子不禁喟然长叹道:"我赞同你的想法啊!"

这一为孔子称赏的人生理想,就是沂水舞雩。舞雩,是古代祈雨祭祀的仪式,此处指曾皙心中沐浴春风的所在——舞雩台。曾皙的精神境界里,没有子路的刀光剑影,没有冉有的案牍劳形,也没有公西华的折冲樽俎,仅仅是一群朋友,在天气刚好的时节,结伴出去踏青、沐浴、吹风、唱歌,把自己沉浸在自然的天真烂漫中,好像电视剧《封神榜》里唱的那样:"愿生命化作那朵莲花,功名利禄全抛下。让百世传颂神的逍遥,我辈只需独占世间潇洒。"万世师表的孔子,内心深处向往的,正是这样一种人生态度。

中西互鉴

"Beauty is truth, truth beauty," —that is all

Ye know on earth, and all ye need to know.

—*Ode on a Grecian Urn*, John Keats

"美即是真,真即是美"——这就包括

你们所知道、和该知道的一切。

——约翰·济慈《希腊古瓮颂》

从此,沂水舞雩成为无数中国人梦中的桃花源和乌托邦,被寄予生命理想。南宋理学家朱熹前往孔子故里踏春时,写下"胜日寻芳泗水滨,无边光景一时新。等闲识得东风面，万紫千红总是春"的诗句。北宋文学家苏轼晚年被贬海南，在最困顿失意的日子里，他始终没有忘记曾皙口中那个悠扬婉转、温暖多姿的春日画卷，在诗中宽慰自己"莫作天涯万里意，溪边自有舞雩风"。对沂水舞雩的想往，穿透空间的阻隔和时间的羁绊，将苏轼与曾皙的精神世界联结在一起，他们有着不同的时代背景和人生经历，但那份潇洒释怀的生命状态并无二致。

成语释读

形容逍遥洒脱、不被功名利禄所羁绊的生活态度。

发现与探索

典籍诗文

《论语》

《被酒独行遍至子云威徽先觉四黎之舍》(总角黎家三四童)【北宋】苏轼

《春日》【南宋】 朱熹*

跨学科及影视拓展

文化史(三级学科) "孔颜乐处"与宋明理学

研学旅行

曲阜孔庙、孔林和孔府 山东省曲阜市

孔子博物馆 山东省曲阜市

东坡书院 海南省儋州市

2021 年 2 月到访儋州东坡书院。因为苏轼雕像。

○三一

博文约礼

成语人物

孔子　颜渊

人文地理

曲阜　香港

文化精神

学贯中西，
通达古今，
坚守个人
初心和社
会准则。

香港中文大学的校训是"博文约礼",它出自《论语·颜渊》篇——"君子博学于文,约之以礼,亦可以弗畔矣夫。"

"博学于文,约之以礼"即博文约礼,孔子对自己最欣赏的学生颜渊,便是这样要求的。《论语·子罕》篇记录下一段颜渊求学的感悟:"仰之弥高,钻之弥坚,瞻之在前,忽焉在后。夫子循循然善诱人,博我以文,约我以礼。欲罢不能,既竭吾才,如有所立卓尔。虽欲从之,末由也已。"颜渊慨叹:"老师的道德学问,越是仰望,越觉得高不可攀;越是钻研,越觉得深不可测;时而在前方引领,时而在后方召唤。老师循循善诱,以文化经典开拓我的心胸眼界,以礼义制度约束我的言行举止。我竭尽才力,无少停歇,却发现老师依旧卓然独立、不可逾越。想要追随,犹恐不及。"

"博学于文,约之以礼",正是儒家君子教育的核心。作为孔子最赏识的学生,颜渊的综合素质是得到公认的,连辩才无碍、富可敌国的子贡,都对他心悦诚服,说"我最多闻一知二,颜渊则能闻一知十"。孔子"博学于文,约之以礼"的教学方法,即使颜渊都深感欲罢不能却又无可企及,可见其标准之高了。

明末清初的大学者黄宗羲讲过一句话:"读书不多,无以证斯理之变化;多而不求于心,则为俗学。"意思是如果不能广泛涉猎各方面文化知识,就无法深入认识事物的发展规律;但如果只贪求数量,不能用心去理解体悟,则不过世俗流行的浅陋之学。它同孔子的"博学于文,约之以礼"不尽相同,但在对学问的认识与理解上,却殊途同归。

不论古今,无分中外,社会上常有两种人:一种愚昧固执,只知道若干简单道理,事情略超出其常识范围,便无法理解,甚至嘲讽反对,如鲁迅先生笔下的阿Q,因为未庄煎鱼用半寸长的葱叶,看到城里人用切细的葱丝,就认为"这也是错的,可笑";另一种看似博学,说到各类知识条目或奇闻异事滔滔不绝,但他们所了解的,都是零散、细碎、不成体系的内容。如果知识不能内化为一个人立身处世的学问，那么除了被当作茶余饭后的谈资，是不具有任何意义的。中国的学术传统历来区分"君子之学"与"小人之学"，上述两种人，无论抱残守缺还是夸夸其谈，所株守的皆为"小人之学"。"君子之学"则如同卓然自立的高山，既有丰富的知识积累、学术造诣，又能举一反三、融会贯通，更可以之安身立命、经世致用，好像颜渊形容的那样——"仰之弥高，钻之弥坚，瞻之在前，忽焉在后"。

除了"博学于文"，君子立身处世还须"约之以礼"。这里的"礼"，不仅是礼仪、礼貌，还指维系社会运转的道德标准和行为法则。礼，既包括外在约束，又来自内心信仰。儒家强调"慎独"，要求君子在无人监督的情况下，尤当一丝不苟，恪守道德原则。《大学》说："诚于中，形于外，故君子必慎其独也。"意思是一个人内心的诚笃，会反映在其行为举止上，因此君子必须谨慎地守护初心。由外在的制度约束，内化为心中的价值信仰，正是礼的作用所在。无论道德标准还是行为法则，只有内化于心、外显于行，才具有真正的生命活力。

中 西 互 鉴

Does it not come to this, that every honest man is bound to look upon self-restraint as the very corner-stone of virtue: which he should seek to lay down as the basis and foundation of his soul? Without self-restraint who can lay any good lesson to heart or practise it when learnt in any degree worth speaking of?

——*The Memorabilia*, Xenophon

每位诚实君子，难道不应把自制视作德行的基石，铭刻在灵魂当中吗？倘若缺乏自制，谁又能获取良知，或将其付诸实践呢？

——色诺芬《回忆苏格拉底》

既具备通达博识的学问，又坚守道德行为的准则，笃定自守，心无凝滞，就可以成为一名君子了。

成语释读

形容广求学问、恪守礼义的君子品行。

发现与探索

典籍诗文

《论语》

《大学》

《阿Q正传》 鲁迅

跨学科及影视拓展

宋元明清哲学(三级学科) 黄宗羲与明清之际的哲学发展

研学旅行

曲阜孔庙、孔林和孔府 山东省曲阜市

孔子博物馆 山东省曲阜市

香港中文大学 香港特别行政区

2006至2009年就读于香港中文大学文学院。
上图为新亚书院天人合一亭，下图为大学图书馆。

成语人物

孔子　子路

人文地理

曲阜　濮阳

文化精神

树立光明正大的奋斗目标，建构颠扑不破的道义基础。

名正言顺出自《论语·子路》篇中孔子和子路的一段对话。

子路是孔子最年长的学生,他性情刚直、勇武有力,经常同老师争辩。有一次,子路问孔子:"如果卫国国君请您去治理国家,当以何为先呢?"子路在此提出的,是一个施政原则问题,因为执政者的开局之作,必然是纲领性、全局性的。提纲挈领、纲举目张,只有树立了基本的政治方向,具体工作才能得以开展。

孔子回答:"我会以正名为先。"正名,是纠正有关名分的各种失常现象。

子路听后颇为失望,说:"您怎么如此迂腐!名分何必去纠正呢?"

子路之所以对老师提出质疑,是个性使然。好勇尚武、简单直率的他,关注点在富国强兵这类实务性强的工作,觉得名分虚无缥缈,不须在意。

孔子批评子路:"你的见识太鄙陋了。对自己不能理解的事,一个君子是不该妄加评论的。"随后教导他:"名不正,则言不顺;言不顺,则事不成;事不成,则礼乐不兴;礼乐不兴,则刑罚不中;刑罚不中,则民无所措手足。故君子名之必可言也,言之必可行也。君子于其言,无所苟而已矣。"意思是说:如果名分不正当,表达就缺乏合理性;表达缺乏合理性,工作就无法进行;工作无法进行,就不能以礼乐教化民众;不能教化民众,就没有资格对其加以惩戒;没有奖善罚恶的措施,百姓就会手足无措。君子做出的任何表述,必须名分合宜且可践行,不应草率从事。

孔子关于"正名"的论述,是《论语》最重要的段落之一,儒学建构国家权力体系的理论基础便蕴含其中。宋代司马光编撰《资治通鉴》,开篇即说:"臣闻天子之职莫大于礼,礼莫大于分,分莫大于名。"以此告诫历代统治者,其最重要的职能,是维护礼法制度;礼法制度的核心,莫过于君臣名分。只有名分确立,国家才会稳定,百官才会各司其职、各安其位。

儒家认为,政治有序的前提,是让不同名位、不同身份的人各从其类、各尽其能。无独有偶,成书于东罗马帝国时期的《法学总论》,也有着和《资治通鉴》相类似的表述,即"正义的永恒追求,是令人人各得其所"。对名分的执着与坚持,是东西方古典政治的共通原则。

中 西 互 鉴

Justice is the constant and perpetual wish to render every one his due.

—*The Institutes of Justinian*

正义的永恒追求,是令人人各得其所。

——查士丁尼《法学总论:法学阶梯》

回到子路和孔子的对话。子路格外关心卫国的政治实践,是因为此时他正参与其间。后来卫国爆发内乱,本可置身事外的他,为了践行君子的忠诚与信义,不顾劝阻,慷慨赴难,最终在战斗中负伤身死,头上的帽缨也被砍成两段。将死之际,子路想到的是"君子死而冠不免"——作为一个君子,即使面对死亡,也不应失去威仪和尊严。他用尽最后的力量,将被砍断的帽缨重新系好,衣冠端正地走向了人生终点。

成 语 释 读

表示所进行的事业名义正当、道理顺达。

发现与探索

典 籍 诗 文

《论语》

《资治通鉴》【北宋】 司马光

《法学总论：法学阶梯》〔东罗马〕 查士丁尼

跨 学 科 及 影 视 拓 展

外国法律思想史(三级学科)《法学总论：法学阶梯》与罗马法的历史影响

研 学 旅 行

曲阜孔庙、孔林和孔府　山东省曲阜市

孔子博物馆　山东省曲阜市

卫国故城遗址　河南省濮阳市

戚城遗址　河南省濮阳市

图片来源：视觉中国

2015年11月到访濮阳。因为戚城遗址。

○三三 欲速则不达

成语人物

孔子　子夏

人文地理

曲阜　扬州

文化精神

不急不躁、
稳步推进，
反而是抵
达成功的
最快路径。

欲速则不达出自《论语·子路》篇。

孔子的学生子夏,被任命为莒父地方长官,辞行时向老师请教治理经验。孔子对他说:"无欲速,无见小利,欲速则不达,见小利则大事不成。——做事不要轻躁冒进,不要贪图小利。否则既难以达成既定目标,也不会成就大功。"

拉丁文谚语 Gutta cavat lapidem,意为"水滴石穿",同"欲速则不达"恰如一体两面。时间的力量是无穷的,急功近利者最容易忽视的,正是时间的力量。妄想一蹴而就的结果,往往是后劲不足,一事无成。懂得"欲速则不达"道理的人,却能根据目标制订长远规划,有条理、有步骤地推进实行,年深日久,水滴石穿。

在管理学领域,流行着一个由吉姆·柯林斯提出的"二十英里法则"。

吉姆·柯林斯假设:有两位旅行者,都需要从西南方的圣地亚哥出发,沿对角线徒步穿越美国大陆,到达东北边境的缅因州,全部路程大约3 000英里(约合4 800千米)。

第一位旅行者出发前就定好计划,每天行进20英里。开始他精力充沛,但完成当日目标便搭起帐篷休息。几天过后,他进入沙漠,这里路途难行,气温炎热,但他丝毫不肯放弃当天的任务,坚持走完20英里。接着他登上白雪覆盖的科罗拉多山脉,在一片冰雪中,依然保持每天20英里的行进速度。终于,旅行者来到宽阔坦荡、气候舒适的平原,在这种情况下,他完全可以每天走40或50英里,但他依旧只走20英里。日复一日,他按计划走完全程3 000英里,抵达了缅因州。

第二位旅行者最初精力旺盛,每天奋力走上40英里。但不久疲惫袭来,天气也愈发炎热,于是他躲进帐篷休息,等状态恢复再猛走一阵。当来到科罗拉多,暴风雪让他感到路途难行,便停下脚步等待天气好转,直到风和日丽才继续出发。这样时走时停,进展相当缓慢。当第一位旅行者已顺利抵达缅因州时,他刚走到美国中部的堪萨斯城。

这就是"二十英里法则"的力量。"苟有恒,何必三更睡五更起;最无益,莫过一日曝十日寒。"从容不迫、稳步前进,才是真正的成功捷径。

中西互鉴

Wisely and slow; they stumble that run fast.

—*Romeo and Juliet*, William Shakespeare

睿智而缓慢——跑得快的人会跌倒。

——威廉·莎士比亚《罗密欧与朱丽叶》

普通人轻躁冒进,只会使自身受损;政治家急功近利,却能令百姓遭灾。

隋炀帝原本是一个志向远大、才华出众、能力超群、功绩宏伟的历史人物,完成了许多对中国具有深远影响的重大工程。就因为急于求成,他滥用民力、虚耗国帑、穷奢极欲、肆意妄行,在短短几年间修筑洛阳城,开凿大运河,北巡东突厥,西进玉门关,更三次出兵征讨高句丽,最终导致天怒人怨、海宇沸腾、朝野分崩、四方解体。隋炀帝本人,也在醉生梦死、众叛亲离当中,被逼自缢于扬州城内,空给后世留下"君王忍把平陈业,只博雷塘数亩田"的无限感慨。他的悲剧收场,为"欲速则不达"提供了最有力的反面教材。

成语释读

表示急功近利、轻躁冒进,反而无法达到预期目的。

发现与探索

典籍诗文

《论语》

《炀帝陵》【唐】 罗隐

跨学科及影视拓展

管理心理学(二级学科) 吉姆·柯林斯"二十英里法则"

研学旅行

曲阜孔庙、孔林和孔府 山东省曲阜市

孔子博物馆 山东省曲阜市

大运河国家文化公园 北京市、天津市、河北省、山东省、河南省、安徽省、江苏省、浙江省

扬州中国大运河博物馆 江苏省扬州市

2012年4月、2016年4月、2017年1月、2021年6月四次到访扬州。因为大运河扬州段。

○三四 言必信，行必果

子贡庐墓处

成语人物

孔子　子贡

人文地理

曲阜

文化精神

敢于突破教条，探求最高真理。

《论语·子路》篇中有一段孔子和子贡关于士君子的讨论，"言必信，行必果"就出自于此。

在很多朋友的印象里，信守然诺、言出必行是非常高的人物评价；孔子却说这样一种行事风格，只是浅薄固执的小人物做法。它引导我们重新思考：什么才是最高层面的价值取向？

子贡问孔子："要怎样做才能称得上士君子呢？"孔子说："深明大义，严于律己，受命出使四方，能够不辱君命，可以说是一个士君子了。"子贡接着问："次一等呢？"孔子又说："孝顺父母，友爱兄弟，宗族、乡里都认为其品行端正。"子贡继续追问："更次一等呢？"孔子第三次回答："言必信，行必果，这种浅薄固执的小人物做法，也算符合士君子的标准，不过等而下之罢了。"

在对话中，孔子将士君子分成三个层次：第一等深明大义、不辱使命；第二等品行端正、孝悌仁爱；第三等才是信守然诺、言出必行。孔子为何如此排序？想理解这个问题，我们先来看《庄子》中的一则寓言。

在寓言中，庄子刻画了一个信守然诺的典范——尾生。有一次他和姑娘约会，地点在桥边，但到了约定时间，姑娘迟迟未能出现。信守然诺的尾生等待在原地，不久暴雨来临，河水上涨，尾生为了不负约定，便抱紧桥柱死死守候，直到肆虐的河水将他吞噬。后来，人们常用尾生抱柱的典故来形容坚贞不渝的爱情，比如李白在《长干行》中描写青梅竹马、两小无猜的商家儿女时就说："常存抱柱信，岂上望夫台。"

应当如何看待尾生的选择呢？一方面，他对承诺的坚守是值得歌颂的；另一方面，这不正是孔子口中那种浅薄固执的小人物的信用吗？这里的小人物，不是人品猥琐、秉性低劣，而是见识浅短、格局促狭。像尾生的情况，完全可以稍作变通——或换一处高地等候，或改他日再来相会。尾生却不知轻重、不分缓急,无谓付出了生命的代价。此种行事风格,就是"硁硁然小人哉"。

儒家圣贤是断然不会如此的。有人曾向孟子提出一个问题:"根据礼法,男女之间是否应授受不亲?"所谓授受不亲,是指不发生身体上的接触。在孟子做出肯定答复后,那人接着问:"如果嫂子掉进河里,也要遵从男女授受不亲的规定,置之不理吗?"孟子斥责道:"这是一派胡言!嫂子掉进河里而不去援救,不能称之为人。男女授受不亲是'礼',是一般状态下的行为规范;危急关头伸手援救是'权',是特殊情况下的变通措施。不懂尊礼守法,是放荡;不知通权达变,是愚蠢。"

孟子的滔滔雄辩,为孔子"言必信,行必果,硁硁然小人哉"的论断提供了生动注解。信守然诺、言出必行当然值得提倡,同时我们也要知道,这种行为方式,虽不能说不好,但只是次好,离最好还有很大差距。在孔孟看来,最好的行事风格,是既能"守正",又能"从权"——既在原则上坚持大是大非,又根据实际情况随时调整具体做法。

The truth is rarely pure and never simple.

——*The Importance of Being Earnest*, Oscar Wilde

真相很少纯粹,也从不简单。

——奥斯卡·王尔德《不可儿戏》

《左传》说:"圣达节,次守节,下失节。"意为最高明的人,能够以积极态度应对各种变化而不丧失原则;次一等的人,只知消极遵守原则却无法变通;最下等的人,完全没有任何原则可言。言必信,行必果属于"守节"的范畴，用孔子的话说，就是"可与立，未可与权"——可以一起坚守道德标准，但不能同其随机应变。"从心所欲，不逾矩"，才是士君子应该追求的价值取向。

形容重信守诺、言行一致的做事风格。

发现与探索

典 籍 诗 文

《论语》

吾十有五而志于学*

《庄子》

《孟子》

《左传》

《长干行》【唐】 李白

跨 学 科 及 影 视 拓 展

先秦哲学(三级学科)　先秦儒家思想

研 学 旅 行

曲阜孔庙、孔林和孔府　山东省曲阜市

孔子博物馆　山东省曲阜市

图片来源：视觉中国

1998年10月、2018年7月两次到访孔府。上图为孔
府正门，下图为后堂楼内景。

己所不欲，勿施于人

成语人物

孔子　冉雍　子贡

人文地理

曲阜

文化精神

以同理心换位思考，宽和对待个体差异。

"己所不欲,勿施于人"在《论语》中出现过两次。

《颜渊》篇,冉雍向孔子请教:"什么是仁?"孔子回答:"首先是保持一颗诚敬之心,其次要做到己所不欲,勿施于人。"

《卫灵公》篇,子贡问孔子:"有一句话能让我终生身体力行吗?"孔子答道:"那就是君子的恕道了吧。你要记住己所不欲,勿施于人的道理。"

"己所不欲,勿施于人",是说考虑和处理问题时要能推己及人,具有同情体谅之心。孔子以此概括恕道,并将其上升到"仁"的高度,这正是儒家学说精髓所在。

仁,是孔子思想的核心。面对弟子们的询问,孔子的解释却各不相同:他启发颜渊"克己复礼";告诫冉雍"己所不欲,勿施于人";教育樊迟"仁者爱人";引导子贡"己欲立而立人,己欲达而达人";提示子张"恭、宽、信、敏、惠"五项标准;劝勉司马牛身体力行,切勿空言。之所以如此,是因为"仁"的内涵丰富、外延广阔,很难被定义,学生们的性情、根器又各有不同。如果照本宣科、千篇一律,则无法触达本质;只有因材施教,才能使听受者产生亲临其境之感。

但作为儒家学说的核心思想,在各具特性的解释之上,"仁"仍需要建立起基本的概念框架。《里仁》篇中,孔子跟学生们讲:"吾道一以贯之。"曾子对此的理解是:"夫子之道,忠恕而已矣。"这段夫子自道,正是我们理解"仁"的关键之处。

忠恕之道,是"仁"在现实生活中的推广过程。"忠"并非忠诚、忠心,而是诚恳笃实、尽己所能;"恕"亦非宽恕、饶恕,而是温和宽广、体谅尊重。

儒家的忠恕之道是一体两面的:积极进取的一面是忠道,孔子将其表述为"己欲立而立人,己欲达而达人"——让自己在天地间卓然树立,也帮助他人自立自强;让自己在社会中圆融通达,也帮助他人突破壁垒,不断向外推广和传递价值关怀。消极宽容的一面是恕道，即"己所不欲，勿施于人"——以理解之心换位思考，尊重彼此差异，并约束自身行为，以免造成对他人不必要的困扰。

忠恕之道，是历史留给我们的宝贵遗产。今天我们全面建成小康社会，正是在最大范围内践行"己欲立而立人，己欲达而达人"的宏伟理想；进行文明建设，消除不良风气，从某种意义上说，则是引导大众在日常生活中体悟"己所不欲，勿施于人"的朴素道理。

中 西 互 鉴

And they met together and dedicated in the temple of Apollo at Delphi, as the first fruits of their wisdom, the far-famed inscriptions, which are in all men's mouths, "Know thyself", and "Nothing in excess".

—*Protagoras*, Plato

他们甚至一起去德尔斐的神庙，把这智慧共同祭献给阿波罗，写下脍炙人口的箴言——"认识你自己"与"凡事勿过度"。

——柏拉图《普罗塔戈拉》

"己欲立而立人，己欲达而达人"与"己所不欲，勿施于人"的共通之处，是推己及人；推己及人的最高境界，是《礼记》中所描述的大同社会：

大道之行也，天下为公。选贤与能，讲信修睦。故人不独亲其亲，不独子其子，使老有所终，壮有所用，幼有所长，矜、寡、孤、独、废疾者皆有所养。

这是中华民族从古至今的不变理想与不懈追求。

成语释读

表示切勿将自己所不欲为之事强加于人。

发现与探索

典籍诗文

《论语》

《礼记》

跨学科及影视拓展

心理学(二级学科)　同理心

研学旅行

尼山孔庙及书院　山东省曲阜市

曲阜孔庙、孔林和孔府　山东省曲阜市

孔子博物馆　山东省曲阜市

2020年10月到访尼山孔庙及书院。图为尼山书院棂星门。

成语人物

孔子

人文地理

曲阜　北京

文化精神

「如将不尽，与古为新」，中华文明是亘古亘今、历久弥新的。

万世师表是后世对孔子的不朽评价，也是孔子历史影响的真实写照。

《礼记·檀弓》记载，孔子晚年回到鲁国，在编撰完成《春秋》，删定《诗》《书》《礼》《乐》之后，有天一早起来，他倒背双手，将扶杖拖在身后，步履缓慢地走到门边，作歌道："泰山要坍塌了吧！栋梁要折断了吧！哲人要凋零了吧！"子贡听见老师的歌声，不觉悲从中来，说："泰山崩塌了，我们还能仰望什么呢？栋梁折断了，哲人凋零了，我们还能依靠谁呢？老师这样作歌，是要大病不起了吧。"说完，他快步走进房间。孔子看到子贡便说："你怎么才来啊？夏人的习俗，是停棺于东阶之上；殷人的习俗，是停棺于两楹之间；周人的习俗，是停棺于西阶之上。我是殷人之后，昨天夜里梦见自己坐在两楹之间，接受人们供奉的食物。唉！没有圣明的君王出现，天下又有谁能推崇我所坚持的政治理想呢？大概我的生命也快要走到尽头了。"七天之后，这位伟大的哲人离开了人世。

孔子的一生，始终在为理想四处奔走。他勤奋学习古代典籍，聚徒讲学，提倡有教无类，在文化、政治、外交领域培养了大量人才，并一度主持鲁国国政。五十岁后周游列国，向各国君主和执政者宣传自己的政治理念。晚年返回鲁国，又用生命的最后时光整理和著述文化典籍，奠定了儒学思想的根基。

孔子的一生，又常常处在失望当中。他曾感慨生不逢时，说："凤鸟不至，河不出图，吾已矣夫。"有一次，鲁国贵族猎获麒麟，他听到后不禁痛哭流涕，因为麒麟本是象征太平的祥瑞之兽，却偏偏跑来乱世，被人猎杀。孔子叹息自己就像这只麒麟，在有生之年见不到天下太平与文化复兴了。

这就是孔子，一生屡遭挫折、栖遑奔走，却坚守初心、矢志不渝。此后两千五百年间，他的政治理想和道德教化影响了无数人，深刻塑造了中国的文化形态。孔子去世一千两百年后，开元盛世的缔造者——唐玄宗李隆基前来曲阜祭拜，以崇敬缅怀之情写下《经邹鲁祭孔子而叹之》：

> 夫子何为者，栖栖一代中。
>
> 地犹鄹氏邑，宅即鲁王宫。
>
> 叹凤嗟身否，伤麟怨道穷。
>
> 今看两楹奠，当与梦时同。

这首诗是唐玄宗对孔子跨越千年的致敬，他没有写孔子的文化成就或政治功业，而是两次运用先抑后扬的手法，勾勒了孔子奔走四方的一生，描绘了风光宛然的孔子故里，感慨了孔子不遑启居的际遇，更彰显了自己作为一代帝王对孔子的仰慕与尊崇。

在北京孔庙大成门前东侧的空地上，立有一块孔子加号碑，上面刊刻着元武宗加封孔子"大成至圣文宣王"时撰写的诏书。"大成"指孔子思想集天地古今之大成，"至圣"意为孔子已经达到圣人的极致，"文宣"则是赞颂孔子宣扬文教的历史功业。碑文说："盖闻先孔子而圣者，非孔子无以明；后孔子而圣者，非孔子无以法。所谓祖述尧舜，宪章文武，仪范百王，师表万世者也。——孔子之前的圣人，如果没有孔子进行阐发，就不能显身扬名；孔子之后的圣人，如果没有孔子给予教导，就不能立身成名。孔子遵循的是尧舜之道，承袭的是文武之业，为百代君王制定了仪表典范，为天下万世树立了道德表率。"

这正是对于孔子最恰如其分的评价。在中华文明的轴心年代，孔子就像一个枢纽，全面总结了华夏民族过往的文明成果，并穷尽一生之力激浊扬清、推陈出新，为此后数千年间中华文明的发展，确立了道德基础和行为框架。

Confucius himself remained alive and his person played an important role in the whole development of Confucianism. Always men's eyes were turned toward him, the one great authority.

——*The Great Philosophers*, Karl Jaspers

孔子保持着长久的生命力，他在儒家的整个发展历程中扮演了重要角色。人们总将目光投向这位伟大的权威。

——卡尔·雅斯贝尔斯《大哲学家》

历史上孔子的标签一直是复古，孔子自己也强调"克己复礼"，但孔子真正所面向的，却是未来。好像凤凰涅槃，从旧文明的熊熊烈焰中浴火重生的，是新文化的苗苗嫩芽。古典，虽然难以转化为现代，却能够通向未来。欧洲文艺复兴曾从古代希腊和罗马文明中汲取力量，冲破中世纪的黑暗，扬起新世界的风帆。在孔子之后两千五百年的今天，中华文明如要走出一条通衢大道，必须回溯源头，从遥远的记忆中唤醒未来新生的基因。

孔子和儒家思想，正是中华文明的源头活水。

特指孔子卓越的文化、教育成就和崇高的历史地位。

发现与探索

典籍诗文

《礼记》

《经邹鲁祭孔子而叹之》【唐】 李隆基

跨学科及影视拓展

文化史(三级学科) 什么样的时代才能孕育孔子

研学旅行

曲阜孔庙、孔林和孔府 山东省曲阜市

孔子博物馆 山东省曲阜市

北京孔庙 北京市

孔氏南宗家庙 浙江省衢州市

苏州文庙 江苏省苏州市

嘉定孔庙 上海市

泉州府文庙 福建省泉州市

建水文庙 云南省建水县

武威文庙 甘肃省武威市

文昌学宫 海南省文昌市

2009 至 2019 年，每年元旦清晨到访北京
孔庙。上图为孔庙大成门，下图为孔庙大成殿。

战国

思想之刃与刀剑之锋

○三七　前事不忘，后事之师

成语人物

张孟谈　赵襄子

人文地理

太原　沈阳　南京

上海　腾冲

文化精神

历史是过去的现实，现实是未来的历史，忘记历史意味着背叛。

战国是新兴政治势力全面崛起的时代，战争形态由诸侯争霸转向列国兼并。三家分晋与田氏代齐，标志着它的来临。

从春秋中叶开始，卿大夫集团在晋国兴起，主持朝政的几个家族，既相互联合也彼此斗争。春秋后期，以晋侯为代表的公族势力走向衰落，六卿——智氏、赵氏、魏氏、韩氏、范氏、中行氏——全面掌握了国家政权。通过残酷的政治绞杀，六卿先翦除了羊舌氏、祁氏等晋国公族，随后范氏和中行氏又在倾轧中败亡。智氏与赵、魏、韩三家，开始了新一轮明争暗斗。

四家卿大夫中，智氏实力最强，骄纵狂妄的智伯打破均势，蛮横要求赵、魏、韩向自己进献土地。魏桓子和韩康子献上土地，赵襄子却不肯屈服。于是，智伯挟持魏、韩两家，对赵氏展开了攻击。

赵襄子曾经受过智伯羞辱，两人结有宿怨，这次新仇旧恨一齐爆发，双方都摆出了决战姿态。赵氏的根据地晋阳（今山西太原）城池坚固、粮储丰富，智、魏、韩三家联军围城一年，依旧难分胜负。为将敌人置于死地，智伯下令掘汾河之水灌城。汹涌奔来的河水险些将晋阳淹没，城里百姓没有食物，只能彼此交换孩子来吃，赵氏家臣纷纷密谋开城投降。

生死存亡之际，一个叫张孟谈的老臣向赵襄子献策——联络城外的魏、韩两家，对智伯反戈相击。因为此刻赵、魏、韩三家的战略利益一致，可以说是唇亡齿寒，如果赵氏被灭，魏、韩也会变成俎上鱼肉。赵襄子委托张孟谈出城游说，同魏桓子、韩康子密谋，利用智伯轻敌无备之机发动突袭，里应外合灭亡了智氏一族。三家将智氏的土地财产据为己有，逐渐发展壮大，最终三分晋国、位列诸侯。

在这场跌宕起伏的生死较量中，张孟谈为赵家立下大功。但当论功行赏之时，他却主动递上辞呈，对赵襄子说："君主掌握权力的关键，在于驾驭群臣。我现在位高权重，既亲且贵，不利于您的统治和政权稳定。"

赵襄子不愿张孟谈引退，劝慰道："我听说辅弼君主者声名显赫，建立功业者地位尊崇，秉持国政者权力广大，古圣先贤莫不如此，您何必辞官归去呢？"张孟谈进一步开导赵襄子："您提出的是创业成功之法，我坚持的是长治久安之道。纵观史册，君臣两方势均力敌而能共济其美，可谓闻所未闻。我们应当用前人的经验，作今后的借鉴，切勿重蹈覆辙。"

张孟谈的选择，既维护了赵襄子的权威，巩固了赵氏家族的利益，也保全了自己的名望与地位。用前人的经验，作今后的借鉴，就是"前事不忘，后事之师"。日后，汉光武帝刘秀和宋太祖赵匡胤对开国功臣进行制约，给予其政治地位和经济待遇，但严防其掌握实权，一部分历史经验即来自《战国策》中这段讨论。

History is the witness that testifies to the passing of time; it illumines reality, vitalizes memory, provides guidance in daily life and brings us tidings of antiquities.

—*De Oratore*, Marcus Cicero

历史是时间流逝的见证者：它照亮现实，唤醒记忆，为日常生活提供引导，将千古兴亡带给我们。

——马库斯·西塞罗《论演说家》

1972年9月，日本首相田中角荣访华，中日两国实现邦交正常化。在欢迎田中首相的宴会上，周恩来总理特别强调："自从一八九四年以来的半个世纪中，由于日本军国主义侵略中国，使得中国人民遭受重大灾难，日本人民也深受其害。前事不忘，后事之师，这样的经验教训，我们应该牢牢记住。"只有不忘过去，才能面向未来。我们今天尤其应当记住那段历史，记住中华民族曾经的伤痛与抗争，记住所有为了民族解放而英勇奋斗的革命志士！

表示记取过往经验教训，用作将来参考借鉴。

发现与探索

典 籍 诗 文

《战国策》

跨 学 科 及 影 视 拓 展

外交史(三级学科)　田中角荣访华与中日邦交正常化

纪录片《大抗战》

研 学 旅 行

沈阳"九·一八"历史博物馆　辽宁省沈阳市

侵华日军南京大屠杀遇难同胞纪念馆　江苏省南京市

上海四行仓库抗战纪念馆　上海市

国殇墓园　云南省腾冲市

2018年4月到访侵华日军南京大屠杀遇难同胞纪念馆。图为纪念馆小景。

2012年9月、2022年10月两次到访沈阳"九·一八"历史博物馆。图为"九·一八"事变纪念碑。

门庭若市

成语人物

邹忌　齐威王

人文地理

临淄

文化精神

兼听则明，偏信则暗。

——魏徵

《战国策》中有一篇著名的劝谏文章——《邹忌讽齐王纳谏》,门庭若市就出自于此。

邹忌身长八尺、容貌俊朗,是齐国出名的美男子。有天清晨,邹忌穿好朝服,对着镜子自我打量,突然询问妻子:"我和居住在城北的徐公谁更俊美?"妻子回答:"当然是您。徐公怎能与您相比呢?"听完妻子的回答,邹忌仍觉不甚自信,又问向一旁的侍妾。侍妾也说:"您是齐国独一无二的美男子,徐公怎么比得上您呢?"当天正好有客人来访,邹忌再次提出同样的问题,得到的回答还是:"徐公不如您俊美。"

第二天,徐公恰巧因事过访。经过仔细端详,邹忌发现自己的容貌不及徐公。再对镜自照,更觉两人相差甚远。夜里,邹忌反复思索,想明白了其中原委。

于是邹忌入朝觐见齐威王,说:"我的容貌无法和徐公相提并论,但妻子、侍妾、来客都言之凿凿地说我比徐公俊美。这是因为妻子偏爱我,侍妾畏惧我,来客有求于我。现在齐国地方千里,大小城池一百二十座。后宫左右近臣佳丽,没有不偏爱您的;朝廷内外大小官员,没有不畏惧您的;四境之中黎民百姓,没有不求于您的。由此看来,您受蒙蔽的几率比我要大多了。"

齐威王是一代雄主,他听了邹忌的劝谏,随即下令:"无论朝廷官员,还是市井百姓,当面向我提意见的,颁发上等奖赏;以奏疏形式提意见的,颁发中等奖赏;在公开场合批评朝政被我知道的,颁发下等奖赏。"命令传出,群臣争相进谏,门庭若市;几个月之后,偶尔还会有人谏言;一年过去,政清人和、百废俱兴,大家也无事可谏了。燕、赵、韩、魏四国听闻此举,都前来齐国朝觐。

邹忌讽齐王纳谏的故事,不乏夸张性的文学描述,但其中所反映的治国理念却值得借鉴。作为国家的统治者，必须通观全局，防止陷入信息茧房，更要避免受到利益集团的蒙蔽和控制。能否接纳不同甚至反对意见，对其进行妥善处理和有效吸纳，则是政治智慧的关键考验。因此，当唐太宗向魏徵询问施政之道时，魏徵才会答复"兼听则明，偏信则暗"。齐威王无疑是兼听则明的优秀范例。

The fundamental cause of the trouble is that in the modern world the stupid are cocksure while the intelligent are full of doubt.

—*The Triumph of Stupidity*, Bertrand Russell

麻烦的根源在于，现代世界中愚人总会过分自信，智者却常充满疑虑。

——伯特兰·罗素《愚蠢的胜利》

这个故事带给我们的启发，还有分析问题的方式方法。毛泽东同志在《矛盾论》中，引用魏徵"兼听则明，偏信则暗"的警语告诫大家："我们的同志看问题，往往带片面性，这样的人就往往碰钉子……列宁说：'要真正地认识对象，就必须把握和研究它的一切方面、一切联系和'媒介'。我们决不会完全地作到这一点，可是要求全面性，将使我们防止错误，防止僵化。'"只有全面、深入、客观、具体地掌握情况、分析问题，方能学有所得、事有所成。

形容人来人往，热闹非常。

发现与探索

典籍诗文

《战国策》一则(邹忌讽齐王纳谏)*

《贞观政要》【唐】吴兢

《矛盾论》 毛泽东

跨学科及影视拓展

传播学(二级学科) 《信息乌托邦》与信息茧房概念的提出

研学旅行

齐文化博物院 山东省淄博市

齐长城遗址 山东省

图片来源:视觉中国

2013年4月到访临淄齐国历史博物馆(2016年迁建后
更名齐文化博物院)及齐长城遗址。图为齐长城遗址东门关。

前倨后恭

文化精神

超越小我，成就大功，追求「邦家之光」的人生境界。

前倨后恭的故事，分别见于《战国策》和《史记·苏秦列传》。

苏秦是东周洛阳人。彼时，秦国通过商鞅变法逐渐发展壮大，战国七雄一超多强的格局初步形成。周天子则日益衰弱，从天下共主沦为小国君王。苏秦因此离开故乡前往齐国，拜师鬼谷子门下，学习兵书战略、奇谋秘计。

学成之后，苏秦四方奔走，希望一展平生抱负。他先来到秦国，游说秦惠文王并吞诸侯、称帝天下。但此时秦国内部刚进行过激烈的政治斗争，主持变法的商鞅被旧贵族联合捕杀，统治集团对外来人士缺乏信任。苏秦十次上书，屡屡碰壁，以致貂裘破败、行囊耗尽，穷困潦倒之中，只得返回家乡。

面目憔悴、形容枯槁、失意而归的苏秦，受到了家人的极意冷落——妻子不下地迎接，嫂嫂不生火烧饭，父母更连一句话都不跟他说。大为窘迫的苏秦于是发愤用功，悉心钻研《太公阴符》谋略，夜晚读书昏昏欲睡时，就用铁锥猛扎大腿，让自己保持清醒。一年过后，苏秦将其揣摩精熟，再次踏上博取富贵之路。

这次苏秦改变策略，以赵国为切入点，游说山东六国合纵抗秦。最初，因与主政赵国的奉阳君话不投机，苏秦只得转往燕国。经过一番唇枪舌剑，燕文侯接受了六国合纵、共抗强秦的建议，资助苏秦黄金车马，让他再去劝说赵王。这时奉阳君已死，赵肃侯被苏秦的滔滔雄辩吸引，也同燕文侯一样，赠送大量黄金车马，委派他出使韩、魏、齐、楚四国。苏秦随即以纵横捭阖之势，为各国君王剖析利害、指陈得失，力促诸侯联兵西向。韩宣王、魏襄王、齐宣王、楚威王都为其所折服，公推苏秦为纵约长，主导六国合纵大计。等到苏秦返赵复命，已是身佩六国相印，车马随从前呼后拥，声势显赫有如王侯。

途经家乡洛阳时，周显王大为惊恐，专门下令整修道路，派遣使者迎候郊外。苏秦的兄弟妻嫂则低眉顺目，跪倒路旁。见到当初嘲讽、羞辱自己的嫂子，苏秦报复性地问道："你先前那样傲慢，为何如今这般恭顺呢？"嫂子匍匐在地，爬行至苏秦面前说："因您现在地位高贵、钱财丰厚。"苏秦听后不由感慨："同样一个人，富贵时亲戚畏惧，贫贱时遭受轻慢。如果我当年守着洛阳城边二顷良田，小富即安，今日又岂能身佩六国相印！"

先前傲慢而如今恭顺，就是成语前倨后恭。它生动刻画了市井小人的势利嘴脸，也有力衬托出苏秦十年寒窗、一朝得志的快意人生。

中西互鉴

"No man is a hero to his valet-de-chambre," is a well-known proverb; I have added—and Goethe repeated it ten years later—"but not because the former is no hero, but because the latter is a valet."

—*Philosophy of History*, Hegel

"仆从眼里无英雄"这句谚语广为人知，我再加上一句——歌德十年后曾引用过——"那并非因为英雄不是英雄，而仅因为仆从只是仆从"。

——黑格尔《历史哲学》

封侯拜相、衣锦还乡、高车驷马、意气扬扬，这是无数人梦寐以求的生平际遇，但有气节的士君子却不会如此轻狂浮躁。宋代欧阳修在《相州昼锦堂记》中引用苏秦的故事，说穷困的读书人，一朝青云直上、侥幸成功，便自命不凡、大肆炫耀，只因其器量浅狭、目光局促。真正的君子，则须对这种快意恩仇的心态加以警惕。只有把功业献给国家，把德政留给百姓，书之史册,传于后世,无论处境平顺还是艰险,都秉持大节、不改初衷,才是值得追求的理想人生。

正是这样的"邦家之光",赋予了中华民族在风雨中不断前行的精神力量。

成语释读

形容待人接物前后态度截然不同,特指先前傲慢而后来恭顺。

发现与探索

典籍诗文

《战国策》

《史记》【西汉】 司马迁

《相州昼锦堂记》【北宋】 欧阳修

跨学科及影视拓展

思想史(三级学科) 诸子百家——纵横家

研学旅行

韩王庙与昼锦堂 河南省安阳市

图片来源：谷亚韬

2019年11月到访韩王庙与昼锦堂。图为昼锦堂记碑。

墨守成规

成语人物

墨子　公输班

人文地理

滕州　鲁山

文化精神

坚守个人良知与社会公义。

战国时期影响最大的两个学派，是儒家和墨家。墨子生活的年代，正好处在孔、孟之间。

墨子名翟，是墨家学派的创始人。他主张"兼爱""非攻"，倡导天下人彼此爱护，交相成就，反对一切非正义的战争。墨家则是一个组织周密、法纪严明的团体。《吕氏春秋》记载：钜子（墨家团体首领）腹䵍的独子犯了杀人罪，秦王因为尊重腹䵍，下令赦免其子。腹䵍却说："按照墨家之法，'杀人者死，伤人者刑'，纵使大王网开一面，我也不能罔顾道义。"坚持将其子处死。这个故事，特别能体现墨家追求公义、不徇私情的精神。

Love each other; he declared this to be complete, desired nothing further, and that was the whole of his doctrine.

——*Les Misérables*, Victor Hugo

"彼此相爱"，他宣称这便足够了，再不必奢求其他，那就是他的全部信条。

——维克多·雨果《悲惨世界》

墨子既是思想巨擘，又是实践权威。《墨子·公输》篇记载了一个他为解救宋国，同公输班斗智斗勇的故事。公输班，就是传说中的鲁班。

公输班凭借巧妙构思，为楚王制造出攻城的云梯，准备以此攻打宋国。墨子听说之后，便从齐国出发，日夜兼程来到楚国，叩开了公输班家的大门。

两人见面，墨子开口就说："北方有人侮辱了我，请你将他杀掉。"公输班听了很不高兴，墨子又说："我支付报酬给你。"公输班愤然道："我有自己的道义原则，不会轻易杀人。"墨子于是起身答拜道："我在北方听说你建造了云梯，计划去攻打宋国，宋国何罪之有呢？楚国地理广大而人口稀少，却要杀伤人民、争夺土地，不能称为明智；宋国无罪却要攻打，不能称为仁爱；知晓道理却不劝阻楚王，不能称为忠说；劝阻却没有结果，不能称为强勇。你遵守道义不愿去杀一个人，却要去杀害成千上万的无辜生命，是何原因呢？"公输班哑口无言，只好说："您讲得没错。可是我已将计划上报楚王了。"墨子说："既然如此，请你带我去见楚王。"

见到楚王，墨子直接发问："有一个人，舍弃自家的豪华座驾，偷盗邻居的简陋车舆；舍弃自家的绸缎锦绣，偷盗邻居的麻布短衣；舍弃自家的山珍海味，偷盗邻居的粗茶淡饭。大王您以为此人如何呢？"楚王笑道："这个人想必是患了偷窃病。"墨子继续说："楚国地方五千里，宋国只有五百里，就好像豪华座驾与简陋车舆；楚国有汉江和云梦大泽，里面的鱼鳖禽兽冠绝天下，宋国连雉鸡野兔都难以寻获，就好像山珍海味与粗茶淡饭；楚国的名贵木材弥山遍野，宋国连大树也没有，就好像绸缎锦绣和麻布短衣。您去攻打宋国，跟那个患了偷窃病的人又有何不同呢？现在贸然出兵，必定违反道义且无法取得成功。"楚王自知理亏，只能说："您讲得固然对，但公输班已经替我造好云梯，攻取宋国是一定的。"

这时，墨子展现了一个军事实践家的本色。他反问楚王："您以为公输班造出云梯，便一定能顺利攻下宋国么？不如把他请来，我们当面较量一番。"于是二人对阵，墨子解下腰带当城墙，用木片作攻防器具，由公输班进攻而自己防守。等到公输班的技巧全用尽了，墨子守城的方法还绰绰有余。公输班黔驴技穷，恼羞成怒道："我知道怎么对付你，但我不说。"墨子镇定自若地说："我知道你打算怎么对付我，但我也不说。"楚王不解，询问其意。墨子说："公输班的意思，不过想把我杀掉，以为只要杀了我，宋国就无人防守。可我在来楚国之前,已将守城方法传授给弟子们,现在禽滑厘等三百人,正站在宋国城上等着楚国军队呢。"楚王听后心悦诚服道:"好啊,我也不去攻打宋国了。"

因为墨子善于防守,"墨守"的说法便渐渐流传开来,并由此衍生出成语墨守成规。但其使用语境早已脱离墨子思想本义,形成新的解释内容。一个成语,往往会随着历史演进,发展出与其原始含义有所差别甚至截然相反的意思,这是我们在学习中要特别留心的。

成语释读

形容固执拘泥、不知变通的行事风格。

发现与探索

典籍诗文

《墨子》

《吕氏春秋》

《故事新编》 鲁迅

跨学科及影视拓展

思想史(三级学科) 诸子百家——墨家

研学旅行

墨子纪念馆　山东省滕州市

墨子文化旅游区　河南省鲁山县

2017年1月、2023年9月两次到访滕州。

图为墨子纪念馆。

○四一 五十步笑百步

成语人物

孟子　梁惠王

人文地理

邹城　开封

文化精神

「谋民生之利，解民生之忧」，让人民安居乐业。

五十步笑百步出自《孟子·梁惠王上》篇。梁惠王就是魏惠王，他将首都由安邑迁往大梁，因此魏国又被称为梁国。大梁是今天的河南省开封市，五代时期，后梁、后晋、后汉、后周四朝依次在此建都；北宋年间，这里更成为全国政治、经济中心。张择端《清明上河图》中描绘的，正是北宋都城开封的繁华景象。由于黄河泛滥、泥沙堆积，历史上的开封早已深埋地下，只有矗立千年的铁塔，仍在诉说着曾经的辉煌。

战国中期列强兼并加剧，孟子游走在齐、魏两个大国和滕、薛等小国之间，不断宣扬自己的政治理想。各国君主虽未必采纳孟子的治国理念，却对他非常尊敬，经常屈身求教。五十步笑百步，即来自孟子同魏惠王的一次对话。

魏惠王问孟子："对于国家，我算是殚精竭虑了。如果河内地区出现灾荒，我便把灾民迁徙到河东，粮食转移到河内，反之亦然。邻国之君当中没有谁像我这样用心，但邻国的民众不见减少，我国的民众不见增多，是何原因？"在中国古代，人口规模是衡量国家实力的重要标志。国家掌握的人口越多，税收和兵源基数就越大，战争实力也就越强。因此，魏惠王迫切希望本国人口有所增长。

孟子开导魏惠王："大王您喜欢打仗，我用战争来做比喻。两军相遇，擂鼓进兵，胜负既分，失败一方狼狈逃窜。有人跑了一百步停下来，有人跑了五十步停下来，跑五十步的人嘲笑跑一百步的人胆小怯懦，您以为如何？"魏惠王说："这不可以。都是在逃跑，只是后面那个还没跑到一百步而已，他哪有资格嘲笑别人呢？"

孟子继续说："您能明白这个道理，则不必指望人口多于邻国了。让百姓根据农时播种，不随便征发徭役，粮食谷物就食之不尽了；有节制地捕捞，鱼鳖虾蟹就食之不尽了；按照时令季节入山砍伐，材木就用之不竭了。谷物、鱼虾食之不尽，材木用之不竭，百姓养生送死有所依靠，这才是实行王道的开始。

"在宅院里种上桑树，五十岁的老人就有轻暖的衣物可穿；饲养一些鸡、猪和狗，七十岁的老人就有肥美的肉可吃；在百亩的田地上开垦耕耘，不因徭役耽误农时，数口之家就可以温饱无忧；有了经济基础，再发展学校教育，培养百姓的礼义廉耻之心，人们就不会老无所依。老人得到妥善照顾，百姓不会挨饿受冻，如此还不能称王天下，是从未有过的。但现在的情况是，牲畜吃人的粮食却不加以制止，百姓在路边饿死却不开仓赈济，反说：'不是我的过错，都怪年景不好。'这无异于杀人后说：'不是我的过错，都怪武器不好。'何时您不再将百姓流离失所怪罪到年景上面，天下人便都会来投奔您了。"

孟子想告诉魏惠王：迁徙人口、转移粮食，只是一时的治标之策；善待百姓、实行仁政，才是根本的治国之道。统治者需要自我约束，不去扰乱民众的生产、生活节奏，先建立经济基础，再进行文化教育。

If we can but prevent the government from wasting the labours of the people, under the pretence of taking care of them, they must become happy.

—*From Thomas Jefferson to Thomas Cooper, 29 November 1802*

我们若能阻止政府以爱民之名滥用民力，人民一定会变得幸福。

——《托马斯·杰弗逊致托马斯·库珀函，1802年11月29日》

但这一切却不在魏惠王的理解范围以内——他急功近利、朝令夕改、四面出击、腹背受敌，既不体察百姓生活，也不谋划长远战略。孟子以五十步笑百步为喻,批评他不关心民生疾苦,而作为一国之君,魏惠王对此竟毫无感知。他眼中所见只有问题表象,心中所想只有短期利益。

　　孟子提出的仁政思想,在崇尚权谋诈术的战国时代,似乎有些不合时宜;在秦、汉大一统王朝建立后的两千年间,却成为中国社会的共同理想。"幼有所育、学有所教、劳有所得、病有所医、老有所养、住有所居、弱有所扶",是中华文明一以贯之的不懈追求,更是新中国矢志不渝的前进方向。

成语释读

形容具有同样的缺点错误,却自以为是,讥笑他人。

发现与探索

典籍诗文

《孟子》

跨学科及影视拓展

思想史(三级学科)　孟子及其仁政思想

研学旅行

孟庙、孟府和孟林　山东省邹城市

祐国寺塔(铁塔)　河南省开封市

2013年4月、2018年7月两次到访孟庙、孟府和孟林。上图为孟庙棂星门，下图为孟府正堂。

○四二　明察秋毫、挟山超海

成语人物

孟子　齐宣王

人文地理

邹城　泰安

文化精神

老吾老，以
及人之老；
幼吾幼，以
及人之幼。
——孟子

　　明察秋毫和挟山超海出自孟子与齐宣王间的一段对话,被记载在《孟子·梁惠王上》篇。

　　经过齐威王励精图治,到齐宣王时期,齐国经济繁荣、文化昌明。在首都临淄的稷下学宫,四方贤才济济一堂,孟子便是其中的代表人物。

　　有一天,齐宣王问孟子:"您能给我讲讲齐桓公和晋文公的事迹吗?"

　　齐桓公和晋文公同属"春秋五霸",齐宣王询问他们的故事,意在效法古人、争霸天下。孟子却直接答复:"儒家弟子不会传扬齐桓、晋文之事,如果一定要说,我倒可以跟您讲讲怎样实行王道。"

　　"不畏浮云遮望眼,自缘身在最高层。"孟子立意高远,直指王道理想,齐宣王也不禁为之动容。于是他再次请教:"如何才能称王天下呢?"

　　孟子直击主题:"只要爱护百姓,就能称王,这是没有任何人能够阻挡的。"齐宣王继续问:"我可以做到吗?"孟子回答:"当然可以。我听说前不久,您将一头祭祀用的牛放掉了,有这回事吗?"齐宣王说:"是啊,它本来要被牵去宰杀,走过大殿时不住地颤抖,我于心不忍,便下令用羊代替。"孟子赞许道:"很多人不明缘由,以为您以羊代牛,是因为吝惜财物。但我心里清楚,是您亲眼见到牛在颤抖,生出了恻隐之心。将这份心推而广之,足以爱护百姓,称王天下。"齐宣王没想到会遭人误解,听了孟子的解释,高兴地说:"您这番话真说到我心里去了! 不过我还是不明白,为什么凭这份恻隐之心就能称王天下呢?"

　　孟子反问:"如果有人对您说:'我的力量足以举起千钧重担,却举不起一根羽毛;我的视力足以看清鸟兽身上刚长出的微小绒毛,却看不清整车木柴。'您会相信吗?"齐宣王回答:"我当然不信。"孟子说:"那么您的恻隐之心能够施及禽兽,却不能用到百姓身上,又是什么原因呢? 举不起一根羽毛,是因为不肯用力;看不清整车木柴,是因为不肯用眼;不能让百姓安定富足，是因为君王不肯用心。您之所以不能称王天下，不是不能，而是不为。"

齐宣王听懂了孟子的批评，继续向他请教："不能和不为有区别吗？"孟子说："当然有。如果让一个人把泰山夹在腋下跳跃过北海，他说：'我不能。'这是真的不能。让他为长者折一根树枝当做手杖，他说：'我不能。'则是不为，而非不能。您不能称王天下，就像不肯为长者折枝那样，只是自己主观不去作为罢了。"

为进一步启发齐宣王的恻隐之心，将其推广为善待百姓的仁政，孟子说出了著名的"老吾老，以及人之老；幼吾幼，以及人之幼"—— 尊敬自家父母，就要推己及人去尊敬一切长者；爱护自家儿女，就要推己及人去爱护一切孩童。并特别强调："这两句话是实行仁政的根本，只要能够做到，天下都在您的掌握之中。"

In place of the old bourgeois society, with its classes and class antagonisms, we shall have an association, in which the free development of each is the condition for the free development of all.

— *The Communist Manifesto*, Karl Marx, Friedrich Engels

代替那存在着阶级和阶级对立的资产阶级旧社会的，将是这样一个联合体，在那里，每个人的自由发展是一切人的自由发展的条件。

——卡尔·马克思、弗里德里希·恩格斯《共产党宣言》

孟子善于以夸张、比喻手法论证其观点，同时突出对方的逻辑漏洞。这段对话中的"明足以察秋毫之末"和"挟泰山以超北海"，便是他为劝导齐宣王实行仁政所使用的辩论技巧。孟子想要说明：仁政是简单易行、触手可及的，不去作为并非能力不够，而是意愿不足。

视力足以看清鸟兽身上刚长出的微小绒毛，是"明足以察秋毫之末"；把泰山夹在腋下跳跃过北海，是"挟泰山以超北海"。日后，它们分别化作明察秋毫和挟山超海两个成语。

虽然在孟子笔下，挟山超海是不可能完成的任务。但随着历史发展，这个成语也被用来形容为了克服艰难险阻所耗费的巨大心力，以及直面挑战时的坚强意志。

戊戌变法失败后，为唤醒国民精神，挽救民族危亡，梁启超用如椽大笔写下《少年中国说》。在这篇雄文中，他严厉批判了造成中国衰弱颓废的老朽冤孽，热情寄望于蓬勃新生的中国少年，期待他们以"挈云之手段，回天之事功，挟山超海之意气"振兴中华，建设一个独立、自由、进步的少年中国。

成语释读

明察秋毫：形容目光敏锐，洞察幽微。

挟山超海：通常比喻不可能完成的任务或工作，也指应对挑战时的坚强意志与所付出的巨大心力。

发现与探索

典 籍 诗 文

《孟子》

《登飞来峰》【北宋】 王安石*

《少年中国说》 梁启超

跨学科及影视拓展

纪录片《大泰山》

研学旅行

孟庙、孟府和孟林　山东省邹城市

泰山世界地质公园　山东省泰安市

1998年10月、2016年1月两次登临泰山。图为泰山摩崖石刻。

○四三　乐以天下，忧以天下

先天下之忧而忧

渔天下之乐而乐

成语人物

孟子　齐宣王

人文地理

邹城　岳阳

文化精神

先天下之忧
而忧，后天下
之乐而乐。

——范仲淹

身处乱世之中的孟子,始终希望推行王道理想。即使一时无法实现,也会不断规劝各国统治者,鼓励他们与人民大众同呼吸、共命运。"乐以天下,忧以天下",就是孟子对齐宣王的劝勉与期待。

一次,齐宣王问孟子:"与邻国交往有道义原则吗?"孟子答道:"有。仁德的君王,乐天知命,所以能够以大事小;明智的君王,畏天知命,所以能够以小事大。以大事小者,如商汤和周文王,足以安定天下;以小事大者,如越王勾践,足以保守一国。"

齐宣王说:"先生您讲的道理很宏大。可我却有个毛病,我喜好勇武。"对此,孟子没有简单否定,而是因势利导,他说:"喜好勇武不是坏事,但我希望您喜好的不是匹夫之勇。那种手按宝剑怒目高喊'谁敢上前与我一战'的做法,便是匹夫之勇,君王的勇武应当用来安定国家。当年商纣王残暴无道、民不聊生,周文王和周武王忿然作色道:'作为君王和师长,我的责任就是协助上天保护百姓。天下所有百姓都是我的人民,绝不能任其被暴君凌虐。'于是整军经武,出师伐纣,在牧野之战中埋葬了商王朝,让百姓重新过上安定生活。如果大王您也能像这样'一怒而安天下之民',那么百姓惟恐您不喜好勇武呢。"

又一次,齐宣王问孟子:"我修建了天子才有资格使用的明堂。很多人劝我拆掉,您说我拆还是不拆呢?"孟子回答:"明堂是行王道用的,如果您准备行王道,就不要拆。"齐宣王再问:"怎样才算行王道呢?"孟子说:"当年周文王治理天下,农民税赋不过收入的九分之一,关卡和市场只稽查、不征税,国家不禁止百姓上山砍柴、下河捕鱼,犯罪只处罚本人不连累家属。老而无妻叫作鳏夫,老而无夫叫作寡妇,年长而无子女叫作独老,年幼而无父母叫作孤儿。周文王实行仁政,凡事都优先照顾这四种最穷苦、最无依无靠的人。如果大王您也能做到这些,便离王道不远了。"

齐宣王感慨："您讲得真是太好了。"孟子反问："既然您认为我讲得好，为什么不去做呢？"齐宣王推脱道："我有个毛病，我喜好钱财。"孟子依然采用因势利导的方法，他告诉齐宣王："当年周王朝的先祖公刘也喜好钱财。《诗经》说他储备了满仓满谷的粮食，正是有了这些粮食，他才能带领周民族开基创业，浩浩荡荡奔向前方。大王您如果喜好钱财，能够与民共享，让百姓家家有积蓄，军队人人有口粮，那对实行王政有什么影响呢？"

齐宣王继续为自己开脱："我还有个毛病，我喜好美色。"孟子则再次劝导："周文王的祖父——古公亶父也喜好美色，他娶了才貌双全的姜姓女子，辅佐自己治国理家。那时，周民族家庭和睦、人丁兴旺，既没有成年而不能娶妻的男子，也没有适龄却无法出嫁的妇女。大王您如果喜好美色，能够与民共享，让百姓家和人顺，那对实行王政有什么影响呢？"

在两次对话中，孟子都巧妙地进行了概念转换，把齐宣王的缺点——好勇斗狠和贪财好色，先故意说成优点，再用古圣先王的事迹进行升华，最后推广到与民共享、与民同乐的王道境界。好勇斗狠被孟子转换为扫除暴乱、安定天下，贪财好色则被转换为积蓄财货、富国强兵与夫妻和顺、共兴大业。

孟子与齐宣王的另一次对话，更集中反映了这种民本思想。当时，齐宣王正在雪宫欣赏美景，他问孟子："贤明的君王也会以此为乐吗？"孟子答道："当然会，但前提是君王要做到与民同乐。如果君王能够为百姓的快乐而快乐，那百姓看到君王快乐，自己也会快乐；如果君王能够为百姓的忧虑而忧虑，那百姓看到君王忧虑，自己也会忧虑。一个君王能够做到'乐以天下，忧以天下'，就可以四海归心，称王天下了。"

It was the imperative duty of the proletarian party to remain with the masses and try to lend as peaceable and organised a character as possible to their justified action rather than stand aside and wash its hands like Pontius Pilate, on the pedantic plea that the masses were not organised down to the last man and that their movement some times went to excesses.

—*Constitutional Illusions*, Lenin

无产阶级政党的义不容辞的责任就是和群众在一起,竭力使群众发起的正当的行动具有最和平最有组织的性质,而不是躲在一边,象彼拉多那样表明与自己无关,学究般地举出理由,说什么群众还没有一个不剩地组织起来,说什么群众运动常有过火行为。

——列宁《论立宪幻想》

这是孟子对执政者的诫勉——只有与人民大众同呼吸、共命运,他们的事业才是坚实且长久的。从此,与天下同忧乐的价值理念融入中国传统士大夫的精神世界,成为一代代志士仁人的共同追求。北宋年间,范仲淹在《岳阳楼记》中将其进一步凝练为"不以物喜,不以己悲"和"先天下之忧而忧,后天下之乐而乐"的人生理想。今天我们来到岳阳楼,俯瞰"浩浩汤汤,横无际涯,朝晖夕阴,气象万千"的八百里洞庭湖,朗诵起韵律铿锵的《岳阳楼记》,还能从中感受到中国读书人超越小我,以天下为己任的格局与胸怀。

表达为国家分担忧患,与人民共享安乐的理想情怀。

发现与探索

典籍诗文

《孟子》

《岳阳楼记》【北宋】 范仲淹*

跨学科及影视拓展

文化史(三级学科)　士大夫精神与中国传统文化

研学旅行

孟庙、孟府和孟林　山东省邹城市

岳阳楼—洞庭湖风景名胜区　湖南省岳阳市

图片来源：视觉中国

2006年5月登临岳阳楼并泛舟洞庭湖。图为航拍镜头下的岳阳楼及洞庭湖。

成语人物

孟子

人文地理

邹城　北京

文化精神

生命诚可贵，道义价更高。

《孟子·告子上》篇记载了一段由"鱼与熊掌，二者不可得兼"引发的议论，舍生取义正出自此处：

> 鱼，我所欲也；熊掌，亦我所欲也。二者不可得兼，舍鱼而取熊掌者也。生，亦我所欲也；义，亦我所欲也，二者不可得兼，舍生而取义者也。生亦我所欲，所欲有甚于生者，故不为苟得也；死亦我所恶，所恶有甚于死者，故患有所不辟也。如使人之所欲莫甚于生，则凡可以得生者何不用也？使人之所恶莫甚于死者，则凡可以辟患者何不为也？由是则生而有不用也，由是则可以辟患而有不为也。是故所欲有甚于生者，所恶有甚于死者，非独贤者有是心也，人皆有之，贤者能勿丧耳。

> 一箪食，一豆羹，得之则生，弗得则死。呼尔而与之，行道之人弗受；蹴尔而与之，乞人不屑也。万钟则不辩礼义而受之，万钟于我何加焉！为宫室之美、妻妾之奉、所识穷乏者得我与？乡为身死而不受，今为宫室之美为之；乡为身死而不受，今为妻妾之奉为之；乡为身死而不受，今为所识穷乏者得我而为之：是亦不可以已乎？此之谓失其本心。

孟子用两种珍贵的食材——鱼和熊掌来做比喻，说明当二者无法兼得时，要有所取舍。至于为什么选取鱼和熊掌，又为什么舍鱼而取熊掌，我们不必过多计较，因为下面关于"生"和"义"的探讨才是主题。

生，自然是指生命；义，则包含道义、恩义、情义、家国大义等多重内涵。孟子强调，当"生"与"义"发生冲突时，作为士君子应该具有舍生取义的觉悟。他解释说："生命，是我所渴求的，但还有比生命更令我渴求的，所以不会苟且偷生；死亡，是我所厌恶的，但还有比死亡更令我厌恶的，所以能够视死如归。如果一个人在生命之外别无所求，那么但凡可以偷生逃命，一定无所不为；如果一个人除去死亡便无所顾忌，那么但凡可以消灾避祸，也一定无所不为。趋利避害是人的本能，但在某些情境之下，人们会舍弃生命、迎难而上，这是因为有比生命更值得追求的价值，也有比死亡更令人厌恶的事情。"孟子认为，对于超越生命的价值的追求，存在于每一个人心中，但只有贤明的士君子能保有这份初心。

最后，孟子特别讲到，很多人在穷困贫贱的时候，能够志存高远，不吃嗟来之食；等到功成名遂，反倒在富贵乡中纸醉金迷，消磨了志气，这就是"失其本心"。"生于忧患，死于安乐"——两千多年后，毛泽东主席在中共七届二中全会上发出了相同的告诫："可能有这样一些共产党人，他们是不曾被拿枪的敌人征服过的，他们在这些敌人面前不愧英雄的称号；但是经不起人们用糖衣裹着的炮弹的攻击，他们在糖弹面前要打败仗。"克服这一弊病的方法，孟子说是培养"富贵不能淫，贫贱不能移，威武不能屈"的浩然之气；毛泽东主席则要求同志们保持谦虚、谨慎、不骄、不躁和艰苦奋斗的作风。

孟子关于"舍生取义"的论述，可以说是两千年来儒家对生死观最为精辟的阐释，可以从三个层面进行理解：

生命是可贵的，这一点毋庸置疑。孟子讲"仁者爱人"，还特别举例说："如果看见一个小孩在井边走，摇摇晃晃马上要掉下去了，人们都会不假思索地上去扶一把，不让孩子掉进井里淹死，这就是'恻隐之心，人皆有之'。爱别人的生命，当然也要爱自己的生命。"

然而，生命并不是唯一的价值。生命之外，人生还有许多价值，比如智慧、公正、勇敢、节制。很多价值低于生命，有些和生命平行，但仍有少数几项价值高于生命，比如家国大义。

最重要的，生命不是人生的终极价值，更不是生活的唯一目标。有些价值是超越生命的，它可以是对国家的忠诚、对朋友的信诺、对家人的责任，也可以是对美德的坚持、对品性的守护、对勇气的涵养,孟子将其高度概括为"义"。一个"义"字,包含了家国情怀、责任伦理、道德坚守、品格养成。今天很多人说健康最重要,生命最宝贵,但真正的士君子不会这样看待人生。他们知道,有一种价值远高于生命本身,值得身命相酬、死生以之。

在外患猖獗、民族危亡的战争年代,杨靖宇将军餐风饮雪,抗击日寇至死不渝;戴安澜将军远征滇缅,战死疆场马革裹尸,是舍生取义。1998年抗洪抢险,2008年地震救灾,人民军队的年轻战士不顾安危,保护群众生命财产,是舍生取义。两弹元勋邓稼先、郭永怀为新中国的国防科研事业毕生奋斗,用生命换取国家振兴,依然是舍生取义。中国人历来追求不朽,能够不朽的永远不是自然状态下的生命。只有用生命去实现伟大理想和崇高价值,才会不朽;那些只追求生命本身的人,早就与草木同朽了。

Human progress is neither automatic nor inevitable. Even a superficial look at history reveals that no social advance rolls in on the wheels inevitability. Every step towards the goal of justice requires sacrifice, suffering, and struggle; the tireless exertions and passionate concern of dedicated individuals.

——*Stride Toward Freedom: The Montgomery Story*, Martin Luther King, Jr.

人类的进步并不是自然产生、必然如此的。即便是粗略的历史观察,都会发现没有哪次社会前进是由必然性推动的。迈向正义目标的每一步都需要牺牲、受难与斗争——诸多无私奉献者在不知疲倦的努力和充满热诚的关切中将其实现。

——马丁·路德·金《迈向自由:蒙哥马利的故事》

　　这才是中华民族对待生死的价值观。它属于中国，更具有普遍的文化价值。为守护国家而牺牲的英烈，无论身处何方，都会被其人民长久怀念，铭记在心。

成语释读

表示为了正义事业，不惜献出个人生命。

发现与探索

典 籍 诗 文

《孟子》

鱼我所欲也*

跨 学 科 及 影 视 拓 展

思想史(三级学科)　孟子及其"义"思想

研 学 旅 行

孟庙、孟府和孟林　山东省邹城市

中国人民抗日战争纪念馆　北京市

图片来源：视觉中国

2017年7月7日抗日战争全面爆发八十周年之际吉程到访中国人民抗日战争纪念馆。图为纪念馆小景。

〇四五　浩然之气

成语人物
孟子　公孙丑
人文地理
邹城　北京　南京

文化精神

养天地正气，法古今完人。
——孙中山

浩然之气,是孟子一生立身行道的高度概括。

在《孟子·公孙丑上》篇中,学生公孙丑问孟子:"如果请夫子担任齐国卿相大臣,践行自己的政治主张,辅佐君主建立王霸之业。您会因此动心吗?"

孟子回答:"不会,四十岁之后我就不动心了。"

公孙丑赞叹道:"这样的话,夫子您的境界可比勇士孟贲高多了。"

孟子说:"这不是什么难事。告子做到不动心比我还早。"

公孙丑接着问:"要想做到不动心,有什么途径方法吗?"

孟子说:"当然有。侠客北宫黝培养勇气的方法是,不因肌肤被刺伤而恐惧屈服,不因眼睛被刺激而目光躲闪。有一丝一毫受挫于人,就好像在大庭广众之下遭受鞭挞那样屈辱。既不受挫于平民百姓,也不受挫于万乘之君,刺杀万乘之君同刺杀平民百姓没有任何区别。对各国诸侯也毫无畏惧,如果受到辱骂,一定加以报复。将领孟施舍培养勇气的方法是,对待不可战胜的强大之敌,如同对待弱小之敌一样毫无畏惧。他说:'衡量敌我实力对比才进攻,计算胜败得失概率再交锋,无异于畏敌如虎。我参加战斗不是因为一定能够取胜,而是要让自己无所畏惧。'北宫黝的特点是重视规则,跟子夏比较相似;孟施舍的特点是反求自心,跟曾子比较相似。儒家还有一种培养大勇的方法,由孔子传授并经曾子转述,那就是'自反而不缩,虽褐宽博,吾不惴焉;自反而缩,虽千万人,吾往矣'。反躬自省,如果自己的所作所为不合道义,即使提出质疑的只是普通人,也不对其恐吓威胁;倘若合乎道义,即使面对千军万马,也要义无反顾、勇往直前。"

公孙丑又问:"夫子您所说的不动心,和告子的不动心,又是怎样一种状态呢?"

孟子答道："告子曾说，如果言语不能讲明白，就不要在心里有所挂念；如果心里没有想明白，就不要借助情绪来掩盖。在我看来，对没想明白的事不去动情绪，是对的；对没讲明白的事不去动心，把自己封闭起来，是不对的。心志，是情绪的统帅，是根本的存在；情绪，充盈在我们四肢百骸当中，是次要的存在。所以说持守心志，同时不要随意发泄喜怒哀乐等情绪。"

公孙丑不大理解心志与情绪的关系，孟子继续解释道："心志专一的时候，情绪便会随之而动；反之情绪强烈了，心志也会随其波动。好像一个人奔跑或跌倒时，情绪上来了，就会反过来影响心志。"

公孙丑问："夫子您的专长在哪方面呢？"

这时孟子说出了那句非常著名的论述："我知言，我善养吾浩然之气。"

公孙丑再问："怎样理解浩然之气呢？"

孟子说："这个很难去描述。它是一种充塞于天地之间的至大至刚之气，以正直、真诚的心态去培养，才不会有损害；通过'义'和'道'来扶持，才不会使之枯萎。只有在道义层面不断积累，才能涵养出浩然之气，一蹴而就是不行的；如果不能在认知中加以实践，行为违背了内心的道德判断，它还是会枯萎。"接着，孟子以拔苗助长作比喻，说明浩然之气的养成要日积月累、顺其自然，而不能浮躁轻率，急于求成。

在这段对话中，孟子首先提出三种类型的勇气培养方法——北宫黝式的"守节"、孟施舍式的"守气"，与孔子主张的"守义"；接下来比较了自己和告子在"不动心"上的区别——告子是自我封闭、与现实世界彼此隔绝的"不动心"，孟子的"不动心"则同现实世界发生着紧密联系，意在回应和解决现实问题；最后提纲挈领，引出"浩然之气"这个主题。

孟子所说的浩然之气，不是一般的精气、血气、意气、勇气，而是充塞于天地之间，至大至刚、光明磊落的正气，因此也被称作"浩然正气"。在另一段对话中，孟子通过对"大丈夫"的解释，更加形象地描述了何谓浩然之气，那就是"富贵不能淫，贫贱不能移，威武不能屈"。

Two things fill the mind with ever new and increasing admiration and awe, the oftener and more steadily we reflect on them: the starry heavens above me and the moral law within me.

——*Critique of Practical Reason*, Immanuel Kant

有两样东西，人们越是经常持久地对之凝神思索，它们就越是使内心充满常新而日增的赞叹和敬畏：我头上的星空和我心中的道德律。

——伊曼努尔·康德《实践理性批判》

从此，培养浩然之气成为中国人立身处世的核心命题，代代流传、生生不息。南宋丞相文天祥抗元兵败被俘至北京后，受孟子精神感召，在潮湿、幽暗的囚室内写下《正气歌》："天地有正气，杂然赋流形。下则为河岳，上则为日星。于人曰浩然，沛乎塞苍冥……"今天我们走进北京文丞相祠，还能在楹柱廊壁之间，感受到文天祥当年的浩然正气。1929年，中国民主革命的先行者孙中山先生长眠于南京紫金山，在中山陵的墓门上方，同样高悬着四个大字——浩气长存，象征革命先烈的浩然之气永存于天地之间。

形容正大、刚直的精神气象。

发现与探索

典籍诗文

《孟子》

《正气歌》【南宋】 文天祥

跨学科及影视拓展

思想史(三级学科) 孟子思想及其历史传承

研学旅行

孟庙、孟府和孟林 山东省邹城市

文天祥祠 北京市

中山陵 江苏省南京市

2002年1月以来多次到访中山陵,其中2011年10月10日辛亥革命一百周年,2016年3月12日孙中山先生逝世九十一周年之际专程到访。左图为博爱坊,右图为中山陵祭堂。

〇四六 狡兔三窟

成 语 人 物

冯谖　孟尝君

人 文 地 理

滕州

文化精神

士为知己
者死，女为
说己者容。
——司马迁

战国中期，随着兼并战争加剧，养士之风日渐兴盛。与此同时，各国贵公子开始走向政治舞台中央。作为战国四公子之首的孟尝君，更是招贤纳士，声震诸侯。

孟尝君门下食客数千人，无论饱学之士还是亡命之徒，只要前来投奔，都会受到款待。根据才干、资历不同，食客被分为各种等级——上等食客出门有车坐，席间有肉吃；下等食客只能粗茶淡饭，贫寒度日。

有天，一个叫冯谖的人前来投奔。孟尝君看他举止平常，似乎没有过人之处，便将其安排到下等食客当中，生活待遇都是最低标准。

过了一阵，冯谖倚靠在廊柱上弹击长剑，边弹边唱："长剑啊！我们回去吧。这里吃饭没有鱼啊！"孟尝君一听，觉得此人有些意思，就吩咐手下，提高冯谖的待遇标准，每顿饭给他鱼吃。又过了一阵，冯谖再次弹起长剑，唱道："长剑啊！我们回去吧，这里出门没有车啊！"孟尝君听后，又吩咐手下，按照上等食客待遇，出门给冯谖车坐。这下冯谖神气起来，他乘坐着孟尝君安排的马车，手举自己那柄长剑，外出探望朋友，逢人便说："我现在做了孟尝君的门客。"然而没过多久，冯谖第三次弹起长剑，这次他唱的是："长剑啊！我们回去吧。没有人替我养家啊！"孟尝君身边的人都很厌恶冯谖，觉得他贪心不足；但孟尝君再度展现出慷慨仗义的一面，他得知冯谖还有老母在堂，命人定期给冯家送去粮食和生活用品。从此，冯谖不再弹剑作歌了，孟尝君也慢慢淡忘了他的存在。

一年之后，孟尝君想要派人去自己的封地薛城收缴债款，冯谖毛遂自荐。出发前他问孟尝君："债款收缴完，需要给您买些什么回来呢？"孟尝君随口答道："先生您看我这里缺少什么，就买回来好了。"

冯谖一路驱驰来到薛城，没有催缴债款，反而摆下酒席宴请当地百姓，假称孟尝君的命令，免除百姓所有债务，并将借据全部烧掉。薛城百姓都高呼万岁。

The test of our progress is not whether we add more to the abundance of those who have much; it is whether we provide enough for those who have too little.

—*Second Inaugural Address*, Franklin Roosevelt

衡量我们进步的标准，不在于让富有者的财产益发充盈，而在于为贫苦者提供充足保障。

——富兰克林·罗斯福《第二届就职演说》

随后，冯谖星夜兼程返回临淄，次日一早登门复命。孟尝君难以置信地问："债款都收完了吗？怎么回来得这么快呢？"冯谖朗声答道："都收完了。"孟尝君又问："您给我买了些什么呢？"冯谖说："您让我买回这里缺少的东西，我想您的府中钱财珍宝堆积如山、名马美人数不胜数，唯一缺少的是恩义。所以，我把恩义给您买回来了。"孟尝君不明就里，问道："恩义要怎么买呢？"冯谖说："您只有薛城一块封地，却不爱护百姓，反用高利贷盘剥勒索他们。因此，我到薛城假传您的命令，烧掉借据，免除了百姓的债务。这便是我为您买回的恩义。"听了冯谖这番话，孟尝君心里很不高兴，但为了表现尊贤重士的风范，他没有继续追究，只是淡淡说了句："我知道了，先生不要再讲了。"

又过了一年，齐湣王受人蛊惑，罢免了孟尝君的相位。看到孟尝君失去权势，数千食客纷纷散去，只有冯谖不离不弃，陪伴他回到封地薛城。薛城百姓感念孟尝君的恩义，扶老携幼出城百里相迎。孟尝君感慨地对冯谖说："先生您买回的恩义，直到今天我才见到。"

冯谖却没有自鸣得意，他对孟尝君说："狡兔三窟，才可免于死亡。如今您只有薛城一窟，还不能高枕而卧，请让我再为您开凿两窟吧。"孟尝君送给冯谖车马钱财，请他外出游说。冯谖来到魏国，对魏王说："孟尝君的实力，大王您是清楚的。现在齐王将他罢免，谁先请到孟尝君，就能国富兵强、称霸诸侯。"魏王了解孟尝君的政治资源和国际声望，权衡利弊之后，遣使迎请孟尝君前往魏国为相。冯谖则快马加鞭回到薛城，叮嘱孟尝君："魏国派遣使者的事，一定会传到齐王耳中。您要静观其变，等待齐王的反应再做决断。"

果然，齐湣王见魏国派人迎请孟尝君，感受到了政治压力。他担心孟尝君被他国所用，成为自己的劲敌，于是也放低姿态，邀请孟尝君返回临淄主持国政。到这一步，冯谖觉得还不稳妥，他再次叮嘱孟尝君，要趁这个机会，请求齐王同意在薛城建立宗庙。因为宗庙是先王神灵栖息之所，有宗庙在，薛城就同齐国休戚与共，获得了安全保障。宗庙建成后，冯谖告诉孟尝君："三窟都已凿好，您可以高枕无忧了。"

《战国策》说，孟尝君在数十年从政生涯中，没有遭受丝毫祸患，都出自冯谖的谋略。冯谖的政治智慧、侠义精神，还有他弹剑作歌的故事，也成为中国文学史上经久不衰的主题，被反复歌咏传唱。唐朝天宝年间，政坛失意的李白写下三首《行路难》抒发心中愤懑，其中既有"长风破浪会有时，直挂云帆济沧海"的潇洒高歌，也有"弹剑作歌奏苦声，曳裾王门不称情"的喟然长叹。弹剑作歌，正是冯谖深谋远虑、酬答知己的豪侠故事。

成语释读

比喻预作防范、多方准备，在现代语境中多含贬义色彩。

发现与探索

典籍诗文

《战国策》

《行路难》（金樽清酒斗十千）【唐】 李白*

《行路难》（大道如青天）【唐】 李白

跨学科及影视拓展

先秦史（三级学科） 战国士阶层的崛起

研学旅行

薛国故城　山东省滕州市

2017年1月、2023年9月两次到访滕州。图为薛国故城文保碑。

○四七 完璧归赵、怒发冲冠

文化精神

敢于斗争，善于斗争。

春秋战国时代，有一块价值连城却命运多舛的美玉——和氏璧。传说，楚国人卞和最先发现了它，但楚厉王和楚武王有眼无珠，认为只是普通顽石，以欺君之罪砍去了卞和双脚。最终，楚文王慧眼识珠、剖璞得玉，为表彰卞和的忠诚，将其命名为和氏璧。

从此，和氏璧被珍藏在楚国宫廷。但到战国时期，这块无价之宝却不翼而飞，几经辗转来到赵国，并引出了《史记·廉颇蔺相如列传》中完璧归赵和怒发冲冠的故事。

秦昭襄王想将和氏璧据为己有，他给赵惠文王送来一封书信，提议用十五座城池作交换，要求赵国派出使臣，携带玉璧前往秦都咸阳。

秦是虎狼之邦。赵国君臣心里清楚，和氏璧一旦到了秦国，便是羊入虎口；但拒绝秦王要求，则会授人以柄，让秦国有理由发动军事攻击。

"山重水复疑无路，柳暗花明又一村。"正在举朝上下半筹莫展之际，一个叫缪贤的宦者为赵王推荐了蔺相如，盛赞其有胆有识，堪当大任。赵惠文王立刻传召进宫，向其征询意见。蔺相如说："现今秦强而赵弱，秦王提议用十五座城池交换一块玉璧，不答应是我们理亏；倘若我们奉上玉璧，秦王却不肯交割城池，则是秦国理亏。两相权衡，宁可答应秦王的要求，也不能亏了道义。"赵王再问："可以派谁出使？"蔺相如慨然答道："您若没有更加合适的人选，就请派我出使吧。城池顺利交割，我把玉璧留在秦国；假如秦王无意交割城池，我保证完璧归赵。"

随即，蔺相如出使秦庭。见到和氏璧后秦王大喜，将其传示左右近臣和后宫嫔妃，却绝口不提割让城池之事。蔺相如察言观色，认为秦王没有履行承诺的意愿，便欺骗他说："玉璧上存在一处瑕疵，请让我指给您看。"秦王不疑有他，将和氏璧交还。只见蔺相如手持玉璧，后退几步靠紧殿柱，怒发冲冠地对秦王说："大王您想得到这块绝世美玉，写信给赵王，提议用城池交换。大臣们都说秦国贪得无厌、恃强凌弱，纵然送去玉璧，也得不到城池。但我以为，平民百姓交往尚且信守承诺，何况大国君王呢？赵王为表诚意，专门斋戒五日，写好国书，委派我为使臣，将和氏璧献到大王面前。您却傲慢无礼，把如此珍宝交给嫔妃、弄臣把玩，却绝口不提交割城池之事。此刻玉璧在我手中，您若强行夺取，我立即将它连同自己的头颅，一起撞碎在殿柱之上。"说完，蔺相如举起玉璧，做出向柱子撞击的姿态。秦王被他的气势震慑住了，连忙向蔺相如道歉，命人拿来地图，把准备交割的十五座城池当场指给他看。蔺相如明白这是秦王的缓兵之计，便将计就计说："和氏璧是天下无双的宝物。大王您也应像赵王一样斋戒五日，举行正式外交典礼，我方敢献上玉璧。"秦王无奈，只得答应了蔺相如的要求。

回到旅舍，蔺相如将和氏璧交给随从，让其改换衣装，星夜兼程，从小路离开秦国，归璧于赵。自己则留下来对付秦国君臣。

五天之后，秦王设立典礼迎接和氏璧，蔺相如却两手空空。面对暴跳如雷的秦王，他慷慨陈词："秦国自穆公以来二十多位君主，从未有人信守承诺。我怕受到大王欺骗，辜负了赵国的信任，已经命人完璧归赵了。秦强而赵弱，若您先行交割城池，赵王一定会将玉璧送来，绝不敢开罪秦国。我知道欺瞒大王该当死罪，早已视死如归，愿意听凭处置。"一席话说得秦国君臣瞠目结舌、面面相觑。秦王只能故作大度道："事已至此，杀了蔺相如也无法得到和氏璧，还将伤害秦、赵两国友好关系，我相信赵王不会因为一块玉璧欺骗秦国。"外交仪式结束后，蔺相如平安返回了赵国。

中西互鉴

Cowards die many times before their deaths;

The valiant never taste of death but once.

—*Julius Caesar*, William Shakespeare

懦夫未死，已死千回；

勇士终生，只死一次。

——威廉·莎士比亚《尤利乌斯·恺撒》

蔺相如以他的智慧和胆识，捍卫了国家尊严。他完璧归赵的壮举、怒发冲冠的气魄，更激励着一代又一代有志之士为国奋斗。岳飞千古名作《满江红》开篇就是："怒发冲冠，凭栏处，潇潇雨歇。抬望眼，仰天长啸，壮怀激烈。"这阕壮士悲歌，与蔺相如不畏强权的凛然正气交映成辉，共同谱写成中华民族的精神史诗。

成语释读

完璧归赵：比喻原物归还，完好无损。

怒发冲冠：形容极端强烈的激愤情绪。

发现与探索

典 籍 诗 文

《史记》【西汉】 司马迁

《游山西村》【南宋】 陆游*

《满江红》(怒发冲冠)【南宋】 岳飞

跨学科及影视拓展

先秦史(三级学科)　秦国勃兴与列国争霸

研学旅行

汤阴岳飞庙　河南省汤阴县

图片来源:视觉中国

2005年5月、2012年11月两次到访汤阴岳飞庙。图为正殿内岳飞塑像。

纸上谈兵

文化精神

空谈误国，
实干兴邦。

战国后期，三晋大地上爆发了一场决定未来历史走向的战争，交战双方是曾经雄踞北方的赵国和即将兼并天下的秦国。这就是长平之战。

战前，七雄中的魏、楚、齐三国均已遭到严重削弱，燕、韩两国历来实力不强，秦国统一的障碍只剩赵国了。

一次外交事件，成为战争的导火索。当时，韩国遭到秦军进攻，上党地区岌岌可危，守将冯亭不愿这处战略要冲被秦国夺走，准备送给赵国。赵孝成王听闻消息非常兴奋，觉得不费一兵一卒得到上党十七座城池，简直是天赐良机。大臣赵豹劝他："无故收获利益，必有灾难发生。秦国早已将上党视为囊中之物，如今韩国把这块土地送给我们，是想嫁祸于人，希望您谨慎决策，不要被小利蒙蔽。"

赵孝成王却不听良言，轻率地接受了韩军投降，将上党地区纳入版图。跟随土地、城池一起到来的，还有秦军铁蹄的攻击。

最初，赵孝成王派往前线的，是老将廉颇。他严守阵地、坚壁清野，很快将局面稳定了下来。秦军远道而来利于速战，廉颇固守不出的战术让其军事优势无法发挥。秦国决定使用反间计，策动赵王换掉廉颇。

赵国有一位同廉颇齐名的将军赵奢，其子赵括出身将门，从小耳濡目染，谈起兵法口若悬河、无人能及。赵奢为此感到十分忧虑，生前曾对妻子说："用兵打仗，关系到国家的生死存亡，赵括却将它看得太过容易。倘或有朝一日由他统兵出战，定会破军杀将、丧师辱国。"秦国选中的将领，正是纸上谈兵的赵括。

秦国派出奸细混入邯郸，向赵王散布虚假情报，说廉颇老矣、畏敌如虎，只有青年才俊赵括，才是战胜秦军的不二人选。赵孝成王听信谣言，不顾蔺相如和赵括母亲的劝阻，执意任命赵括为大将，取代了廉颇。

　　赵括一到前线,便将廉颇的战略部署全盘放弃,积极筹划进攻御敌。秦军则在名将白起的率领下,先佯输诈败,引赵括前来追击;再出动奇兵截断粮道,把赵军一分为二、重重包围。赵军弹尽粮绝、坐困愁城,坚持了四十多天后,全军上下饥饿难耐,只能拼死组织突围。但面对训练有素、武器精良的秦军,战争结果不问可知——赵括被射杀在乱军之中,赵国军队全部投降。为了彻底消灭敌人有生力量,白起将四十余万降卒坑杀于长平战场。

　　长平一战让赵国青壮年男子尽数死于沙场,精锐力量丧失殆尽,立国根基荡然无存。虽然依靠艰苦的外交斡旋和有限的军事援助,赵国暂时避免了亡国之祸,却再也无力对抗秦国。长平之战四十年后,秦始皇统一中国。

　　这是一场因决策者急功近利、轻率盲动而导致的国家悲剧。抗战期间,毛泽东同志曾以此为例,给中国人民抗日军事政治大学的学员讲解军事辩证法。据当事人回忆,毛主席在课上说,赵王在长平之战中,从企图占据上党郡的主观愿望出发,不重视敌我力量的对比,轻率地决定对秦国采取战略进攻的方针。当赵军统帅廉颇在长平之战初期,经两次进攻受挫后,认为进攻力量不够,乃果断地采取战略防御。他敢于按照实际情况改变战法,不愧为杰出的军事家。而赵王急于打败秦军,又中了秦国的反间计,撤换坚持战略防御的廉颇,任命只知空谈兵法的赵括。赵括既过低估计秦军的力量,又过高估计赵军的力量,既不知彼,又不知己,轻举妄动地向秦军展开了战略决战,结果被秦军包围,最后全军覆没,使赵国处于濒临灭亡的危险境地。

To bring a war, or one of its campaigns, to a successful close requires a thorough grasp of national policy. On that level strategy and policy coalesce: the commander-in-chief is simultaneously a statesman.

—*On War*, Carl von Clausewitz

要使战争或其中的某次军事行动取得胜利成果，就必须对国家政策具有全面理解。在这层意义上，战略与政策合二为一，军队的最高统帅同时也是政治家。

——卡尔·冯·克劳塞维茨《战争论》

"无欲速，无见小利"，重视客观实践，不要纸上谈兵，是长平之战带给我们的历史教训。

比喻空谈理论却无法解决实际问题。

发现与探索

典籍诗文

《史记》【西汉】 司马迁

跨学科及影视拓展

中国古代战争史(三级学科) 长平之战

研学旅行

长平之战纪念馆　山西省高平市

图片来源：左长连

2012年11月到访高平。图为长平之战遗址碑。

文化精神

打开思想的禁锢，冲破生命的藩篱，自由翱翔于天地之间。

鹏程万里出自《庄子·逍遥游》，这是书中讲述的第一个寓言。

庄子是战国时期道家代表人物，与老子并称"老庄"。和《老子》简明扼要的行文风格不同，《庄子》纵横天地、吞吐古今，充满着奇诡阔达的想象力。全书开篇，就描绘出一幅极为恢宏的壮丽图景：

> 北冥有鱼，其名为鲲。鲲之大，不知其几千里也；化而为鸟，其名为鹏。鹏之背，不知其几千里也；怒而飞，其翼若垂天之云。是鸟也，海运则将徙于南冥。南冥者，天池也。《齐谐》者，志怪者也。《谐》之言曰：'鹏之徙于南冥也，水击三千里，抟扶摇而上者九万里，去以六月息者也。'野马也，尘埃也，生物之以息相吹也。天之苍苍，其正色邪？其远而无所至极邪？其视下也，亦若是则已矣。

庄子设想，北海当中有一条身长几千里的大鱼，名字叫鲲；它不甘受到海洋的桎梏，变化为一只同样身长几千里的大鸟，名字叫鹏。当鹏振羽起飞，两翼的翅膀好像从天上垂下的云层一样。海潮涌动之时，它便随风向南迁徙，去往浩淼广阔的天池。途中，鹏用翅膀击水而行，一次可以飞越三千里；当它穿透云霄、背负青天，凭借六月间磅礴盛大的海风向上飞翔时，可以直冲九万里的高空。

这是一个苍凉辽阔、无边无际的世界，是庄子笔下的"广莫之野""无何有之乡"。自由变化的鲲鹏，向我们展示了突破藩篱、不受拘束的生命状态。由此更引出道家哲学的重要命题——小大之辩。

在庄子笔下，斑鸠、麻雀一类的小鸟，见到凌空飞翔的大鹏后，肆意地发出嘲笑。斑鸠说："我奋力起飞，碰到树梢便停下；有时飞不了那么高，落在地上就是了。为什么要飞去九万里之外呢？"麻雀自鸣得意道："我跳跃着腾飞，不过十几米就落下来，在草丛间盘旋，这已经是飞行的极致了。它还要飞到哪里去呢？"斑鸠和麻雀，用狭隘的生命经验嘲笑自己完全无法理解的事物。绝云气、负青天的大鹏却无暇理会它们的对话，更不会改变前进的征程。

庄子说，这就是"小"和"大"的区别。接下来，他连举几个例子，说明何为"小大之辩"：有一种植物叫作朝菌，早晨萌芽，晚上就凋谢了，因而无法感知昼夜的交替与转换；有一种昆虫名叫蟪蛄，春天出生，秋天就死去了，所以无法体会四季的运行与迭代。遥远的南方，有一种大树叫作冥灵，对它来说，五百年的时光像季节那样短暂；上古的年代，有一种神树名叫大椿，在它身上，八千年的岁月如春秋转瞬即逝。眼光浅狭、格局逼仄的小人物，当然无法理解波澜壮阔、浩大悠远的生命旅程。

在"小大之辩"以外，鲲鹏变化的寓言还有更加丰富的内涵。

首先，身长千里的鲲鹏和浩瀚无边的天池，是超现实的存在。我们只有突破耳目感官的认知，任思想遨游于宇宙之间，才可以体会这样一种天地间的逍遥意趣。

What is great in man is that he is a bridge and not a goal: what is lovable in man is that he is an over-going and a down-going.

—*Thus Spake Zarathustra*, Friedrich Nietzsche

人类的伟大之处，在于他是桥梁而非目的；人类的可爱之处，在于他会过渡与没落。

——弗里德里希·尼采《查拉图斯特拉如是说》

其次，由鲲到鹏的变化，是从有限到无限的突破。鲲的形体再大，也要被束缚在北海之中；只有化身为鹏，才能扶摇而上，自由翱翔于海天之间。

根据陈鼓应先生的解释，鲲潜伏在海底，犹如人的韬光养晦、自我磨砺，一旦时机成熟，便可随风高举，横绝四海。对照《周易·乾卦》，正是从"初九，潜龙勿用"到"九五，飞龙在天"的生命历程。李白以"大鹏一日同风起，扶摇直上九万里"高歌理想，杜甫用"图南未可料，变化有鲲鹏"感慨身世，背后的文化意涵也在于此。

最后，鲲鹏借助六月的海风向南迁徙，是主观能动性和客观有利条件的结合。庄子说："水之积也不厚，则其负大舟也无力""风之积也不厚，则其负大翼也无力"。鲲能纵横千里，依托的是宽广浩渺的大海；鹏能直上九霄，凭借的是奔腾呼啸的长风。没有长风大海，就不会有鲲鹏的腾挪变化。同理，人才的成长，也需要主观自觉与客观环境两方面条件；一个志存高远的人，更须选择环境，把握时机。

鹏程万里即由此引申而来。李清照曾在梦境中抒发个人理想，写下"九万里风鹏正举，风休住，蓬舟吹取三山去"的诗句。少年毛泽东更以"自信人生二百年，会当水击三千里"表达驰骋天下的襟怀志向。

成 语 释 读

比喻志向高迈、前途远大。

发现与探索

典 籍 诗 文

《庄子》

北冥有鱼*

《周易》

《上李邕》【唐】 李白

《泊岳阳城下》【唐】 杜甫

《渔家傲》(天接云涛连晓雾)【南宋】 李清照*

跨学科及影视拓展

先秦哲学(三级学科)　庄子哲学思想

研学旅行

西沙群岛　海南省三沙市

2021年2月到访西沙群岛。图为中国三沙灯塔。

○五○

庄周梦蝶

成语人物

庄子

人文地理

蒙城 东明

文化精神

挣脱逼仄压
抑的现实困
境，探寻烂
漫天真的自
由意志。

庄周梦蝶出自《庄子·齐物论》，这是一个有关生命的寓言。

> 昔者庄周梦为胡蝶，栩栩然胡蝶也。自喻适志与！不知周也。
>
> 俄然觉，则蘧蘧然周也。不知周之梦为胡蝶与，胡蝶之梦为周与？
>
> 周与胡蝶，则必有分矣。此之谓物化。

在《齐物论》中，庄子描述了自己的梦境：他变化为一只蝴蝶翩翩起舞，自由自在地遨游四方，根本不记得自己是庄周；忽然醒来，则发现自己分明是庄周。不知究竟是庄周做梦变为蝴蝶，还是蝴蝶做梦变为庄周？庄周和蝴蝶究竟还是有区别的，这就是人生的物化。

如果说《逍遥游》告诉人们，要突破狭隘的经验与认知，让思想从必然王国向自由王国飞跃，从而达到优游自适、无所拘执的境界。那么《齐物论》则意在说明，一切人与物都有其内在的独特价值，不要以人类的主观标准去评判。庄子举例说：人睡在潮湿的地方，就会患腰痛甚至半身不遂，泥鳅却喜欢在土壤里钻来钻去；人站在树冠之巅，就会感到颤栗恐惧，猿猴却喜欢攀缘树木，玩耍跳跃，应该以谁的居处为准呢？人习惯于吃肉，麋鹿吃草，蜈蚣吃蛇，猫头鹰喜欢吃老鼠，应该以谁的口味为准呢？毛嫱、丽姬，是人类的美女，但鱼见之深潜，鸟见之高飞，麋鹿见之狂奔，应该以谁的审美为准呢？因此，要打破主观偏见的束缚，达到与天地同频，与万物合一的境界。更重要的，是回归生命的本原，解放自己的内心，不被外物所奴役。所谓"我有明珠一颗，久被尘劳关锁。一朝尘尽光生，照破山河万朵"，这样的生命状态，才是完满具足的。

庄周梦蝶的故事，讲述的正是这样一种情境。"栩栩然胡蝶""蘧蘧然庄周"，从生命的本质上看，二者又有什么分别呢？变成蝴蝶的庄周是逍遥的、快活的，而梦醒之后的蝴蝶是惆怅的、迷离的。

这个故事充满了梦幻感。它通过散文般的语言、空灵的想象力，简洁但深刻地揭示出人生如梦的潇洒与幻灭。在西方文学中，人受到现实世界的压迫会产生异化，卡夫卡的小说《变形记》就描写了一个由人变成甲虫的悲剧故事。庄子梦中的蝴蝶，却是翩然起舞，无拘无束的。它要表现的，不是受到囚禁逼迫的现实生命，而是烂漫天真的自由意志。

中西互鉴

The spirit becomes free only when it ceases to be a support.

—*The Blue Octavo Notebooks*, Franz Kafka

精神只有不再作为支撑物时，才会变得自由。

——弗兰茨·卡夫卡《蓝色八开笔记本》

庄周与蝴蝶的和谐变化，充满了哲学的诗意美。其中对生命本质的探索与思考，更引发了无数人的精神共鸣，庄周梦蝶也成为中国文学长盛不衰的精神意象。李白在《古风》中以"庄周梦胡蝶，胡蝶为庄周。一体更变易，万事良悠悠"表达人生无常的苍凉之感；李商隐则为《锦瑟》写下"庄生晓梦迷蝴蝶，望帝春心托杜鹃"的朦胧诗句，留给后人无尽遐思。

更深一层思考，庄周梦蝶的故事还带有打破生死的隐喻。《至乐》篇说：庄子的妻子去世，惠子前往吊丧，却看到他踞坐门外，正敲打着瓦盆唱歌。惠子质问道："她为你生育儿女，与你相伴到老，现在离你而去，你不悲伤哭泣就算了，怎么还有心思唱歌呢？简直太过分了！"庄子却回答说："不是你理解的这样。她刚去世的时候，我怎能不感到哀痛？但仔细思考过后，我想最初她并没有生命；不仅没有生命，连人的形体也没有；不仅没有形体，甚至连气息都没有。在若有若无之间，先生成气息，再化作形体，又变为生命。

现在她死去,不过是变化的另一种形态罢了,好像春夏秋冬的轮回般简单平常。我的妻子已经安卧于天地之间了,如果我还在悲伤哭泣,岂非太不通晓生命的道理了?"

这便是庄子的生死观,从这个意义上说,庄周与蝴蝶,只是生命的不同形态。人来自天地之间,也要回归天地之间。梦,可以代表死亡;梦中幻化为蝴蝶,就是死后化身为蝴蝶。蝴蝶是活泼灿烂、富有生命力的,这样看来,死亡又有什么值得恐惧呢? 生命与死亡,不再判然两分、彼此对立,而是浑然一体、相互融合。死亡,是生命在另一种状态下的开始。这种崭新的生命状态,是自由、灵动,并且无忧无虑的。

成 语 释 读

比喻人生的变幻无常。

发现与探索

典 籍 诗 文

《庄子》

《古风》(庄周梦胡蝶)【唐】 李白

《锦瑟》【唐】 李商隐

《变形记》〔奥〕 弗兰茨·卡夫卡

跨 学 科 及 影 视 拓 展

心理学(二级学科) 弗洛伊德与《梦的解析》

研 学 旅 行

庄子祠　安徽省蒙城县

庄子传说(国家级非物质文化遗产—民间文学)　山东省东明县

2023年10月到访蒙城庄子祠。图为庄子祠内景。

○五一 游刃有余

成语人物

庄子　庖丁　文惠君

人文地理

民权

文化精神

顺应自然规律，在错综复杂的社会与人生中寻求安身立命之所。

游刃有余出自《庄子·养生主》中庖丁解牛的故事。

庄子所说的养生，是在复杂的社会环境中寻找生命与心性的安放之所，并加以悉心养护。养护生命与心性，莫过于顺其自然。为此，他以厨师杀牛做比喻，设计了庖丁和文惠君之间的一段对话，这就是庖丁解牛。

庖丁在肢解、分割牛的时候，凡是双手触及的、肩膀倚靠的、脚掌踩踏的、膝盖抵住的地方，无不筋骨分离咔嚓作响；挥刀割牛的刀法节奏，则音韵铿锵，合乎乐律。他的动作流畅连贯，如翩翩起舞一般。

文惠君看到不禁感叹："真是好极了，你的技艺是怎样达到这种出神入化的境界呢？"

庖丁放下屠刀回答："我所爱好的是道法，早已超出技艺本身。当我刚开始解牛的时候，眼中所见是一整条牛；三年以后，便不再见到整牛，眼里只有牛身体的各个部位了。时至今日，我解牛全凭心神领会而不用眼睛观看，耳目感官的功能停止了，只有心神在起作用。顺着牛身上自然形成的纹理，从筋膜和肌肉相连的缝隙劈入，再引刀穿过骨节之间，根据牛自身的结构拆解，那些经络相连、筋骨纠缠的地方，我都会巧妙避开，更不用说巨大的牛骨了。好的厨师每年换一把刀，因为他们是在切割筋肉；普通厨师每月换一把刀，因为他们是在劈砍骨头。我这把刀已经用了十九年，宰杀的牛有几千条，刀口还像新打磨的一样锋利。这是因为牛的骨节有间隙，刀刃却没有厚度，我以没有厚度的刀刃切入有间隙的骨节，自然游刃有余。即便如此，每当解牛之时，遇到筋骨交错不易下刀之处，我都谨慎专注，眼神不敢丝毫转移，动作也十分轻缓，看准时机刀子微微一动，牛就轰然解体，如泥土崩落般倒在地上。这时我提刀站立，四顾而望，感到心神愉悦、悠然自得，把刀子擦拭干净，收藏起来等待下一次使用。"

文惠君听后再次赞叹："说得真好！庖丁这番谈论，让我领悟了养生的道理。"

庖丁为文惠君分析解牛的过程，形容自己技艺精湛、得心应手时说"彼节者有间，而刀刃者无厚，以无厚入有间，恢恢乎其于游刃必有余地矣"，便是成语游刃有余。在中国文化中，"牛为大物"，代表着世间的万事万物。庄子以牛为喻告诉我们，社会和人生是错综复杂的，就像牛身上纠缠纵横的筋骨肌肉一样。如果仅凭蛮力左冲右撞，难免四处碰壁；只有依照事物的本来脉络，顺其自然、涵养性情，才能达到无所抵牾的自由境界。

在庖丁解牛的故事前面，庄子还讲了这样一段话：

> 吾生也有涯，而知也无涯。以有涯随无涯，殆已！已而为知者，殆而已矣！为善无近名，为恶无近刑，缘督以为经，可以保身，可以全生，可以养亲，可以尽年。

这是在说：人的生命是有限的，求知的境界却无有穷尽，以有限的生命追求无尽的知识，是十分危险的。因此，要超越世俗意义上的"善"与"恶"，让自己既不为名利所累，也不为刑罚所辱，顺应万事万物的自然之理并逍遥其中。这样就可以养护身体、保全生命、安住心性、尽享天年了。

I shall die again and again to know that life is inexhaustible.

—*Stray Birds*, Tagore

我将不断死亡，以此获知生命的无有穷尽。

——泰戈尔《飞鸟集》

全身远害、养生尽年,是道家人生修为的大智慧。在庄子眼中,只有顺适自然,才能逍遥遨游于天地之间,享受生命的大自在。但生命终有尽头,《齐物论》的最后,以庄周梦蝶的隐喻消解了生与死的边界;《养生主》的结尾,则用薪尽火传的意象表达出人生的无常与永恒。

"指穷于为薪,火传也,不知其尽也。"个体的生命终会消歇,但薪有穷而火无尽,在超越了具象和生死之后,才能真正与天地宇宙融合为一,养生的最高境界正在于此。

成语释读

形容经验丰富、工作熟练,解决问题毫不费力。

发现与探索

典籍诗文

《庄子》

跨学科及影视拓展

文化社会学(二级学科)　工匠精神与工匠文化

研学旅行

庄子文化馆　河南省民权县

2023年10月到访民权庄子文化馆。图为
文化馆外景。

○五二 从容不迫

成 语 人 物

庄子　惠子

人 文 地 理

承德

文化精神

物我合一，在诗意与美学中感知生命的乐趣。

从容不迫出自《秋水》篇中庄子与惠子之间的一段辩论。

惠子又叫惠施,是战国名家学派的代表人物,也是庄子平生的唯一挚友。两人曾携手出游,在濠水的桥梁上,共同观赏水中往来游弋的鲦鱼。庄子忍不住感慨:"鲦鱼自由自在、从容不迫地在水中游走,是多么快乐啊!"名家学派擅长逻辑思辨,惠子于是问道:"你不是鱼,怎么知道鱼的快乐呢?"庄子以子之矛攻子之盾,用惠子的逻辑反问:"你也不是我,怎么知道我不知道鱼的快乐呢?"惠子再次严密推导逻辑后说:"我不是你,当然无法知道你的感受;你也不是鱼,所以无法知道鱼的快乐,这不是理所当然吗?"庄子则将辩论引回原点,对惠子说:"让我们从本源出发,当你问我'怎么知道鱼的快乐'时,已经知道我知道鱼的快乐了。而我是在濠水之上知道鱼的快乐的。"

这是一段非常有趣的辩论,也很能发人深思。我想从以下三个方面试作分析。

首先,两人辩论的核心,在于主体与客体之间能否实现情感上的相互连通。庄子从天人合一的理念出发,看到鲦鱼游来游去,很自然地体会到鱼的快乐;惠子却对此提出质疑,认为他者之心是不可知的,也就是主体无法通过客体的外在表现而与其产生共情。

再者,是两人对待辩论的态度。惠子好辩且善辩;庄子虽也长于辩论,却不喜此道。战国时代百家争鸣,各门各派竞相登场,在政治军事与思想学术领域展开了激烈辩论。但庄子将这些争辩不休的学者,比喻成朝三暮四的猴子,因为天地万物的本质并不会改变,论辩双方各执己见,强词夺理,不仅毫无意义,还会让世界愈发纷乱复杂。在《齐物论》中,庄子有一段著名的"辩无胜"论,强调单纯依靠辩论是无法取胜的——争辩意味着双方永远无法理解彼此;也无法超越自我局限,认识客观真理。在这一点,东西方存在巨大差异：古希腊哲学著作中，充斥着思想论辩与逻辑交锋，学者们就德性、正义、勇敢、爱欲等话题相互辩难、往复驳诘；中国哲学则更加注重生命本身的体悟与实践，儒、道两家莫不如此。

最后，两人的辩论，还反映出感性主义与理性主义的区别。惠子偏重理性，他用逻辑推论的方法分析人能否知道鱼的快乐；庄子则从感性出发，把自己的情感投射到水中的鲦鱼身上。可以说，庄子"知鱼之乐"的论述，既是哲学的，也是美学的。在他身上，哲学与美学完成了统一。这种兼具哲理与美感的表达发端于庄子，却不独属于庄子，而是人同此心、心同此理。汉乐府中的"江南可采莲，莲叶何田田，鱼戏莲叶间"，正是劳动人民辛勤劳作时的愉悦心情，在自由嬉戏的游鱼身上所发生的情感投射。

中西互鉴

Well deserving, yet poetically

Man dwells on this earth.

—*In Lovely Blue*, Friedrich Hölderlin

充满劳绩，但人诗意地，

栖居在这片大地上。

——弗里德里希·荷尔德林《在可爱的蓝色中》

"知鱼之乐"从此成为一种独特的美学意象，融入中国文人的精神世界。《世说新语》记载，东晋简文帝为了表现优游自适、超尘脱俗的生活情趣，曾对左右近臣说："会心处不必在远，翳然林木，便自有濠、濮间想也。"到了清代，康熙皇帝将这份超然物外的雅趣，打造成避暑山庄中一处山水景观——

濠濮间想。时至今日，走进承德避暑山庄，我们还可以在湖区北岸的林木间见到这处胜景，漫步其中，依然能够体会到"清流素练，绿岫长林，好鸟枝头，游鱼波际，无非天适"的轻举逍遥之感。

成语释读

形容临事不乱、沉着镇静。

发现与探索

典籍诗文

《庄子》

《江南》 汉乐府*

《世说新语》【南朝宋】 刘义庆

跨学科及影视拓展

古希腊罗马哲学(三级学科) 古希腊哲学中的思想论辩与逻辑交锋

研学旅行

避暑山庄 河北省承德市

2003年9月避暑山庄建成三百周年之际到访，2016年11月再次到访。上图为山庄正门，下图为澹泊敬诚殿。

〇五三 曲高和寡、阳春白雪

文化精神

走进现实生活，让文艺为人民大众服务。

正如长江由金沙江与岷江汇流而成，滥觞于先秦时代的中国文学，也有两条历史源头——《诗经》和《楚辞》。《诗经》形成于北方，雄浑质朴，具有着浓厚的现实主义风格；《楚辞》产生于南方，奇幻瑰丽，折射出强烈的浪漫主义色彩。

楚国地处长江与汉江流域，受到周文明的辐射较少，在云梦洞庭和崇山峻岭之间，是茂盛的森林、温润的气候、原始的信仰、神秘的传说。驰骋其中，楚人的想象力因而奇诡多姿、纵横奔逸。屈原和《楚辞》就诞生在这片土地上。

屈原出身楚国王族，在楚怀王时期一度得到重用。《史记》说他"入则与王图议国事，以出号令；出则接遇宾客，应对诸侯"。但屈原所处的时代，正是博弈同兼并加剧的战国中期，作为首屈一指又毗邻而立的大国，秦、楚竞争日趋激烈。当时，秦国通过商鞅变法迅速崛起，楚国却由于自身沉重的历史包袱，在改革和发展的道路上裹足不前。楚怀王昏聩暗弱，贪利忘义，外受张仪游说蛊惑，内为靳尚佞言蒙蔽，进退失据、四处树敌，最终被秦人俘虏，客死异乡。

在这种政治氛围里，屈原遭到投降派的围攻排挤，逐渐被楚王疏远甚至流放。贬官放逐途中，他痛感山河破碎、身世浮沉，创作了大量诗篇，《楚辞》由此诞生。其中最广为人知的，就是寄托身世理想，充满爱国情怀的《离骚》。此外，还有绰约超逸、缥缈空灵的《九歌》，寄寓少年之志又抒写流亡之感的《九章》，在历史与神话中纵情游弋的《天问》，痛苦辗转却依旧不忘故国之思的《招魂》，以及坚定理想、不同世俗共浊合污的《渔父》《卜居》。这些诗篇中有巡行四方的日神羲和，有凌霄飞舞的月神望舒，有追随诗人脚步的风神飞廉，也有为他伐柯做媒的云神丰隆。诗人乘坐着八条神龙驾驶的鸾车，从昆仑山和不周山上风驰而过，逍遥于太阳出没的咸池和扶桑，向古圣先王请教人生与治国的道理。

"蓝墨水的上游是汨罗江"，屈原和他的《楚辞》，给中国浪漫主义文学传统带来了丰厚滋养。诗仙李白天马行空般的才思文笔，就曾深受《楚辞》润泽。同为楚人的毛泽东，少年时代便对屈原与《楚辞》怀有深厚情感；直到晚年，还写诗歌颂屈原："屈子当年赋楚骚，手中握有杀人刀。艾萧太盛椒兰少，一跃冲向万里涛。"1972年中日建交，毛泽东主席赠送给日本首相田中角荣的礼物，正是一部《楚辞集注》。

中西互鉴

I strove with none, for none was worth my strife:

Nature I loved, and, next to Nature, Art:

I warm'd both hands before the fire of Life;

It sinks; and I am ready to depart.

—*Dying Speech of an Old Philosopher*, Walter Landor

我和谁都不争，

和谁争我都不屑；

我爱大自然，

其次就是艺术；

我双手烤着

生命之火取暖；

火萎了，

我也准备走了。

——沃尔特·兰德《生与死》

屈原之后，《楚辞》的代表人物是宋玉。杜甫在《戏为六绝句》中说："窃攀屈宋宜方驾，恐与齐梁作后尘"，将屈、宋并称，给予高度评价。曲高和寡同阳春白雪，就出自宋玉与楚顷襄王间的一段对话。

有一次，楚顷襄王问宋玉："先生您是否品行不端，为何士庶大众都在非议您呢？"宋玉回答："我遭人非议毫不意外。据说郢都城里有位歌者，他在演唱'下里''巴人'的时候，市井中跟他同声合唱的有几千人之多；当他唱起'阳阿''薤露'，随之而唱的只有几百人了；等他唱到'阳春''白雪'，还能与他一同唱和的，仅有几十人了。曲调越高雅，能够理解并应和的人就越少。世俗之人，又怎会理解我的举止行为呢？"

宋玉向楚王列举了一系列歌曲名称，用来说明"其曲弥高，其和弥寡"，也就是曲高和寡的道理。如果简单进行类比，"下里""巴人"相当于流行歌曲，"阳阿""薤露"可以理解为音乐剧，"阳春""白雪"犹如歌剧或交响乐。从此，阳春白雪成为高雅艺术的代名词，下里巴人则用作通俗作品的泛称。

宋玉以下里巴人和阳春白雪对比，向楚王述说自己品行高洁，不为世俗所知。但在我看来，下里巴人拥趸众多，阳春白雪和者寥寥，本是正常现象。无论人文还是艺术，都不能苛求普罗大众具有高度的审美自觉。真正的知识分子，一方面有责任保护和传承阳春白雪式的典雅艺术，另一方面也有义务把优秀的文化成果和人民群众相结合，在坚持正确价值导向的基础上，为其注入时代精神与生命活力。

建国初年很多歌曲便是这样的典范。它们通俗易懂、朗朗上口，但细加品味，则不难发现其中蕴藏的丰富文化内涵。比如电影《上甘岭》插曲《我的祖国》：

　　一条大河波浪宽，风吹稻花香两岸。

　　我家就在岸上住，听惯了艄公的号子，看惯了船上的白帆。

　　这是美丽的祖国，是我生长的地方。

　　在这片辽阔的土地上，到处都有明媚的风光。

　　歌词清丽雅正，曲调宽广平和，这是沛然浑厚的《大雅》之声，孕育着朝气蓬勃的大国气象。

成语释读

曲高和寡：形容言论深奥、举止超群，不为大多数人理解或接受。

阳春白雪：指代高雅脱俗的文学艺术。

发现与探索

典籍诗文

《楚辞》

《对楚王问》【战国】 宋玉

《戏为六绝句》(不薄今人爱古人)【唐】 杜甫

《七绝·屈原》 毛泽东

《诗魂在南方》 余光中

跨学科及影视拓展

周秦汉文学(三级学科)《楚辞》

电影《上甘岭》

纪录片《楚国八百年》

研学旅行

屈原故里　湖北省秭归县

屈子祠　湖南省汨罗市

2006年5月、2013年6月、2016年6月、2022年6月四次端午到访汨罗屈子祠,2012年6月、2018年6月两次端午到访秭归屈原故里。上图为汨罗屈子祠,下图为秭归屈原故里。

〇五四 青出于蓝、锲而不舍

成语人物

荀子

人文地理

日喀则　重庆

文化精神

持续学习
精进，淬炼
完美品格。

荀子是战国后期赵国人，其思想上承孔子，下开韩非、李斯，对秦汉大一统王朝的建立产生过重要影响。他曾长期在齐国讲学，并多次担任稷下学宫祭酒一职。

《荀子》一书共三十二篇，其中讲述了礼乐之论、治乱之道、王霸之术、富强之法，批判了当时流行的道、墨、名、法等各派思想，及以子思、孟子为代表的儒家"思孟学派"。与孟子"性善论"不同，荀子主张人性本恶，认为"善"必须通过后天的修养和矫正才可达成，因此特别强调学习的重要性。

重视学习是儒家的传统，《论语》开篇就说："学而时习之，不亦说乎？"孔子晚年回忆自己的人生经历，则说"吾十有五而志于学"。早期儒家代表人物、"孔门十哲"之一的子夏，更将勤勉学习上升到"仁"的高度，说："博学而笃志，切问而近思，仁在其中矣。"与之一脉相承，《荀子》首篇即为《劝学》，论述学习对君子人格养成的根本作用，青出于蓝和锲而不舍两个成语便出自这里。

《学记》以美酒佳肴为喻，描述学习的体验："虽有嘉肴，弗食，不知其旨也。虽有至道，弗学，不知其善也。"荀子阐述学习的意义则说："青，取之于蓝，而青于蓝；冰，水为之，而寒于水。"青指靛青，它萃取自蓝草，颜色却比蓝草更加纯粹；冰由水形成，寒冷程度却远超过水。荀子以青出于蓝和冰寒于水为例，意在说明人的本性就像未经萃取提纯的蓝草和没有凝结成冰的水珠，只有持续学习，不断淬炼，才能超越自身的狭隘认知，达到博学多闻、融会贯通的境界。

曾子说"吾日三省吾身"，荀子更将求学与自我品行的磨砺结合在一起，说"君子博学而日参省乎己，则知明而行无过矣"。最好的求学方式，是追随圣人的足迹，因此荀子以高山深谷为喻，说"不登高山，不知天之高也；不临深谿，不知地之厚也；不闻先王之遗言，不知学问之大也"。面对名山大川，人们常会产生一种"天高地迥，觉宇宙之无穷"的感慨。我曾驾车从日喀则出发前往珠峰大本营，途经加乌拉山口时，切身感受过喜马拉雅山脉五座海拔 8 000 米级雪峰扑面而来的震撼；也曾在重庆武隆走入数百米深的巨大地缝，看两崖峭壁千仞、兀然高耸。在那种情境之下，特别能够体察天地的高远与深厚。同样，徜徉在经典文献中，展读一篇篇镌刻着往圣先贤智慧的文字，我们也会受到思想与学术的感召，努力实现自我人格的提升。

Life is short,

and Art long,

the crisis fleeting,

experience perilous,

and decision difficult.

—*Aphorismi*, Hippocrates

生命短暂，

学艺漫长，

危象易逝，

经验危险，

决断困难。

——希波克拉底《界限》

互联网上有句流行语："一个人之所以痛苦，是因为想得太多，书读得太少。"早在两千年前，孔子就给出了对症良药——"学而不思则罔，思而不学则殆"。荀子更进一步指出："吾尝终日而思矣，不如须臾之所学也。"与其每天茫然无措、苦思冥想，不如用片刻时间学有所获。学习，是为了让自己的能力有所凭借，好像一个人想要眺望远方，再怎么踮起脚，高度总是有限，但登上高山，视野马上开阔许多。善于连通万事万物，可以让我们无远弗届。

谈到学习方法，荀子说："积土成山，风雨兴焉；积水成渊，蛟龙生焉；积善成德，而神明自得，圣心备焉。故不积跬步，无以至千里；不积小流，无以成江海。"循序渐进、积少成多，量变最终可以引发质变。反之，如果不愿经过长期、艰苦的努力，只想一蹴而就，则不免半途而废。他举例说：矫健的骏马，跳跃一次不过十步距离；平庸的驽马，只要坚持不懈走下去，也能致远千里。浅尝辄止，朽烂的木头都不会被刻断；持之以恒，坚硬的金石也能被凿穿。"锲而舍之，朽木不折；锲而不舍，金石可镂"，讲得正是这个道理。

求学之道贵在专一，所谓"目不能两视而明，耳不能两听而聪"，只有刻苦钻研，才有可能取得事业上的成就。无独有偶，明初大儒宋濂在《送东阳马生序》中批评那些"业有不精，德有不成"的学子，也说他们之所以碌碌无为，并非由于天资驽钝，只因不肯专心向学。

孟子形容大丈夫为"富贵不能淫，贫贱不能移，威武不能屈"；在荀子看来，真正的君子同样是"权利不能倾也，群众不能移也，天下不能荡也"——无论权势滔天还是众口铄金，都无法动摇其求学之志。坚贞不渝的德操、完美纯粹的品性，才是君子之学的终极追求。

263

成语释读

青出于蓝：本指通过学习淬励能力品格；今多比喻学生超过老师，后人胜过前人。

锲而不舍：形容坚持不懈的恒心与毅力。

发现与探索

典籍诗文

《荀子》

《论语》

　学而时习之*

　吾十有五而志于学*

　博学而笃志*

　吾日三省吾身*

　学而不思则罔*

《孟子》

《礼记》一则(虽有嘉肴)*

《送东阳马生序》【明】 宋濂*

跨学科及影视拓展

自然地理学(三级学科) 喜马拉雅山脉与青藏高原

研学旅行

珠穆朗玛峰国家级自然保护区 西藏自治区日喀则市

武隆喀斯特旅游区 重庆市

2021年9月到访珠穆朗玛峰国家级自然保护区。
上图为加乌拉山口自然风光，下图为珠穆朗玛峰高程
测量纪念碑。

〇五五 刻舟求剑

成语人物
吕不韦
人文地理
新郑

文化精神
以发展的
眼光看待
问题、迎
接挑战。

刻舟求剑出自《吕氏春秋》,这个成语表达了厚今薄古、与时俱进的价值导向,历史背景是秦国的统一战争。

战国时期商品经济比较发达,大商巨贾往往家累千金、富可敌国,吕不韦便是这样一个人。他看中了正在邯郸充当质子的秦国王孙异人,认为奇货可居,于是倾心结交,并斥巨资代其政治运作。通过一系列成功游说,异人被立为王储,更在秦昭襄王和秦孝文王相继去世后即位称王。从落魄王孙到万乘之尊,扶摇直上的秦王异人投桃报李,任吕不韦为丞相,封十万户侯。为提升自己在诸侯间的声望地位,吕不韦效法战国四公子,也豢养了大批门客,并利用他们编撰成一部包罗万象,由十二纪、八览、六论组成的巨著——《吕氏春秋》。

在《慎大览·察今》一篇中,作者提出不能盲目仿效先王之法。因为古、今社会环境存在巨大差异,原本切中时弊的法令制度,随着客观形势发展,往往变得迂阔难行。真正应该领会并掌握的,不是僵死的制度,而是立法的精神。无论古今,不分彼此,人性都是相通的。"察己则可以知人,察今则可以知古",只要顺适人情、由近及远,就能见微知著、通达无碍,不然便会胶柱鼓瑟、作茧自缚。

Don't be trapped by dogma—which is living with the results of other people's thinking.

—*Commencement Address at Stanford*, Steve Jobs

不要被教条束缚,那只是跟随他人的思考结果去生活。

——史蒂夫·乔布斯《斯坦福大学毕业典礼演说》

为阐明观点，作者以战争为例：楚国准备渡河偷袭宋国，先派人在河边做下标识，却不想河水暴涨，楚国军队没有及时调整作战计划，仍按原先的标识涉水渡河，结果一千余人被卷入河中溺水身亡。这就是教条主义的危害。

接下来，作者讲了刻舟求剑的故事：一个楚国人乘船渡江时，不慎将佩剑落入水中，他不去打捞，反而在船身刻上记号，说："我的剑是从这里落水的。"等船舶靠岸，再从刻有记号的地方下水取剑，却不知道船一直在行驶，先前的记号早已不是佩剑掉落之处了。这个楚国人用静止的思维看待运动中的事物，不能与时俱进，结果只会一无所获。

《吕氏春秋》虽被归入杂家，但《察今》一篇却具有浓厚的法家色彩，与韩非子的思想不谋而合。作为法家代表人物，韩非子在《五蠹》篇中，曾以守株待兔，讽刺那些不知变通、泥古不化的经验主义者，说："今欲以先王之政，治当世之民，皆守株之类也。"

仔细品读刻舟求剑和守株待兔两则寓言，不难发现二者背后的共同指向——顺应时势，变法维新。这是因为《吕氏春秋》和《韩非子》写作之时，正当强秦兼并六国、一统天下的前夜。无论身居相位的吕不韦，还是集法家思想大成的韩非子，都已经在为大一统王朝的建立进行理论准备了。他们要以挟山超海之力突破固有束缚，迎接新时代的到来。了解至此，我们才能领悟刻舟求剑所蕴含的思想价值。

今天，刻舟求剑的故事依然具有强烈现实意义。对我们而言，已经取得的人生成就，正如坠落水中的宝剑；不断发展的社会现实，恰似乘风破浪的行舟。《左传》上讲："君以此始，必以此终。"曾让我们获得成功的种种条件，都可能成为我们停止前进，甚至走向失败的诱因。举例来说，改革开放之初，由于深刻复杂的历史原因，社会结构出现了巨大真空，同一时间中国经济快速腾飞，许多人因缘际会、平步青云；但随着法律法规逐步完善，社会治理日渐成熟，经济增长趋向平稳，倘若仍以旧观念应对新形势，非但不能出人头地，恐怕还将折戟沉沙。只有与时偕行、顺势而为，既总结失败教训，也警惕成功经验，才是可大可久之道。

成语释读

比喻拘泥固执、不知变通的教条主义行事风格。

发现与探索

典籍诗文
《吕氏春秋》

《韩非子》

跨学科及影视拓展
思想史(三级学科)　诸子百家——杂家、法家

研学旅行
郑韩故城国家考古遗址公园　河南省新郑市

图片来源：视觉中国

2023年10月到访郑韩故城国家考古遗址公园。图为遗址公园外景。

○五六　不辱使命

文化精神

彰显自由
意志，坚守
独立人格。

《论语·子路》篇中,子贡问孔子:"何如斯可谓之士矣?"孔子回答:"行己有耻,使于四方,不辱君命,可谓士矣。"深明大义、不辱使命,是孔子对"士"的最高评判标准。《战国策》中的唐雎,正是这样一位不辱使命的士。

　　春秋战国,是士阶层全面崛起的时代,也是士精神璀璨夺目的高峰。士,意味着担当与操守,更意味着自由意志与独立人格。在他们当中有孤高自持、傲视王侯的处士,比如田子方和颜斶;有特立独行、慷慨赴义的侠士,比如鲁仲连和侯嬴;有纵横捭阖、权倾天下的辩士,比如苏秦和张仪;也有披肝沥胆、引刀一快的死士,比如豫让和荆轲。这些个性鲜明、倜傥不羁之士,如同暗夜里的群星,照亮了那个充满血腥杀伐和尔虞我诈的年代。

　　唐雎是安陵人,安陵则是魏国境内一块仅有五十里的封地。秦王想将其霸为己有,派遣使者对安陵君说:"我准备用五百里土地交换安陵,请你同意这个要求。"安陵君婉拒了秦王的谎言,说:"这是魏国先王赐予的土地,我希望世世代代传承下去,不敢随便与人交换。"消息传回,秦王十分不悦。为了维护外交关系,安陵君派唐雎出使秦国。

　　见到唐雎,秦王气势汹汹地发问:"我愿用五百里土地换取安陵,你们的君主竟不肯听从,是何道理?秦国铁骑已经灭亡了韩、魏两国,区区五十里的安陵之所以还能苟延残喘,全因为我尊重安陵君是位忠厚长者。现在我提出以十倍之地交换,反而遭到拒绝,他难道在轻视我吗?"唐雎不卑不亢地回答:"并非大王您理解的这样。安陵虽小,却受之于先王,就算面前是纵横千里的土地,我们都不敢拿来做交易,何况只有五百里呢?"

　　听到唐雎直率耿介的答复,秦王勃然大怒,威胁道:"先生您可曾听闻天子之怒?"唐雎平静地说:"我没有听过。"秦王面露杀气说:"天子一怒,战争便会随即爆发,成百万人抛尸荒野,鲜血流淌千里不绝。"秦王想以此恐吓唐雎,迫使其屈服。不想唐雎却不为所动,反问秦王:"大王您可曾听闻布衣之怒？"秦王轻蔑地回答："布衣之怒，不过是摘下帽子、赤裸双脚，以头撞地来发泄罢了。"唐雎说："那只是庸人发怒的方式，不是'士之怒'。当年专诸刺杀吴王之时，彗星的光芒横扫过月亮；聂政刺杀韩傀之时，白色的长虹直冲向太阳；要离刺杀庆忌之时，苍鹰在王宫大殿上扑击。这三个人都是布衣之士，胸中的怒气将要发作，上天就降下征兆预示吉凶，加上我是四个了。士一旦发怒，倒地而死不过两人，鲜血四溅不出五步，但天下都会为之震动。这种情形今日可以重现了。"说完挺身拔剑而起。

中 西 互 鉴

For there's more enterprise

In walking naked.

—*A Coat*, William Yeats

赤身行走，

更需胆略。

——威廉·叶芝《一件外套》

不可一世的秦王被唐雎的气势慑服了，他起身长跪，道歉说："先生请坐，何至如此！您的意思我明白了。韩、魏灭亡，安陵却能以五十里之地屹立不倒，只是因为有先生在啊！"

这就是"唐雎不辱使命"的故事。面对秦王的威逼利诱，唐雎没有表现出畏惧气馁，他以士的精神为依托，大义凛然，以死相搏，最终令虎视眈眈的秦王知难而退。在交锋中，暴虐的秦王向唐雎示威，说"天子之怒，伏尸百万，流血千里"；唐雎则以士的尊严反击，说出了那句流传千古的"若士必怒，伏尸二人，流血五步，天下缟素"。"黑云压城城欲摧，甲光向日金鳞开"，在秦灭六国的滚滚硝烟当中，唐雎掷地有声的话语，像一道划破长空的闪电熠熠生辉。千载之后，我们还能从中看到一种不肯屈服的人格力量。

　　虽然在当时的历史情境中，这个故事很可能不会发生，因为按照秦国法令，作为使臣的唐雎，是不可能佩剑上殿的。但"唐雎不辱使命"所映射出的士的精神，则是真实存在的。他们以非凡的胆识、高超的才智、视死如归的勇气、坚定执着的信念，不贪小利、不畏强权、蔑视王侯、仗义直行。这种精神，随着秦汉大一统王朝的建立而逐渐沦落。因此，每当回看那个时代，我们才更会觉其弥足珍贵。

成语释读

形容忠于职守，不负所托。

发现与探索

典 籍 诗 文

《战国策》

《论语》

《雁门太守行》【唐】 李贺*

跨 学 科 及 影 视 拓 展

文化史(三级学科)　中华文化中的士精神

研 学 旅 行

雁门关景区　山西省代县

2015年9月到访雁门关。图为复建后的关城及烽
火台。

成语里的中国（下册）

曹玉骞 著

上海交通大学 出版社
SHANGHAI JIAO TONG UNIVERSITY PRESS

目录

下册

秦汉

这个时代将成为一个

民族永远的名字

○五七 秦镜高悬

成语人物

孟昶　宋太宗

人文地理

咸阳　开封

文化精神

以司法公
正守护朗
朗乾坤。

在传统戏曲小说里，官衙厅堂正中总是挂有一块匾额，上书四个大字——明镜高悬。《铡美案》《打龙袍》等京剧名段对包青天故事的生动演绎，更让这个成语深入人心。它代表着广大群众对官员的殷切期待，希望他们清正廉明、洞察奸邪、无私执法、秉公断案。

明镜高悬最初的写法是秦镜高悬。根据《西京杂记》。秦国咸阳宫中有一块通体明亮的方镜，人站在它的面前，五脏六腑便会被映照出来。尤其神异的是，这方明镜还能映射出人心的正邪——怀有邪念的人，在镜子里会胆张心动、无所遁形。与秦镜高悬相比，明镜高悬的主题更加突显，一个"明"字，表达了百姓几千年来的朴素愿望——官员，特别是司法官员在审狱断案时能明察秋毫，不让无辜者蒙冤受屈。

即使在军阀混战、道德沦丧、政治极端黑暗败坏的五代十国，人们也没有放弃对公正清廉的追求。南宋洪迈《容斋续笔》记载，后蜀皇帝孟昶曾在其统治区域内颁发过一篇《令箴》：

> 朕念赤子，盱食宵衣。言之令长，抚养惠绥。政存三异，道在七丝。驱鸡为理，留犊为规。宽猛得所，风俗可移。无令侵削，无使疮痍。下民易虐，上天难欺。赋舆是切，军国是资。朕之赏罚，固不逾时。
>
> 尔俸尔禄，民膏民脂。为民父母，莫不仁慈。勉尔为戒，体朕深思。

孟昶告诫各级官员：作为皇帝，我心心念念都在百姓身上，因此夜以继日、废寝忘食。你们要体察我的良苦用心，时刻勉励自己廉洁奉公、恪尽职守，不得剥削百姓、欺压民众。

北宋统一天下后，宋太宗对孟昶《令箴》删繁就简、夺胎换骨，提炼成四句箴言，这便是在中国历史上影响深远的《戒石铭》。

《戒石铭》说："尔俸尔禄，民膏民脂。下民易虐，上天难欺。"须知尔等衣食俸禄，皆是百姓脂膏血汗。下层民众易受压迫，上苍昊天难被欺瞒。

宋太宗下令将其颁行天下，刻石立于州县衙署大堂之前。这一做法在明、清两代相沿成习，《戒石铭》也成为中国古代最著名的官场箴规。后人对这四句话加以解释，说"吏不畏吾严，而畏吾廉；民不服吾能，而服吾公。公生明，廉生威"。意思是作为一名官员，令下属畏惧的不是严酷，而是清廉；让百姓信服的不是才能，而是公正。用心公正，自会明照万里；居官清廉，自会威震一方。时至今日，在有些保留较为完好的官署建筑之内，我们还能见到《戒石铭》的碑坊遗存。

中 西 互 鉴

Justice is the first virtue of social institutions, as truth is of systems of thought. A theory however elegant and economical must be rejected or revised if it is untrue; likewise laws and institutions no matter how efficient and well-arranged must be reformed or abolished if they are unjust.

—*A Theory of Justice*, John Rawls

正义是社会体制的首要德性，一如真实之于思想体系。一种理论若不真实，无论其多么优美、简洁，都必须予以抛弃或修正；同理，法律和体制若不正义，无论其多么高效有序，都必须予以改革或废除。

——约翰·罗尔斯《正义论》

明镜高悬，是人民群众对执政者的朴实诉求与真切期许。在传统社会里，士大夫阶层用《戒石铭》彼此劝勉；今天，中国共产党则以"得罪千百人，不负十四亿"的宏伟魄力，通过自我革命，交出了立党为公、执政为民的时代答卷。

成 语 释 读

形容官员秉公执法、清廉无私。

发现与探索

典籍诗文

《西京杂记》【西汉】 刘歆

《容斋续笔》【南宋】 洪迈

跨学科及影视拓展

戏曲表演(三级学科) 京剧

研学旅行

开封府　河南省开封市

京剧(国家级非物质文化遗产—传统戏剧)　北京市、天津市、上海市、辽宁省、山东省、江苏省、湖北省

图片来源:视觉中国

2002年8月、2003年7月两次到访开封。图为开封府小景。

○五八 鸿鹄之志

成语人物

陈胜　吴广

人文地理

西安　宿州

文化精神

英雄豪杰不
问出身，『王
侯将相宁有
种乎』。

经过几代人的积累与准备，秦王政即位后"奋六世之余烈"，开启了统一天下的历史进程。

秦王政十七年，韩国灭亡；十九年，赵王被俘；二十一年，秦军攻取燕国首都蓟城，燕王逃往辽东；二十二年，魏国投降；二十三年，六十万秦军以泰山压顶之势击破楚军防线，俘虏楚王；二十四年，楚国抵抗力量彻底溃败；二十五年，燕、赵两国残余政权在秦军连续打击下土崩瓦解；同年，以吴越为中心的江南地区并入秦国版图；二十六年，秦军南下临淄，齐国覆灭。至此（公元前221年），东周以来五百年分裂局面结束，天下重新归于一统。

秦王政踌躇满志，认为自己德兼三皇、功过五帝，制命建号皇帝，信心十足地宣称："朕为始皇帝。后世以计数，二世三世至于万世，传之无穷。"

秦代大一统王朝的建立，具有开天辟地的意义。灭亡六国之后，秦始皇废除了周代的分封制度，将全国划为三十六郡，郡下设县，由中央直接管理。统一文字和度、量、衡，修建通达四方的秦驰道，实现了"书同文，车同轨，行同伦"的政治理想。统一，从此成为中国历史发展的主流。

在巨大的胜利冲击下，秦国君臣迅速膨胀，自以为关中之固、金城千里，再无任何力量能撼动其帝王之业。他们滥用严刑峻法，奴役鞭笞民众，妄想凭借强权消除被征服者的历史记忆。但哪里有压迫，哪里就有反抗，秦王朝的暴虐统治，并未令山东六国人民屈服，各地斗争此伏彼起。

统一天下的第十二年，秦始皇在出巡途中病逝。亲信宦官赵高与丞相李斯合谋，矫诏杀害了领兵在外的公子扶苏，拥立幼子胡亥为帝。秦二世没有其父的雄才大略，残忍奢侈却有过之而无不及。人民的怒火在地表下运行、奔突，直到一场秋雨，点燃了起义的烽烟。领导这场起义的，是陈胜和吴广。

陈胜年轻时家里贫穷，靠给人耕田为生。有次耕作休息，他对一起劳动的伙伴说："苟富贵，无相忘。——倘若日后富贵，我一定不会忘了你们。"

大家嘲笑他:"你只是一个帮佣,怎么可能富贵呢?"陈胜听后长叹"燕雀安知鸿鹄之志哉",感慨众人眼光短浅,无法理解自己的高远志向。

胸怀大志的陈胜,当然还要继续耕田。但历史的魅力,恰恰在于人们永远无法预知未来。秦二世元年(公元前209年)七月,官府按惯例征发戍卒前往渔阳驻防,陈胜也在其中。走到大泽乡(今安徽宿州)时,道路被暴雨阻断,部队无法行进。按照秦朝法律,延误军令者一概处斩。面对必死的结局,陈胜展现出勇敢果决的性格和胆略。

陈胜同战友吴广商量,与其束手待毙,不如作困兽之斗。他们先利用鬼神迷信,伪造天书,假扮狐鸣,喊出了"大楚兴,陈胜王"的口号;再激励大家:"如今我们耽误了行程,按律都要被处斩,纵然侥幸逃过一劫,戍边而死的概率也有十之六七。壮士不死则已,死就要青史留名。王侯将相,难道都是天生的吗?"

"王侯将相宁有种乎"的呐喊,如石破天惊一般,让九百名戍卒心潮澎湃。在死亡的压迫和功名的驱使之下,他们鼓舞起来,建国号为"张楚",举起了反秦起义的大旗。

We hold these truths to be self-evident, that all men are created equal, that they are endowed by their Creator with certain unalienable Rights, that among these are Life, Liberty and the pursuit of Happiness.

—*The Declaration of Independence*, Thomas Jefferson

我们认为这些真理不言而喻:人人生而平等,造物者赋予他们若干不可剥夺的权利,其中包括生命、自由以及对幸福的追求。

——托马斯·杰弗逊《独立宣言》

陈胜的军队斗志昂扬,接连攻城夺地,一度进至函谷关下,兵锋直指咸阳。遗憾的是,由于政治经验缺乏,军事指挥失当,这场起义很快失败,陈胜、吴广也先后被杀。但他们掀起的反秦风暴,已成燎原之势无法遏止。两年之后,刘邦率领义军攻入咸阳,秦朝灭亡。

汉初,贾谊在《过秦论》中评价陈胜,说他以一介耕夫"蹑足行伍之间,俛起阡陌之中",带领数百疲弊之卒"斩木为兵,揭竿为旗",遂令豪杰响应、天下震动,秦王朝因而覆灭。司马迁撰写《史记》更将陈胜列入《世家》,与齐、楚、赵、魏等大国诸侯并称。陈胜最终实现了年轻时的抱负,成就了自己的鸿鹄之志。

成语释读

比喻志向远大、抱负豪迈。

发现与探索

典籍诗文

《史记》【西汉】　司马迁

《过秦论》【西汉】　贾谊

跨学科及影视拓展

中国古代史(二级学科)　农民起义

研学旅行

秦始皇陵国家考古遗址公园　陕西省西安市

秦始皇帝陵博物院(秦始皇兵马俑博物馆)　陕西省西安市

涉故台　安徽省宿州市

图片来源：视觉中国

图片来源：视觉中国

2004年7月到访秦始皇陵及秦始皇兵马俑博物馆。
上图为秦始皇陵，下图为兵马俑博物馆内景。

三户亡秦

成语人物

项羽

人文地理

咸阳　西安

文化精神

在如晦风雨
中挺身而出，
奋力挽救民
族危亡。

三户亡秦出自《史记·项羽本纪》,这是一个流传在楚国的古老预言。

楚国是拥有八百年历史的南方强国。它发源于长江与汉水之间,自西周初年以来,经过一代代先民筚路蓝缕、开拓进取,从仅有五十里的"子男之田",发展为纵横五千里的超级大国。春秋时代晋、楚争霸,随着旧制度瓦解,晋国被赵、魏、韩三家瓜分,楚国却在对吴战争的短暂失利后重新崛起并迅速扩张,成为战国时期最强大的国家之一。

曾经,楚国也同秦国一样,积极改革谋求振兴。吴起变法的力度和规模,丝毫不逊于商鞅。但楚悼王刚刚去世,吴起就遭到政治清算,变法随即戛然而止。虽然凭借雄厚根基与历史惯性,此后几代楚王仍在开疆拓土;积重难返的弊政,却令国家元气日益凋丧。

楚威王去世后,天真昏聩又自以为是的楚怀王即位。他胸无成算,在军事外交上频频失策:先误中张仪诡计,丢失了汉中的大片国土;又轻信靳尚谗言,孤身前往秦国和谈,被扣作人质,客死咸阳。其子楚顷襄王昏庸更甚——他任用奸佞、放逐屈原,致使内政紊乱、人心涣散。秦国趁机发动大规模进攻,兵锋直抵郢都,将楚人立国数百年的宗庙、陵寝付之一炬。楚顷襄王仓促东迁,在陈地重新建国。此后,楚国始终处于秦国的政治攻势和军事威胁之下,逐渐走向没落。秦王政二十三年(公元前224年),老将王翦率六十万秦军发起对楚决战,末代楚王兵败被俘,楚国覆灭。

表面上看,秦国取得了胜利。但一个绵延八百年,有着独特历史文化和宗教信仰的大国,不会被轻易扼杀。就在秦国灭楚之际,一位叫南公的老人说出了"楚虽三户,亡秦必楚"的谶语。这是因为在秦国统一战争中,楚国被欺侮得最厉害,连一国之君都惨遭劫掠,死在了异国他乡;同时楚人的民族性格刚烈顽强,绝不屈服于外敌淫威,哪怕国破城毁,只剩下三户人家,也要世代与秦国为仇,亲手将其埋葬。

Sacred love of the Fatherland,

Lead, support our avenging arms

Liberty, cherished Liberty,

Fight with thy defenders!

Under our flags, may victory

Hurry to thy manly accents,

May thy expiring enemies,

See thy triumph and our glory!

——*La Marseillaise*, Rouget de Lisle

来自祖国神圣的爱，

领导着我们去复仇。

自由，自由，亲爱的自由，

请与你的保卫者一同战斗。

在我们的旗帜下，让胜利

奔向你那雄壮的音符。

让垂死的敌人见证，

你的凯旋与我们的荣耀。

——鲁日·德·利勒《马赛曲》

　　果然不出十五年，陈胜、吴广就在楚国故地大泽乡点燃了反秦斗争的烽火。陈胜以张楚作国号，意为张大楚国；云集响应的各路诸侯，也都奉楚国为盟主。继之而起的刘邦和项羽，同样是楚人。公元前207年冬，刘邦率军由武关道翻越秦岭挺进关中，秦王子婴请降，楚国军队浩浩荡荡开入咸阳。南公"楚虽三户，亡秦必楚"的预言变成了现实。

从此，三户亡秦成为一个精神坐标，在国家危亡的年代，指引着有气节的中国人奋起抗争。北宋末年金军南下，占领了中原的大好河山，以赵构、秦桧为首的南宋小朝廷却偏安江左，在"山外青山楼外楼"的升平歌舞中日渐沉沦。陆游痛感国土沦丧，终其毕生都在呼吁朝廷出师北伐。他曾发出"遗民泪尽胡尘里，南望王师又一年"的喟然长叹，也曾写下"王师北定中原日，家祭无忘告乃翁"的临终绝笔。正是这位爱国诗人，为筹收复中原，以半百之年投笔从戎，应召前往西北抗金前线。在这里，他以三户亡秦的故事自我勉励，创作了一首壮怀激烈的《金错刀行》：

> 黄金错刀白玉装，夜穿窗扉出光芒。
>
> 丈夫五十功未立，提刀独立顾八荒。
>
> 京华结交尽奇士，意气相期共生死。
>
> 千年史册耻无名，一片丹心报天子。
>
> 尔来从军天汉滨，南山晓雪玉嶙峋。
>
> 呜呼！楚虽三户能亡秦，岂有堂堂中国空无人！

楚虽三户，尚能亡秦；堂堂中国，又岂会没有慷慨豪杰之士，挺身而出拯救民族危难！这是时代的强音，也是历史的长歌。

成语释读

比喻不惧力量弱小，奋起推翻外敌暴政。

发现与探索

典籍诗文

《史记》【西汉】 司马迁

《题临安邸》【南宋】 林升*

《秋夜将晓出篱门迎凉有感》【南宋】 陆游*

《示儿》【南宋】 陆游*

《金错刀行》【南宋】 陆游

跨学科及影视拓展

中国古代史(二级学科)　秦代统一多民族国家的建立

研学旅行

阿房宫遗址　陕西省西安市

楚纪南故城　湖北省荆州市

2004年7月、2023年9月两次到访阿房宫遗址。
因为阿房宫前殿遗址及文保碑。

○六○ 四面楚歌

文化精神

智者集思广益，愚夫刚愎自用。

　　四面楚歌出自《史记·项羽本纪》，这是西楚霸王项羽的人生悲歌，也是他留给后世的深刻教训。

　　项羽崛起于秦末农民战争。作为楚国贵族后裔，他随叔父项梁举兵反秦，在巨鹿之战大破秦将章邯，为刘邦挺进关中创造了有利条件。秦朝灭亡之后，项羽率军入关，自称西楚霸王，肆意分封诸侯，并将刘邦逐往汉中。天下安置已毕，项羽即引兵东归，以彭城(今江苏徐州)为中心，建立起自己的统治。

　　项羽为人孔武有力、骁勇善战，却刚愎自用、优柔寡断。鸿门宴上他不听亚父范增之言，对刘邦网开一面；随后又拒谏饰非，在富贵还乡的狭隘心理驱使下，放弃四面形胜、沃野千里的关中平原，返回偏处一隅的彭城建都。这一系列政治失误，诱发了秦楚之际诸侯混战。刘邦趁机明修栈道，暗度陈仓，举兵北征，还定三秦，楚汉争霸由此展开。

　　与项羽相比，刘邦势单力弱且不善将兵，因此在楚汉战争中经常败处下风，本人也一次次被逼至绝境，连父母妻儿都无暇顾及。但刘邦善于用人，能够唯才是举、从谏如流。无论高阳酒徒郦食其，还是胯下之夫韩信，都能在刘邦帐中一展平生所学。同时，刘邦注重团结诸侯，和彭越、黥布等人建立起反抗项羽的统一战线。项羽却仅凭一己之力，东奔西走、左支右绌，逐渐将优势资源消耗殆尽。

　　韩信评价项羽，说他有两个特点：一是匹夫之勇，二是妇人之仁。意为项羽做事，总是单枪匹马、孤军奋战，既缺乏系统思考，也不具备容人之量；而且性格犹豫、格局狭小，吝于封赏有功将士，却对身边亲信言听计从。两相对比，才智之士自然云集汉军阵营，胜利的天平开始向刘邦倾斜。

　　经过三年鏖战，楚、汉双方形成了战略僵持，于是项羽同刘邦约定，罢兵休战、中分天下,以鸿沟为界,西面归汉,东面归楚。合约达成之后,项羽释放了刘邦的父亲、妻子,率军向东返回故乡。

刘邦却在张良、陈平不能养虎遗患的劝说之下,利用楚军兵疲食尽、归心似箭这一战略机遇,撕毁合约重启战端,同时命令韩信、彭越、黥布三支军队分进合击,在垓下(今安徽固镇)将项羽重重围困起来。

这时的项羽,早不复当年喑呜山岳、叱咤风云的雄姿,而是兵微将寡、弹尽粮绝。为瓦解楚军士气,刘邦采用心理战术,夜晚让人在营帐四周唱起楚地歌曲。听到久违的乡音,楚军士兵不觉黯然神伤,更怀疑故乡已被汉军攻占,战斗意志涣散,上下人心惶惶。项羽坐困愁城,只能和美人虞姬在帐中饮酒消忧。虞姬以剑舞作别君王,项羽则慷慨高歌:"力拔山兮气盖世,时不利兮骓不逝。骓不逝兮可奈何?虞兮虞兮奈若何!"一曲唱毕,美人挥剑自刎,西楚霸王也将走上人生最后的旅途。

这就是四面楚歌、霸王别姬的故事。英雄气短、儿女情长,壮烈与苍凉交织,绚烂同毁灭并存。它曾令无数人的内心深感共鸣,直到清末,革命志士秋瑾还在《满江红》词中,以"四面歌残终破楚"表达被帝国主义列强宰割凌辱的愤懑襟怀。

诀别虞姬后,项羽率兵突围,一路遭到汉军拦杀堵截,来到乌江边时,只剩二十八骑人马。乌江亭长劝他渡江,回到故乡重整旗鼓,项羽却早已心灰意冷,叹息道:"当初我带领八千子弟转战中原,如今无一人生还,又有何面目去见江东父老呢?"说完他自刎而死,楚汉战争以刘邦获得全胜告终。

项羽是一位具有浓厚悲剧色彩的历史英雄。后人说起他时,往往"横看成岭侧成峰",由于所在时代、所处立场不同,给出观点互异,甚至截然相反的评价。

最著名的当然是李清照那首五言绝句："生当作人杰，死亦为鬼雄。至今思项羽，不肯过江东。"短短二十个字，凝练隽永，力透纸背，堪称千古佳作。

中西互鉴

Defeat had rendered the vanquished greater. Bonaparte fallen seemed more lofty than Napoleon erect.

—*Les Misérables*, Victor Hugo

失败反将失败者变得更加崇高，倒下的波拿巴显得比站立的拿破仑还要高大。

——维克多·雨果《悲惨世界》

杜牧和王安石的一段隔空对话，则颇为引人遐思——唐代诗人杜牧痛惜项羽不肯渡江之举，写下《题乌江亭》："成败兵家事不期，包羞忍耻是男儿。江东子弟多才俊，卷土重来未可知。"北宋政治家王安石却反驳道："百战疲劳壮士哀，中原一败势难回。江东子弟今虽在，肯与君王卷土来？"

二者相比，王安石的见地可谓更胜一筹——以项羽的性格缺陷，就算卷土重来，也难逃最终的失败命运。

毛泽东主席对项羽的故事同样十分熟悉。早在1949年4月中国人民解放军占领南京之时，他便写下"宜将剩勇追穷寇，不可沽名学霸王"的诗句，用项羽的失败教训，警示共产党人不可沽名钓誉、纵敌为患。1962年七千人大会时，为说明发扬民主、集思广益的重要性，毛主席再次以项羽为例，告诫党的领导干部：如果总不能接受不同意见，最后难免要垮台。他还略带风趣地说："不是有一出戏叫《霸王别姬》吗？这些同志如果总是不改，难免有一天要'别姬'就是了。"

成语释读

比喻四面受敌、孤立无援。

发现与探索

典籍诗文

《史记》【西汉】 司马迁

《题乌江亭》【唐】 杜牧

《叠题乌江亭》【北宋】 王安石

《题西林壁》【北宋】 苏轼*

《夏日绝句》【南宋】 李清照*

《满江红》(小住京华) 秋瑾*

《七律·人民解放军占领南京》 毛泽东

跨学科及影视拓展

中国古代战争史(三级学科) 垓下之战

研学旅行

项王故里景区 江苏省宿迁市

垓下遗址 安徽省固镇县

图片来源：视觉中国

2013年8月到访宿迁项王故里。图为项羽雕像。

○六一

运筹帷幄

成语人物

刘邦　张良

人文地理

洛阳　汉中

文化精神

发挥比较优势，聚合集体智慧。

公元前202年初，刘邦彻底战胜项羽，并在韩信、彭越、黥布等诸侯王和一众文臣武将的拥戴下即位称帝，以洛阳为首都，正式建立大汉王朝。

几个月后，新的政治局面逐渐稳定，于是汉高祖刘邦在洛阳宫中大摆酒宴，和功臣将相举杯同庆。席间，他向大家提出一个问题："在实力悬殊的条件下，为什么我能够夺取天下，而项羽最终失去了天下？"

王陵等人回答："陛下为人傲慢无礼，但对有功将士从不吝惜封赏，能够与天下同利；项羽表面恭敬仁慈，却嫉贤妒能、心胸狭隘，从不与人分享胜利成果，因此一步步走向失败。"

刘邦则说："你们只知其一，不知其二，我跟项羽最大的不同在于用人。张良、萧何、韩信三位，都是不世出的人杰，我能信用不疑，所以取得了天下；项羽只有一个范增，却不能善加任用，这才最终被我所擒。"

从此，张良、萧何、韩信被后人称作"汉初三杰"。在《史记·高祖本纪》中，刘邦这样评价他们："夫运筹策帷帐之中，决胜于千里之外，吾不如子房。镇国家，抚百姓，给馈饷，不绝粮道，吾不如萧何。连百万之军，战必胜，攻必取，吾不如韩信。"

面对众将，刘邦坦承三人各有所长，为自己所不及：张良擅长谋略，在营帐中运筹规划，便可决胜千里之外；萧何擅长内政，足以镇守国家，安抚百姓，保障后勤供给；韩信擅长军事，指挥百万之众，能够战无不胜、攻无不取。自己兼而用之，让他们各司其职、各尽其能。

《史记·淮阴侯列传》记载，韩信刚被任命为大将时，曾问刘邦："您自以为比项羽如何？"刘邦默然答道："我不如他。"韩信却说："我也知道大王您不如项羽。但项羽有两个缺点，一是匹夫之勇，二是妇人之仁。他可以哭泣着将自己的食物分给患病之人，但对立有战功的将士，却吝惜土地财物，把封侯的印章放在手里反复摩挲，棱角磨圆了还不舍得给出。只要您反其道而行之，顺应民心所向，任用天下贤才，以土地城池封赏有功之臣，天下便不难平定。"一席话让刘邦茅塞顿开，此后的历史走向，正是顺着这番思路展开的。

对有能力的人来说，真正需要的不是嘘寒问暖、小恩小惠，而是施展才干、成就抱负的舞台，以及与之相匹配的回报与酬劳。刘邦豁达大度、不拘小节，既敢于破格提拔人才为己所用，又能使其各展所长相得益彰。韩信、陈平都曾在项羽帐下效力，因不受重用才转投刘邦。日后，韩信领兵在外，荡平齐、赵二国，令项羽进退维谷、无暇西顾；陈平运筹于内，离间楚国君臣，让项羽人心尽失、孤立无援。只此一处，便可见刘邦、项羽在识人用人上的差距。

A prince ought also to show himself a patron of ability, and to honour the proficient in every art.

——*The Prince*, Niccolò Machiavelli

君主亦须展现自己的爱才之心，并对各行各业的卓越人才给予褒扬。

——尼科洛·马基雅维里《君主论》

这场酒宴之后，刘邦再次展现出从善如流的一面。戍卒娄敬向他进言："洛阳为四战之地，易攻难守，建都于此对国家长治久安不利。"经过深思熟虑，刘邦在张良的支持下力排众议，将首都迁往长安，从而开启了西汉二百年太平安定之局。

表示在后方谋篇布局、筹划战略。

发现与探索

典籍诗文

《史记》【西汉】　司马迁

跨学科及影视拓展

政治经济学(二级学科)　比较优势理论

研学旅行

汉中市博物馆　陕西省汉中市

张良庙　陕西省留坝县

2012年4月到访汉中。因为古汉台(汉中市博物馆)。

○六二 桃李不言，下自成蹊

成语人物

李广

人文地理

天水

文化精神

恪守刚毅质朴、诚恳正直的君子风范。

唐代著名边塞诗人王昌龄有一首脍炙人口的《出塞》：

秦时明月汉时关，万里长征人未还。

但使龙城飞将在，不教胡马度阴山。

其中的龙城飞将，有一种说法是指李广。终其毕生，他都以自己高超的武艺守护着大汉王朝的北方疆土。只要有他在，匈奴铁骑就不敢靠近长城一步。

李广出生在陇西，祖先是秦国名将李信。他从小膂力过人，善于骑射，每当战争爆发，斩杀和俘虏的敌军总比别人多。但李广年轻时正值"文景之治"，国家政策以发展经济、休养生息为主，因此无缘立功封侯，连汉文帝都不禁感慨："你若生当高皇帝平定天下之时，万户侯岂足道哉！"

然而，汉代初年的边境形势并不平静。一度被秦始皇武力驱逐的匈奴，利用楚汉战争的空窗期，重新崛起成为草原霸主，随即在冒顿单于的率领下挥师南向，进入中原地区。为扫平边患，汉高祖刘邦曾亲率大军北征，却被匈奴围困在白登山下七天七夜，依靠陈平的秘计才得以侥幸脱险。此后，汉朝对匈奴采取以防御为主的绥靖政策，通过和亲维系脆弱的双边关系；匈奴则不断南下，在大汉领土上耀武扬威，几度逼近首都长安。

一次次对匈战争，让李广崭露头角。他历任北方各边郡太守，在陇西、雁门、云中、上谷、右北平等地防范匈奴，打出了汉军的气势和威风。

李广打仗，留下了很多传奇。担任上郡太守期间，有一次匈奴犯边，他亲率小股骑兵追击，与敌军大部队狭路相逢。匈奴人摸不清李广虚实，不敢贸然出击，只是在山上列好阵势，准备随时发起冲锋。李广手下的士兵，望见数十倍于自己的敌人，感到非常恐惧，都想临阵脱逃。李广却说："现在我们离大军有数十里之遥，这时逃走，匈奴人要不了多久便会追上来，将我们全部射死；如果从容不迫地留下，敌人反会以为我们大军就在附近，从而不敢轻举妄动。"说完，他命令全军向前逼近，直到距敌人不足一千米时，才让大家解鞍下马。士兵们都说："敌人距离这么近，万一冲杀过来，我们不是束手待毙么？"李广解释道："敌众我寡，匈奴人判断我们会逃走，解鞍下马正是为了迷惑他们，只有这样才可能生还。"敌人果然不敢轻举妄动。恰在此时，李广看到敌军中有一名骑白马的将领，他迅速披挂上阵，以迅雷不及掩耳之势将其射杀。这一举动让匈奴人更加惊恐，双方一直僵持到日落时分。最终，匈奴骑兵怕中汉军埋伏，纷纷解围散去；李广则带领手下的一百弟兄，平安返回了大营。

除了作战勇猛，李广还与士兵同甘共苦。他身无余财，每当得到赏赐，都分给手下将士，饮食坐卧也跟大家在一起，没有将军的架子。行军打仗之时，如果士兵没有吃饱喝足，他也不吃不喝。同时李广治军宽大，不搞繁文缛节，故此将士们都乐于效命。

"十五从军征，八十始得归。"自古以来，戍边生活都艰苦异常且随时有生命危险。一位知兵善战又爱兵如子的将领，不仅是士卒生命的保障，也是大漠黄沙中抚慰他们苍凉内心的精神支柱。

In marshalling, arming, and ruling an army, he was exceedingly skilful; and very renowned for rousing the courage of his soldiers, filling them with hopes of success, and dispelling their fear in the midst of danger by his own freedom from fear.

—*The Anabasis of Alexander*, Arrian

他擅长统率军队，排兵布阵；并以善于鼓舞士气闻名，让士兵对胜利充满渴望；遭遇险境时以身作则，用自己的无畏气概为士兵们驱散恐惧。

——阿里安《亚历山大远征记》

但就是这样一位令敌人闻风丧胆的飞将军，年轻时没有机会打仗，中年以后赶上汉武帝征伐匈奴的历史机遇，却阴差阳错地每逢大战必失利，不但屡次和立功封侯擦肩而过，还经常受到军法处置。最后，连汉武帝也觉得这位老将时运不济，再不敢将重要的军事任务交付给他。

李广的结局令人唏嘘。元狩四年(公元前119年)，他在汉朝对匈奴的决战中迷失了道路，又一次面临军法审问。李广感慨自己命运多舛，偌大年纪不愿再受侮辱，于是拔剑自刎。听到这个消息，军中将士痛哭失声；而无论相识与否，百姓也都流下了惋惜的泪水。

李广的一生以悲剧收场，但他精彩豪迈的战斗经历、廉洁自律的个人品格，还有同士兵患难与共的优良作风，却长久留存在人们的记忆当中。

因此，司马迁编撰《史记》时才会以饱含深情的笔触写下《李将军列传》，并引用民间谚语"桃李不言，下自成蹊"评价李广——李将军质朴木讷、诚恳果敢的为人，正如花叶芬芳、果实鲜美的桃树和李树，虽然默默无言，到访、采撷的人们却络绎不绝，甚至在树下踏出一条小径。这是李广的性格写照，也是孔子心中仁人君子的品质与风范。

成语释读

比喻品格超群、才行卓异，不用自我宣传，自会受人敬仰。

发现与探索

典籍诗文

《史记》【西汉】 司马迁

《十五从军征》 汉乐府*

《出塞》【唐】 王昌龄*

跨学科及影视拓展

中国古代战争史(三级学科) 汉匈战争

研学旅行

李广墓 甘肃省天水市

雁门关景区 山西省代县

图片来源:视觉中国

2008年12月到访天水
李广墓。图为垣墙正门。

○六三 苏武牧羊

成语人物

苏武

人文地理

河西走廊　贝加尔湖

文化精神

坚持人生信仰，守护国家尊严。

苏武牧羊的故事出自《汉书》,这是一阕谱写着忠诚与气节的历史长歌。

苏武的父亲苏建,是一名军事将领,曾多次跟随大将军卫青出征匈奴。汉武帝元狩四年(公元前119年),卫青和霍去病兵分两路,出塞数千里追击匈奴。这场战争汉军大获全胜,创下了封狼居胥的不朽战绩,匈奴人失去其赖以为生的漠南草原,被迫迁徙到大漠以北。经此一役,西汉建国以来长达百年的北方边患解除,汉王朝对匈奴的战略压制态势基本形成。

交战之外,汉、匈双方也会互派使者。屡遭大败的匈奴,在惶恐与愤怒的情绪支配下,经常扣留汉使。汉武帝晚年,不断向西北用兵,将军事控制线由河西走廊远拓至中亚的费尔干纳盆地。匈奴且鞮侯单于惧怕汉军突袭,主动释放善意,送归了此前扣押的全部汉使。汉武帝投桃报李,派遣以苏武为首的使团前往匈奴答谢。

这次友好出访进行得比较顺利,但就在苏武等人准备回国之时,变故发生了。原来副使张胜与人合谋,打算击杀叛逃匈奴的汉军将领卫律,并劫持单于的母亲送往汉朝。他们瞒过苏武,计划趁单于外出狩猎之机展开行动。然而事发前夜,由于同谋者告密,匈奴方面迅速集结力量将变乱扑灭,并开始搜捕同党。

直到此时,张胜才将之前的谋划告知苏武。苏武听后大惊,说:"你们闯下这等大祸,必然牵连到我。我是正使,如果遭匈奴人欺辱而死,岂非上负国家!"说完,他拔剑就要自杀,张胜和另一名副使常惠苦苦相劝,才把剑夺了下来。匈奴单于得知这次变乱,果然大为震怒,命叛将卫律严加审讯。苏武感到有辱国威,再一次拿起佩刀刺向自己。这个壮举震撼了卫律,他亲自上前抱住苏武,召唤巫医紧急抢救。经过一番折腾,气绝半日的苏武才慢慢有了呼吸。

匈奴爱重壮士,单于对苏武的举动心生敬意,想要劝他归降。于是卫律软硬兼施——他先当着苏武和张胜的面,挥剑斩杀了几名变乱分子,然后提剑走向张胜,厉声说:"汉使阴谋杀害单于近臣,罪当死,只有投降可免予处罚。"张胜随即跪地请降。示范效果达成后,卫律转向苏武说:"副使有罪,正使应当连坐。"苏武反驳道:"我事先既不知情,又同张胜没有亲属关系,为什么要连坐?"卫律故技重演,举起佩剑威胁,谁料苏武毫无畏惧,面对剑锋纹丝不动。逼迫无效,卫律又软言相劝道:"苏先生,你看我拥兵数万,建号称王,牛马牲畜漫山遍野。你今天投降,明天也能和我一样获取富贵,否则枉死在这茫茫草原之上,又有谁会知道呢?"苏武默然不应。卫律以为心理战取得了效果,接着说:"你听我的话投降,咱们就是兄弟;如若不然,以后想见我一面都不可能了。"苏武看沉默和蔑视不能让这个小人有所收敛,便斥骂他说:"你本是大汉臣子,不顾恩义,背主投敌,我有什么必要见你?单于因为信任让你审案,你却火中取栗,挑拨两国关系,妄想坐观成败。南越杀害汉使,屠灭成为郡县;宛王杀害汉使,头悬北阙之上;朝鲜杀害汉使,大军即时诛灭;四夷君长当中,现在只差匈奴了。明确告诉你,我绝不投降,杀了我,只怕匈奴也要重蹈覆辙了。"

卫律被驳斥得无话可说。单于知道后,更坚定了劝降苏武的想法。为了迫其就范,他把苏武关在地窖里,断绝饮食,但苏武靠吞咽积雪和毡毛,硬是活了下来。单于不死心,又将他放逐到北海之上去牧养公羊,说:"什么时候公羊产乳,你才可以回来。"

苏武牧羊的北海,就是今天俄罗斯境内的贝加尔湖。这里自然资源丰富,却是极为遥远的苦寒之地。公羊自然不可能产乳,苏武便年复一年地,在荒凉而冷寂的北海边放牧着羊群。粮食不够的时候,他只能挖开地面,寻找野鼠藏在窝里的草籽、果实充饥。同张骞一样,苏武始终没有忘记自己大汉使臣的身份，他将汉武帝赐予的节杖带在身边，形影不离。时间长了，节杖上面的饰物逐渐脱落，只剩下光秃秃的空杆，苏武还是握在手里不肯丢弃。

十九年后，汉武帝去世，消息传到匈奴，苏武面向故国呕血痛哭。又过了几年，汉昭帝与匈奴和亲，双方恢复使者往来。衔命而来的汉使，在常惠帮助下，了解到苏武的真实情况，对单于说："天子在上林苑中狩猎，射下一只大雁，脚上绑着苏武寄来的帛书，说他正在北海之上牧羊。"单于听后大惊失色，只得将苏武等人送归汉朝。

就这样，苏武回到了阔别十九年的故国。看到苏武守节而归，汉昭帝激动得无以言表，特别下令让他以太牢之礼祭祀武帝茂陵，告诉先帝这个忠诚的大臣回来复命了。《汉书》记载，苏武受命离开汉朝时，正当年富力强；十九年后游子归来，已是须发皆白。

Ask not what your country can do for you—ask what you can do for your country.

—*Inaugural Address*, John Kennedy

不要问国家能够为你做些什么，而要问你能够为国家做些什么。

——约翰·肯尼迪《就职演说》

苏武以自己的坚守，赢得了朝野上下一致敬重。无论权倾天下的大将军霍光，还是励精图治的汉宣帝刘询，都对他眷顾有加。多年之后，匈奴由于内部分裂，从昔日的强劲敌国，一变而为外藩属邦，汉宣帝缅怀功臣，命人将苏武等十一人的样貌图画在麒麟阁上，作为国家的最高表彰。东汉班固撰写《汉书》时，更用孔子对士君子的最高评价——"使于四方，不辱君命"，来赞扬这位忠诚尽责的老臣。

　　这就是苏武牧羊的故事，无论在官方史册上，还是在民间传说中，它都是中华儿女热爱祖国、坚守气节的象征。这个故事之所以撼人心魄，是因为苏武在最绝望的岁月里，面对茫然未知的前途，始终未曾放弃他对国家尊严的信仰与守护。

成语释读

表彰苏武贫贱不移、威武不屈的人格操守，后多用来形容爱国气节。

发现与探索

典籍诗文

《汉书》【东汉】 班固

跨学科及影视拓展

自然地理学(三级学科) 贝加尔湖

纪录片《河西走廊(2022)》

研学旅行

河西走廊 甘肃省

贝加尔湖 俄罗斯

2014年5月到访俄罗斯伊尔库茨克州
并游历贝加尔湖。两图均为贝加尔湖风光。

○六四 犯强汉者，虽远必诛

成语人物

陈汤

人文地理

丝绸之路

文化精神

国家尊严不容侵犯，无惧艰险建功边疆。

"犯强汉者，虽远必诛"既是一句广为流传的豪言壮语，又是一部万里远征的英雄史诗。

这声呐喊的发出者是陈汤。他在历史上的名气，远不及卫青、李广、张骞、班超等人；但他所建立的功业，却毫不逊色于任何一位边塞英雄。因为陈汤斩杀的，既不是一般敌军将领，也非楼兰等小国君王，而是汉朝的头号强敌——匈奴郅支单于。这是从汉武帝以来，几代君臣梦寐以求的功业。"犯强汉者，虽远必诛"，就出自他写给汉元帝的报捷奏疏。

当年，汉武帝任用名将卫青、霍去病对匈奴大张挞伐，不仅解除了汉代建国以来的北方边患，还展拓河西走廊，列置武威、张掖、酒泉、敦煌四郡以连通西域诸国。但百足之虫死而不僵，退居漠北的匈奴，还保存有相当程度的军事力量，他们不甘失败，经常派出军队，和汉朝争夺对西域诸国的控制权。

汉宣帝时代，情况发生了变化。匈奴内乱不断，一度出现过五单于争立的局面，经过几番厮杀，呼韩邪单于和郅支单于先后胜出。旋即，郅支击败呼韩邪，夺取了单于王庭。迫切想要东山再起的呼韩邪单于听从部下建议，派遣使者归附汉朝，并叩关款塞，亲自前往甘泉宫朝见天子。汉朝则给予呼韩邪单于极高的外交礼遇，同时施以援手，帮助他召集旧部，重新建立对匈奴的统治。

郅支单于自知无力对抗，于是一边派出使者同汉朝虚与委蛇，一边积极向西方开拓疆域。他先率兵击败乌孙，兼并乌揭、坚昆、丁令等国，再进入中亚草原，与康居合作，筑造郅支城，在今天哈萨克斯坦南部的塔拉斯河畔重建匈奴王庭。

西窜后的郅支单于，自以为汉朝对其鞭长莫及，因此愈发骄纵、不可一世。他不但纵兵袭扰西域各国，还屡次劫杀前来通好的汉使。这时汉宣帝已经去世，继任的汉元帝性格懦弱，朝政掌控在以匡衡为首的儒臣手中。他们反对向外用兵，以姑息绥靖的方式，应对郅支单于的凶暴挑衅。

在这种情形之下，陈汤登上了历史舞台。汉元帝建昭三年（公元前36年），他以西域副校尉的身份，和都护甘延寿同往赴任。《汉书》评价陈汤"沉勇有大略，多策谋，喜奇功"，西域正是他纵马驰骋、一展抱负的所在。

为了大汉王朝的尊严，也为了西域各国的安宁，陈汤决定一劳永逸地解决匈奴问题。他对甘延寿说："蛮夷畏服大国，西域原本是匈奴属地，现在郅支单于威名远播，又联合康居，侵略大宛、乌孙两国，如任其发展，不出几年西域便要为匈奴所有了。郅支单于虽然所在绝远，但蛮荒之地没有坚实的城郭防守，如果我们集合西域驻军与乌孙等国兵力，出其不意直捣巢穴，他无处可逃又无险可守，只能束手待毙。千载之功就在此时了。"甘延寿认同了陈汤的建议，于是二人不等请示皇帝，矫制调发西域各处兵马，对郅支单于发起进攻。四万大军兵分两路，从西域都护驻地乌垒城（今新疆轮台以东）出发，南路经喀什翻过帕米尔高原，进入费尔干纳盆地，北路由阿克苏穿越天山，取道伊塞克湖直奔匈奴王庭。

军事行动之外，陈汤还开展了统战工作。进入康居之后，他下令大军不得劫掠，同当地上层人士缔结盟约；对匈奴心存不满的康居贵族，则成为汉军内应。众叛亲离的郅支单于，这时才发现早已走投无路，但他仍心存侥幸，认为汉军远来疲敝，无力对自己构成威胁。

匈奴人依托郅支城排兵布阵，对汉军发动挑战。陈汤利用弓弩的强大杀伤力逼退敌人，迫使其龟缩在城内，并下令四面围城，一边向城上放箭，一边纵火焚烧木制的外城，站在城头督战的郅支单于也被汉军射伤。双方从白天激战到深夜，汉军突破外城，退守内城的匈奴人在绝望之下开始突围。汉军将士一次次打退了匈奴人的冲锋，鏖战到天亮之后，更借助城外熊熊燃烧的大火，高呼着追杀敌人，钲鼓之声震天动地。陈汤率领将士以盾牌为抵挡，四面合击攻入内城。穷途末路的郅支单于带领亲信退入王宫，汉军则争先恐后向里冲杀。混战当中，郅支单于受伤身死，自他以下，阏氏、太子、王公贵族共计一千五百一十八人被汉军斩杀，匈奴势力遭到毁灭性打击。

Burning with a mortal hatred of Carthage and anxious in regard to the safety of his descendants, at every meeting of the senate he used to vociferate "Down with Carthage!"

——*Natural History*, Pliny

出于对迦太基的刻骨仇恨，以及对后代子孙的安全忧虑，在每一次元老院会议上他都大声疾呼："毁灭迦太基！"

——普林尼《自然史》

郅支单于的首级，被快马送往长安，随同附上的，是陈汤给汉元帝的奏疏。他建议皇帝：将匈奴单于的首级悬挂在外藩使臣宅邸聚集的槁街之上，让天下人都看到反抗大汉王朝的下场。

陈汤"犯强汉者，虽远必诛"的壮举，深深震动了呼韩邪单于。几年之后，他再次入朝觐见，并迎娶王昭君为宁胡阏氏。"征蓬出汉塞，归雁入胡天"的历史画卷，为中原人民带来了和平安宁的外部环境；强大的军事力量和战略威慑，则是它的有力保障。

"月黑雁飞高，单于夜遁逃。欲将轻骑逐，大雪满弓刀。"陈汤万里远征的伟岸身影，是属于那个时代的民族血性，也是绵延千载的薪火传承。

成语释读

彰显捍卫国家尊严的决心与意志。

发现与探索

典籍诗文

《汉书》【东汉】　班固

《使至塞上》【唐】　王维*

《塞下曲》【唐】　卢纶*

跨学科及影视拓展

纪录片《新丝绸之路》

纪录片《丝路，重新开始的旅程》

研学旅行

丝绸之路：长安—天山廊道的路网　　河南省、陕西省、甘肃省、新疆维吾尔自治区

2008年12月至2021年10月间分批次到访世界文化遗产"丝绸之路：长安—天山廊道的路网"中国境内全部22处遗址地。左上图为克孜尔尕哈烽燧遗址，右上图为苏巴什佛寺遗址，下图为航拍镜头下的天山风光。

〇六五 推心置腹

成语人物
汉光武帝

人文地理
洛阳　枣阳

文化精神

以真诚温和的胸怀气度号召天下、凝聚人心。

推心置腹出自《后汉书》，成语主人公是东汉王朝的开创者——光武帝刘秀。

西汉末年国统三绝，成帝、哀帝、平帝均无子嗣，皇位在近支宗室间频繁更替，外戚王氏趁机坐大。其代表人物王莽在年幼的汉平帝死后，以安汉公摄行皇帝职权，最终代汉自立，创建了新朝。这时，刘秀还只是一个十余岁的孩子。

成年后，刘秀一度前往长安求学。他身长七尺，仪表堂堂，性格温和，待人宽厚，平日居家则以耕读为业，勤于稼穑。其长兄刘伯升喜欢结交江湖豪侠，常笑弟弟胸无大志。刘秀对此从不争辩，似乎真打算就这样波澜不惊地度过一生。

随之而来的天下大乱改变了这一切。王莽泥古不化、朝令夕改的政策，让国家经济体系全面崩溃，连年的蝗灾和饥荒，更令民不聊生、盗贼蜂起。西汉中期以后流行谶纬之术，假借神道设教预言政治走向。按照当时流行的谶书记载，刘氏可以再次接受天命，重建大汉江山。眼看王莽的统治摇摇欲坠，身为地方豪强的刘秀认为时机已到，决定放手一搏。他利用社会上对谶纬的普遍迷信，与大哥刘伯升一道，举起了兴复汉室的大旗。兄弟二人同心合力，在故乡南阳一带招兵买马，势力迅速发展壮大。

不久，各地拥护汉朝复兴的势力，共同推举刘玄称帝，改年号为更始。在新政府中，刘伯升位居三公之一的大司徒，刘秀则担任太常偏将军。面对王莽派来围剿的五十万大军，刘秀沉着冷静、临机应变，在敌众我寡的情况下力挽狂澜，以少量优势兵力奋勇突击，于昆阳(今河南叶县)城下将王莽军队全线击溃。昆阳大捷，由此成为东汉王朝的立国之战。

但起义军内部鱼龙混杂，派系斗争异常激烈。出于对刘秀兄弟的猜忌防范,在部分绿林将领的支持下,更始帝将刘伯升杀害。刘秀领兵在外,侥幸逃过一劫。

突闻巨变的刘秀,表现得非常镇定。他压抑住内心悲痛,回到宛城(今河南南阳)向更始帝谢罪;在亲朋故旧面前,除了自责什么也不说;更不敢为兄长服丧,饮食谈笑和平常一模一样。这番韬光养晦,重新获取了更始帝的信任。恰在此时王莽被长安义军诛杀,由宛城北上洛阳建都的更始帝,命刘秀代行大司马职权,巡抚河北地区。所到之处,刘秀废除王莽苛政,恢复汉官威仪,很快便得到了士民百姓的支持。

整军经武、澄清吏治之外,刘秀特别注重收拾人心。当时天下大乱、割据纷起,各地几万、十几万人规模的散兵游勇层出不穷。刘秀身先士卒,将这些乌合之众逐个击破。打了胜仗之后,他从不对敌人赶尽杀绝,而是善加安抚,使其为我所用。但尔虞我诈的战争环境,让这些败军之将惶惶不安,担心遭到莫名杀戮。对此,刘秀展现出了极大魄力——他先命令大家各自回营,不得轻举妄动;然后轻车简从、不带兵马,到投降将领的营寨当中逐一安抚,做思想政治工作。

His integrity was most pure, his justice the most inflexible I have ever known, no motives of interest or consanguinity, of friendship or hatred, being able to bias his decision.

—*Thomas Jefferson to Walter Jones, 2 January 1814*

他(乔治·华盛顿)的诚信无懈可击,就我所知,他是一个最坚定地秉持正义原则的人,没有任何利害、亲缘、友情、好恶等因素能够左右他的决策。

——《托马斯·杰弗逊致沃尔特·琼斯函,1814年1月2日》

刘秀此举震撼了所有人。作为主帅，又是胜利者，孤身前往刚刚归降的敌营当中，需要极大的信任和勇气。于是，降将们纷纷私下议论："刘将军待人诚恳，把自己的一颗赤诚之心掏出来，推到我们大家的胸腹当中。咱们怎能不为他赴汤蹈火呢！"所谓"推赤心置人腹中"，就是成语推心置腹。正是这份自信与从容，让刘秀在新莽末年的沧海横流中脱颖而出，起兵不到三年便建国称帝，重新开创了大汉王朝的二百年基业。

成语释读

形容襟怀磊落、坦诚待人。

发现与探索

典籍诗文

《后汉书》【南朝宋】 范晔

跨学科及影视拓展

中国古代战争史(三级学科)　昆阳之战

纪录片《天地洛阳》

研学旅行

汉魏洛阳故城国家考古遗址公园　河南省洛阳市

汉光武帝陵　河南省洛阳市

汉光武帝故里　湖北省枣阳市

2023年8月到访枣阳汉光武帝故里。两图分别为汉光武帝祠正门及大殿。

○六六

失之东隅，收之桑榆

文化精神

不计较一时得失，将眼光放远，让视野开阔。

　　"失之东隅，收之桑榆"是东汉开国功臣——"大树将军"冯异的故事，背景则是汉光武帝刘秀统一天下的战争。

　　刘秀以推心置腹的气度和胸怀，赢得了各路诸侯拥戴，经过一年多艰苦卓绝的战争，到公元25年夏天，河北地区基本平定。于是，在功臣宿将推尊之下，刘秀即位称帝，改元建武，拉开了东汉王朝的序幕。

　　建国之初，东汉的统治范围仅限于河北一地。与刘秀称帝同时，赤眉军在关中另立刘盆子为帝；而此前一年，更始帝已经西都长安。面对这种形势，汉光武帝刘秀采取了深固根本、逐步推进的战略。他先在当年秋天攻占并定都洛阳，随即大封功臣，复立汉朝宗庙社稷，以此笼络统治集团，强化自身正统地位。接着，刘秀将目光转向西方，准备收复关中地区。

　　关中是西汉故都长安所在，具有巨大的政治意义和战略价值。此时，更始帝已经兵败身死，赤眉军在长安周边烧杀劫掠，无数宫殿、民居化作废墟。为除残去暴，刘秀派遣大司徒邓禹率军平叛。但邓禹是政治型人才，抚慰民心有余，临阵应变不足。刘秀只能调整战略部署，命冯异接替邓禹，主持关中军事行动。出发之前，他亲自为冯异送行，颁赐皇帝御用宝剑，授予其节制一方的最高权力，并特别嘱咐道："关中地区接连遭受王莽、更始、赤眉之乱，百姓无依无靠。这次征讨，重点不在攻城略地，而在安抚百姓。我军将领作战勇猛，但喜欢放纵掳掠，你平素就善于驭下，希望这次更能自我勉励，切勿残害地方。"冯异受诏西征，一路广布威信，农民起义军和地方割据武装纷纷投降。

　　进入关中之后，冯异和赤眉军在华阴相遇，两月之间打了几十场仗，收降五千余人。这时，撤兵东归的邓禹也来到华阴，准备与赤眉军展开决战。冯异分析敌我力量对比和汉光武帝的战略意图，建议先采用政治攻势分化敌军，再分兵合击予以全歼。但急于雪耻建功的邓禹不纳良言，强迫冯异共同进兵，结果误中埋伏，被杀得溃不成军。邓禹独自脱身返回洛阳复命，冯异则收拾残兵重整旗鼓，趁敌人骄纵无备之机，再次与赤眉军展开会战。战前，冯异先布下一支奇兵，让他们穿着和赤眉军同样的装扮，埋伏在战场附近；再被动应战，有意示弱于敌。疏于防范的赤眉军果然倾巢出动，冯异这才纵兵大战。等到太阳偏西，双方久战疲惫之时，汉军伏兵突然杀出，赤眉一方不辨虚实，瞬间军心大乱、土崩瓦解。冯异乘胜追击，收降男女八万人，剩余的十万残兵向东逃窜而去。

与此同时，汉光武帝正率领大军在洛阳城西以逸待劳。赤眉残兵走投无路，只得遣使乞降，樊崇等将领派出代表询问："赤眉百万之众一朝归降，陛下打算怎样优待我们？"刘秀轻蔑地回应："保你们不死，就已经是优待了。"眼看大势已去，樊崇等人只能奉刘盆子无条件投降。刘秀先让十几万人饱餐一顿，再于洛水之滨举行盛大阅兵，恩威并施加以震慑，顺利解决了赤眉问题。

在平定赤眉的战斗中，冯异立下大功，他以一己之力扭转了汉军的被动局面，为新建立的东汉王朝打开了局面。汉光武帝下发诏书褒奖冯异说："将军初战虽铩羽而归，但终能展翅奋翼，翱翔于天际之上，可谓失之东隅，收之桑榆。"东隅，是传说中的日出之处，桑榆则代指日落，汉光武帝以此表彰冯异在逆境中不屈不挠、勃然奋发，最终成就大功的突出战绩。作为当事人，冯异却谦退自守，每当众将相聚争论功劳大小时，他总是站在大树之下默不作声，因此军中都称其为"大树将军"。

中西互鉴

When the sun goes down to the West,

the East of his morning stands before him in silence.

—*Stray Birds*, Tagore

当太阳在西方落下时，

东方破晓的黎明已悄然站立在它的面前。

——泰戈尔《飞鸟集》

　　"失之东隅，收之桑榆"从此成为不惧失败、振作奋起的励志之语。现代翻译家傅雷在《约翰－克利斯朵夫》译者献词中的名句——"真正的光明决不是永没有黑暗的时间，只是永不被黑暗所掩蔽罢了。真正的英雄决不是永没有卑下的情操，只是永不被卑下的情操所屈服罢了"，表达了与之相同的精神内涵。

成语释读

表示失之于此而得之于彼。

发现与探索

典籍诗文

《后汉书》【南朝宋】 范晔

《约翰－克利斯朵夫》〔法〕 罗曼·罗兰

跨学科及影视拓展

法国文学(二级学科)　罗曼·罗兰《约翰-克利斯朵夫》

音乐学(三级学科)　贝多芬(《约翰-克利斯朵夫》原型人物)与西方古典音乐

研学旅行

汉长安城未央宫国家考古遗址公园　陕西省西安市

2019年7月到访汉长安城未央宫遗址。图为遗址外景。

○六七 有志者事竟成

有志者事竟成

文化精神

吾志所向，一往无前，愈挫愈奋，再接再厉。

——孙中山

有志者事竟成所描述的历史人物耿弇，是东汉初年一颗闪闪发光的将星。

耿弇祖籍关中，王莽时其父耿况出任上谷太守，举家北迁。这里紧邻边境，时有征战，少年耿弇耳濡目染，对行军打仗之事十分热衷。

新莽末年农民战争风起云涌，作为王莽任命的官吏，耿况担心遭到政治清算，整日惴惴不安。耿弇这时二十一岁，自告奋勇出使长安去拜见更始帝。走至半路，恰遇冒称汉成帝之子的王郎在邯郸起兵，随从将官都打算就近投奔，耿弇厉声斥责："此等鸡鸣狗盗之徒，早晚被人擒获。你等不识大势，弃明投暗，日后必然悔之无及。"属下不肯听从，耿弇只能独自南行。

途中，耿弇听说刘秀正在卢奴，于是改变行程北上觐见，并提议由自己出面，征调上谷、渔阳两郡兵马，协助汉军平定王郎。刘秀笑着说："小伙子志向不可低估啊！"当刘秀一行到达蓟城，却传来王郎大军已从邯郸出发，即将兵临城下的紧急战报。刘秀准备撤兵南归，避其锋芒。耿弇劝阻道："现在敌人从南面扑来，向南退兵无异自投罗网。渔阳太守彭宠是您的同乡，上谷太守是我的父亲，两郡兵马不下万人，如能尽数调发，邯郸之军不足为虑。"然而，这个计划还没来得及实行，蓟城内部就发生了响应王郎的动乱。仓猝之间，刘秀和邓禹、冯异等人一路南奔躲避追杀；耿弇则在形势极其不利的情况下，凭一己之力完成了原定计划。他先赶回上谷，请求父亲耿况发兵，再派出使者联络渔阳太守彭宠，随即率军一路南下攻城略地，斩杀王郎部将四百余人，收复了河北地区的五郡二十二县，在广阿同刘秀会师。当时，刘秀和王郎鏖战正酣，有人谣传这支军队是王郎方面的援兵，将士们都惊恐万分，等其来到近前，才发现是耿弇率领的生力军。刘秀大喜过望，重赏有功将领，耿弇由此确立了在东汉政权中的地位。

刘秀称帝后，任命耿弇为建威大将军，封好畤侯。这时，军阀张步正盘踞在齐国故地，耿弇毛遂自荐，请命东征。他先荡平了济南一带的割据武装，再采用声东击西之计，快速攻克临淄，将张步势力压缩到剧城。为一举歼灭叛军，耿弇以"怒而挠之"的策略诱敌深入，同张步在淄水上展开大战。激战之时，一支飞箭射中耿弇大腿，他抽出佩刀截断箭杆，继续带伤作战，连身边将士都没有察觉出任何异样。此时刘秀正在曲阜，准备亲自引兵增援。麾下将领惧怕敌军强大，想等援兵到达后再决战，耿弇却壮志满怀地说："御驾亲临，身为臣子，应当杀牛备酒迎接，怎能反把贼寇留给陛下呢？"说完便整军出战，先给敌人迎头痛击，再以伏兵中途截杀，缴获辎重粮草无数，张步只得逃回剧城。

中西互鉴

It is interesting to notice how some minds seem almost to create themselves, springing up under every disadvantage, and working their solitary but irresistible way through a thousand obstacles.

—*The Sketch Book of Geoffrey Crayon, Gent.,* Washington Irving

有些人仿佛自致于青云之上，在逆境中昂扬奋起，只身穿越万千险阻，以不可抗拒的意志独立前行。我每见此情景，便觉兴味盎然。

——华盛顿·欧文《见闻札记》

几天之后，汉光武帝车驾抵达临淄，亲自犒赏有功将士。在群臣大会上，刘秀将耿弇背水一战的功绩与韩信相提并论，说："韩信当年攻破齐国，有郦食其劝降在前；将军今日独挫劲敌，功业艰难远超古人，可谓有志者事竟成。"

据《后汉书》记载,在汉光武帝统一天下的战争中,耿弇平定郡国四十有六,攻占城池三百余座,从未遭受任何挫折。他的家族在东汉二百年间,更是将相迭出、簪缨不绝,共有大将军两人、将军九人、九卿十三人、娶公主者三人、列侯十九人、郡国以上高官百余人。日后破降车师、抗击匈奴,率领十三勇士东归玉门的英雄耿恭,同样出自这个家族。直到东汉灭亡前两年,耿氏一族才在反对曹操的斗争中被政敌诛杀。耿弇和他的家族,同刘秀创立的东汉王朝,可以说是不渝终始、荣辱与共。

成语释读

表示只要意志坚定,事业终将取得成功。

发现与探索

典籍诗文

《后汉书》【南朝宋】 范晔

跨学科及影视拓展

心理学(二级学科) 相信"相信"的力量

研学旅行

雅尔湖故城 新疆维吾尔自治区吐鲁番市

玉门关及长城烽燧遗址 甘肃省敦煌市

2008年12月、2018年9月两次到访雅儿湖故城(又名交河故城,即车师国都旧址所在)。两图均为故城遗址。

〇六八　山高水长

成语人物
严子陵　汉光武帝

人文地理
富春江

文化精神

兼容并包，
尊重自由
思想与独
立人格。

中国历来有尊重隐士的传统。早在先秦时期，就有尧让天下，许由洗耳；武王伐纣，伯夷、叔齐不食周粟的传说。两汉之间，社会变动剧烈，许多有才学、有志向的士人以隐逸山林表达内心的理想与追求。《后汉书·逸民列传》形容他们或隐居求志，或全身远害，或鄙薄富贵，或激扬清浊，所作所为大多发自天性。虽然看似沽名钓誉，但其超尘脱俗、高飞远举的品格，与那些趋炎附势、追名逐利之徒相比，则不啻天壤之别。

中西互鉴

I wandered lonely as a cloud

That floats on high o'er vales and hills.

—*I Wandered Lonely as a Cloud,* William Wordsworth

我独自游荡，好似山谷上空一片孤云。

——威廉·华兹华斯《我游荡似一片孤云》

东汉初年的严子陵便是这样一位隐士。《后汉书》说他"少有高名"，年轻时曾和刘秀一同游学。等到刘秀登基成为汉光武帝，他非但没有前往投奔，反而改换姓名、隐身不见。汉光武帝顾念旧情，命人四处寻访老友。不久齐国上报：有一名男子，披着羊皮大衣在水泽边垂钓。经过确认，此人果然是严子陵。使者往返了三、四次，他才应从皇帝诏命，来到了首都洛阳。

司徒侯霸和严子陵也是故交，派人问候说："我家大人得知您已到洛阳，本想即刻前来造访，无奈公事缠身，因此想请您傍晚时分过府一叙。"严子陵傲然不答，只拿起一封书札递给来人，口授道："足下位至三公，可喜可贺。辅佐君王实行仁义，自然天下悦服；阿谀顺旨逢君之恶，难免性命不保。"侯霸读后将其上奏,汉光武帝笑道:"这家伙还是老样子。"说完便前往严子陵下榻的馆舍探望。皇帝御驾亲临,严子陵却躺在房中默不作声。看到这种情形,汉光武帝再一次纡尊降贵,自己走进严子陵居住的房间,拍着老同学的肚子说:"子陵,不能出山助我治理天下吗?"过了好一会儿,严子陵才睁开眼睛,端详着皇帝说:"当年唐尧圣德齐天,巢父、许由尚且隐居不出,士人各有其志,何必强人所难呢?"汉光武帝听后叹息道:"子陵,连我都无法让你降低志向啊!"

过了几天,汉光武帝召严子陵入宫叙旧,两人长谈竟日。闲卧之时,严子陵随意将脚搭在皇帝肚子上休息,结果第二天太史奏报:客星侵犯帝座,情况紧急。中国古代强调天人感应,认为帝王将相和上天星象相互感通。客星侵犯帝座,意味着君王将有大灾。但这次是虚惊一场,听完奏报,汉光武帝云淡风轻地说:"我昨天和老朋友严子陵聊天叙旧而已。"

随后,汉光武帝任命严子陵为谏议大夫,留在朝中供职。严子陵却始终不肯屈就,他辞别故友回到家乡,躬耕于富春山中。这里"奇山异水,天下独绝""高峰入云,清流见底",是理想的隐居所在。多年之后,严子陵以八十高龄终老于家,人们则在他垂钓过的富春江畔修建起一座钓台,纪念这位傲岸孤高的隐者。今天,严陵钓台仍矗立在富春江左岸,百里之外的黄公望隐居地与其遥相呼应。《富春山居图》的创作灵感与严子陵的隐士情怀,在这里水乳交融、相得益彰。徜徉其间,虽不免有"昔人已乘黄鹤去""白云千载空悠悠"的惆怅,但静心体悟,仿佛还能感受到他们的气息,似乎这两位隐者仍垂钓于沧波之上,"只在此山中,云深不知处"。

这就是严子陵和汉光武帝的交往故事,它深刻反映出中国文化传统中多元共存、兼容并包的价值取向。中国古人认为在圣君治理之下,一定有特立独行的隐逸贤者，严子陵正是这种人格精神的典范。身为帝王，刘秀礼贤下士，不因老同学的孤傲而怪罪；身为布衣，严子陵平交王侯，也不因老同学的权势而攀附。无论飞龙在天的汉光武帝，还是鹤鸣九皋的严子陵，都怀有一颗平常心，拥有一份只属于自由灵魂的真挚情感。

这份自由与真挚，让严子陵的故事传颂千年而不衰。帝王的博大胸怀、士人的高洁品行，以及兼具君臣之道与朋友之交的那份情谊，在这个故事里都得到了完美体现。因此，范仲淹才会在《严先生祠堂记》中说："严子陵的心志，出乎日月之上；汉光武帝的度量，包乎天地之外。没有严子陵，无法成就汉光武帝的博大；没有汉光武帝，又岂会展现严子陵的高洁？这样一种精神力量，能够令贪婪之徒清廉自守，懦弱之辈卓然自立。"更以"云山苍苍，江水泱泱；先生之风，山高水长"形容严子陵的道德风范如同巍峨的云山和浩荡的江水，沛然博大、奔腾不息。

就连一生傲岸不羁的李白，也对严子陵这种潇洒的人生态度欣慕不已，作诗凭吊说：

> 松柏本孤直，难为桃李颜。
>
> 昭昭严子陵，垂钓沧波间。
>
> 身将客星隐，心与浮云闲。
>
> 长揖万乘君，还归富春山。
>
> 清风洒六合，邈然不可攀。
>
> 使我长叹息，冥栖岩石间。

成语释读

比喻道德风范高山仰止、源远流长。

发现与探索

典籍诗文

《后汉书》【南朝宋】 范晔

《答谢中书书》【南朝梁】 陶弘景*

《与朱元思书》【南朝梁】 吴均

《黄鹤楼》【唐】 崔颢*

《古风》(松柏本孤直)【唐】 李白

《寻隐者不遇》【唐】 贾岛*

《严先生祠堂记》【北宋】 范仲淹

跨学科及影视拓展

美术史(三级学科) 黄公望画作《富春山居图》

研学旅行

严子陵钓台 浙江省桐庐县

黄公望隐居地 浙江省杭州市

浙江省博物馆(浙江革命历史纪念馆) 浙江省杭州市

2020年5月到访黄公望隐居地。图为隐居地门坊。

2023年7月到访严子陵钓台。图为钓台石坊。

○六九 穷当益坚，老当益壮

成 语 人 物

马援

人 文 地 理

中国工农红军长征路线

文化精神

不被客观条件所束缚，永葆蓬勃进取的生命状态与奋斗意志。

在《滕王阁序》中，少年王勃曾以"老当益壮，宁移白首之心；穷且益坚，不坠青云之志"自我勉励。老当益壮和穷且益坚，同样出自一位意气风发的豪侠少年，他就是东汉名将马援。

据《后汉书》记载，马援先祖是战国名将赵奢，因其受封马服君，故而后代以马为氏。新莽年间，马援的三位兄长由于才能优异，都做到二千石的高官。

马援少有大志，不愿做寻章摘句的小学问，于是辞别兄长，准备到边境发展。哥哥马况对他说："你是一个大器晚成的人，好的工匠不会把尚未雕琢的玉石轻易示人，按你本身的意愿前行吧。"后来，马援因私纵囚犯而亡命江湖，在西北边区招聚起一批豪杰之士，转徙于陇山与汉水之间。他对追随的兄弟说："大丈夫立志，穷当益坚，老当益壮。积聚钱财货物，为的是救人之急、解人之难，否则不过守财奴罢了。"说完，他便将耕田、放牧累积的几千头牛羊马匹和几万斛粮食，全部分赠亲朋故旧，自己依旧简朴度日。

Dare, and the world always yields: or, if it beat you sometimes, dare again, and it will succumb.

—*Barry Lyndon*, William Thackeray

大胆挑战，世界总会让步——即或有时你被它击败，再接再厉，它终将屈服。

——威廉·萨克雷《巴里·林登》

社会的一般认知，是人穷志短、年老力衰。马援却反其道而行之，认为越是穷愁困顿，越要坚定志向；越是年华垂暮，越要展拓雄心。一个人不应被外界阻力或年龄桎梏所束缚，要让自己永远保持旺盛的生命状态。历史上将这两句话发扬到极致的，首推毛泽东主席。他年轻时同蔡和森等人组建新民学会，一边锻炼身体，一边研究学问，探求改造社会的方法，既能"指点江山，激扬文字"，也会"中流击水，浪遏飞舟"；在战争岁月中，任何艰难困苦都不曾动摇他的革命斗志，从井冈山到延安，从古田会议到遵义会议，一次次带领党和军队走出绝境，迈向胜利；建国之后，他更多次以六七十岁高龄畅游长江，始终保有蓬勃进取的战斗意志。一个成语，就这样将两位历史人物的精神世界联结在了一起，而马援带给毛泽东的影响，还不止于此。

王莽末年天下大乱，马援辗转凉州避难，后又来到陇西，成为隗嚣的座上宾。隗嚣非常信任马援，请他参与大政方针决策。当时，东汉王朝已经建立，公孙述则在巴蜀僭号称帝。夹在东、西两大政治集团之间，隗嚣举棋不定，恰好马援与公孙述是同乡好友，便入蜀考察虚实。公孙述面对故人，非但毫无求贤之心，反而盛陈仪仗，摆出一副帝王的威严。马援深感失望，向隗嚣复命说："天下胜败尚未可知，公孙述却轻贤慢士、妄自尊大，好像井底之蛙。不如专意东方，归顺大汉天子。"

建武四年(公元28年)，马援代表隗嚣出使洛阳，与汉光武帝一见如故。他说："海内丧乱以来，窃据帝王名号者不可胜数。陛下恢宏大度、平易近人，有高祖之遗风，可知天命有归。"返回陇西后，马援盛赞汉光武帝开诚布公、胸怀磊落、博览群书、晓畅政事，并力劝隗嚣归汉。隗嚣不想放弃独立地位，心存狐疑，马援便带领宗族，前往洛阳投奔汉光武帝。

为保存实力，隗嚣转与公孙述联合，共同对抗东汉朝廷。建武八年(公元32年)，汉光武帝亲征隗嚣，众将都以为路途险远，不宜贸然出兵。马援根据多年经验，深入分析战场形势，指出若乘此时进兵，敌军必然土崩瓦解，协助汉光武帝平定了隗嚣势力。

此后，马援西定陇右，南征交趾，为稳固和开拓中国西部、南部边疆做出了不可磨灭的贡献。得胜还朝、拜将封侯的马援，面对同僚亲友的祝贺，慨然言道："方今匈奴、乌桓尚在侵扰北方边境，我想请命出征，为国家肃清外患。男儿应当战死沙场，马革裹尸而还，哪能在温柔乡中守着妻儿终老呢！"

"封侯非我意，但愿海波平。"建武二十四年(公元48年)，马援以六十二岁高龄请缨出征，率军平定武陵蛮夷。汉代的武陵郡在今天湖南西部和贵州东部一带，当年这里山高林密、洞深溪险，是令人生畏的瘴疠之地。征战至此，马援一病不起、溘然长逝，最终践行了马革裹尸的人生志向。

同"穷当益坚，老当益壮"一样，马革裹尸也激励过无数立功沙场的英雄人物。唐代诗人说"伏波惟愿裹尸还，定远何须生入关"，正是以马援和班超的事迹自我驱策。抗美援朝战争中，毛岸英烈士牺牲在朝鲜战场，听闻噩耗的毛泽东主席则以一句"青山处处埋忠骨，何须马革裹尸还"，将长子永远留给了异国他乡的土地。这是国际主义的无我精神，也是更为恢宏的人生境界。

成语释读

表示处境困顿，更要意志坚定；年华老去，更要展拓雄心。

发现与探索

典 籍 诗 文

《后汉书》【南朝宋】 范晔

《滕王阁序》【唐】 王勃

《塞下曲》【唐】 李益

《韬钤深处》【明】 戚继光

《沁园春·长沙》 毛泽东

跨 学 科 及 影 视 拓 展

中国共产党史(三级学科) 长征

纪录片《长征》

研 学 旅 行

古田会议纪念馆 福建省上杭县

中央红军长征出发纪念馆 江西省于都县

遵义会议纪念馆 贵州省遵义市

中央红军长征胜利纪念馆 陕西省吴起县

将台堡红军长征会师纪念园 宁夏回族自治区西吉县

红军长征胜利纪念馆 甘肃省会宁县

中国工农红军长征路线

图片来源：视觉中国

2016年10月到访古田会议会址。图为会址外景。

○七○

投笔从戎

文化精神

心怀大志，从军报国，建功立业于万里之外。

两汉之间，由于社会动荡、战事频仍，西域脱离中原王朝，重新成为匈奴的势力范围。东汉建立以后，百废待兴、无暇外顾，西域也因此长期隔绝。重新连通西域，展拓万里封疆的历史人物，是班超。

班超的父亲班彪、兄长班固、小妹班昭，都是汉代著名文史学家。记述西汉一朝历史的《汉书》，便出自这家人的手笔。班超虽也从小涉猎书传，却心怀鲲鹏之志，不甘久居人下。年轻时，因为家境贫寒，他只能靠给官府抄书为生，工作琐碎辛苦。一次，班超扔下毛笔长叹道："男子汉大丈夫，纵然没有别的本领，也当效法张骞、傅介子，立功异域以取封侯，怎能整天在笔砚间消磨时光呢？"此言一出，旁边同事纷纷嘲笑，班超则不屑地说："壮士心中的志向，小人物又岂能了解？"后来，有人为班超看相，对他说："你虽为一介书生，但长相威武，燕颔虎颈，必将立功封侯于万里之外。"燕颔虎颈，是说下巴像飞燕一样矫健，而脖颈像老虎一样威猛。燕子善于飞翔，老虎更是猛兽的代表。燕颔虎颈的容貌，意味着班超将翱翔到万里之外捕获猎物，引申一层，就是投身疆场，率军远征，立功万里，拜将封侯。

当然，班超还需要应对卑微且繁杂的工作，在日复一日的琐细中，等待属于自己的时机。他曾被任命为兰台令史，同哥哥班固一起校对皇家图书，却因不称职遭到罢免。

直到汉明帝末期，朝廷选派将帅出征匈奴，已届不惑之年的班超才等来梦寐以求的机会。作为窦固的部将，他独自率领一支军队，穿越河西走廊，在蒲类海(今新疆巴里坤湖)同匈奴展开激战并大获全胜。通过这次战争，窦固发现了班超的军事才能，遂命其出使西域。

班超出使的第一站是鄯善，也就是西汉时期的楼兰。因为地处汉、匈两大势力之间，鄯善为求自保，长期以来形成了骑墙性格。使团刚到之时，鄯善王对他们非常礼遇，但没过多久，态度突然变得冷淡。心思敏锐的班超发现了异样，猜出是匈奴人到来的缘故。他知道此时中原王朝对西域鞭长莫及，这些城邦小国早已习惯于依附匈奴，自己若不能绝地求生，必定会葬身虎口。

于是，班超先探明匈奴来使的情况，随即召集手下的三十六个弟兄一起喝酒，酒酣耳热时激励他们说："咱们身处异国他乡，为的是建功立业、求取富贵。如今匈奴使者刚刚到来，鄯善王的态度就发生转变，倘若他下定决心背弃汉朝，把我们捆绑起来送给匈奴人，咱们弟兄便只能弃尸荒野，成为豺狼口中的食物了。这该如何是好呢？"大家听完，都感到不寒而栗，齐声说道："既已至此绝境，我等死生一处，但凭号令绝无二话！"班超接着说："不入虎穴，不得虎子。为今之计，只有趁夜色纵火袭击匈奴使团，使其不知我军虚实，然后将他们一网打尽。此事若成，鄯善必然慑服，我们也可建立功名了。"商议妥当，班超便率领三十六个弟兄奔往匈奴人的驻地。恰好当晚大风呼啸，班超让十个人手持战鼓藏在匈奴营帐后面，和他们约定："只要看到前方火起，就擂起战鼓大声呼喊。"其余人马则携带武器弓箭，埋伏在匈奴驻地的大门两侧。班超借助风势纵火攻击，三十六人一起擂鼓呐喊，匈奴使团瞬间大乱，在汉军前后夹击下，三十几人被当场斩杀，其余一百多人葬身火海。班超的壮举，令鄯善举国震恐，从此专心依附汉朝。战报传来，窦固大喜，将其事迹奏闻朝廷。汉明帝赞赏班超的胆识和勇气，任命其为军司马，让他继续完成未竟的功业。

中西互鉴

Set honor in one eye and death i' th' other

And I will look on both indifferently;

For let the gods so speed me as I love

The name of honor more than I fear death.

—*Julius Caesar*, William Shakespeare

一眼望向荣誉，另一眼望向死亡，

我将对二者等同视之。

因为我热爱荣誉之名，甚于畏惧死亡，

请众神为我护佑。

——威廉·莎士比亚《尤利乌斯·恺撒》

　　得到汉明帝授权后，班超带领麾下的三十六个弟兄，从鄯善出发，沿塔克拉玛干沙漠南缘西行，降服于阗、疏勒两国，重新连通了中原前往西域的道路。不久，东汉王朝正式设立西域都护，并在今天新疆的哈密、吐鲁番等处屯田垦荒，在隔绝六十五年之后，西域恢复了同中央政府的隶属关系。

　　汉明帝去世后，以焉耆、龟兹为首的西域国家发动叛乱，同匈奴合谋攻击汉军。班超再次上疏，向汉章帝提出平定西域的总体方略。在汉章帝的支持下，班超用近二十年时间，先后击败龟兹、莎车、姑墨、温宿、焉耆等国，终于在汉和帝永元六年（公元94年），将西域五十余国尽数纳入汉王朝的管辖范围。班超也因定边绥远之功，被汉和帝任命为西域都护，封定远侯，实现了年轻时"飞而食肉，万里封侯"的志向。

　　作为张骞事业的继承人，班超的功绩更加辉煌，旅程也更加辽阔。镇抚西域期间,他曾派遣属吏甘英出使罗马帝国,足迹远达伊朗高原和波斯湾地区,极大拓展了中国人对于世界的认知。班超本人,则被西域各国视作定海神针,代表东汉王朝在这片土地上守护了三十一年。直到年逾七旬,"了却君王天下事,赢得生前身后名"的班超才被汉和帝召回洛阳。从那时起,他的名字便与西域紧紧连在一起。今天新疆喀什市内,还保存有班超曾经驻守过的盘橐城遗址,定远侯班超和三十六名勇士的雕像,静默矗立其中,正为我们讲述着两千年前金戈铁马的英雄故事。

成语释读

表示弃文从武、参军报国。

发现与探索

典籍诗文

《后汉书》【南朝宋】 范晔

《破阵子·为陈同甫赋壮词以寄之》【南宋】 辛弃疾*

跨学科及影视拓展

中外文化交流史(三级学科) 河西走廊与丝绸之路

研学旅行

丝绸之路:长安——天山廊道的路网 河南省、陕西省、甘肃省、新疆维吾尔自治区

玉门关及长城烽燧遗址 甘肃省敦煌市

2008年12月沿河西走廊寻访汉代长城烽燧及玉门关遗址。图为玉门关（小方盘城）遗址。

勒功燕然

成语人物

窦宪

人文地理

蒙古高原

文化精神

保卫国家领土，振扬华夏天声。

2017年夏，中蒙联合考古队在杭爱山崖壁上发现《燕然山铭》，它镌刻于两千年前，记载了中国历史上一次辉煌的军事胜利。

东汉年间，以功臣集团为代表的世家大族，在政治上具有举足轻重的地位，阴、邓、窦、梁、耿等家族更同皇家世代联姻。其中，在群雄逐鹿之际率河西五郡归附中央的窦融，特别受到汉光武帝优待，史载"窦氏一公、两侯、三公主、四二千石，相与并时"，祖孙三代的官衙府第布列京城，功臣贵戚无人能及。后来，窦家因子弟骄纵不法，受到汉明帝打击，窦融的长子窦穆、孙子窦勋都死在狱中。但百足之虫死而不僵，汉章帝时期，窦勋的女儿被选入宫成为皇后，窦氏一族又开始兴旺发达。窦皇后的哥哥窦宪尤其不可一世。

可能由于窦融长期镇守河西的缘故，东汉初年这个家族在西北边疆特别活跃。窦宪之前，窦固曾在汉明帝时率军远征，大破匈奴呼衍王部，一路追击到蒲类海(今新疆巴里坤湖)，在伊吾等处屯田戍边，进而击降车师，夺取吐鲁番盆地，为汉朝重新连通西域打开了局面。

受到祖辈功业激励的窦宪，也想效法先人，远征异域。汉章帝英年早逝，为他提供了一展雄才的契机。当时，新即位的汉和帝年仅十岁，大权掌握在窦太后手中。女主临朝，倚重外戚，窦宪为了巩固自身地位，积极谋划出征匈奴，希图建立不世之功。恰好此时南单于上疏汉廷请兵北伐，内外条件一时齐备，战争大幕随即拉开。

原来汉宣帝时匈奴内乱，分成南、北两部。南单于呼韩邪纳贡称臣，迎娶王昭君为宁胡阏氏；北单于郅支负隅顽抗，被西域副校尉陈汤进击斩杀，传首长安，留下了"犯强汉者，虽远必诛"的千古豪言。此后，匈奴逐渐分裂，南匈奴继承了呼韩邪单于的归附策略，北匈奴延续了郅支单于的对抗方针，双方互为敌国，争战不断。窦宪出征两年之前，北匈奴在与鲜卑的战争中遭到惨败，单于阵亡，随之而来的蝗灾和饥荒，更让其国中大乱。南匈奴这时联络汉朝出兵,意在一举灭亡北匈奴;汉王朝则希望借此机会,建立中央政府对草原民族的统治权威。于是窦太后下令,命窦宪为车骑将军,耿秉为征西将军,率领八千骑兵,会合南匈奴三万人马,在永元元年(公元89年)七月,开始了大举北伐。

据《后汉书》记载,这次出征规模极大——东汉王朝不仅派出中央禁军精锐,还向沿边十二个郡征发骑兵,协同南匈奴并羌人部落,一起对北匈奴发起进攻。窦宪率领的主力部队从鸡鹿塞越过阴山北上,深入大漠数千里,在涿邪山与各路人马会齐后,挺进稽落山同北匈奴展开决战。此役共杀敌一万三千人,虏获牛羊、马匹、骆驼百余万头,北匈奴军事力量全面崩溃,八十一部二十万人集体向汉军投降,余众则西行逃窜,掀开了欧亚草原民族大迁徙的序幕。这次北伐,彻底扫荡了匈奴势力,使其作为一个政治军事实体,再无法对汉朝构成威胁。它所遗留的地缘真空,迅速被东胡系统的鲜卑和乌桓填充。鲜卑民族将在魏晋之后的数百年间,逐渐成为中国北方的主导力量,并通过与汉文化的深度融合,创造出一个辉煌灿烂,足堪和强汉比肩而立的盛唐文明。

将匈奴击溃后,窦宪率得胜之师北进至燕然山(今蒙古国杭爱山)。在这里,他踌躇满志,勒石纪功,命令随军远征的班固写下了流传千载的《燕然山铭》:

……四校横徂,星流彗埽,萧条万里,野无遗寇。于是域灭区单,反斾而旋,考传验图,穷览其山川。遂逾涿邪,跨安侯,乘燕然,蹑冒顿之区落,焚老上之龙庭。上以摅高、文之宿愤,光祖宗之玄灵;下以安固后嗣,恢拓境宇,振大汉之天声……

班固用他的如椽大笔,描绘出这场战争的历史意义——上足以报仇雪耻,告慰列祖列宗;下足以稳固基业,展拓国家疆宇,振扬大汉天声。

中西互鉴

Veni, vidi, vici.〈Latin〉

I came, saw, and conquered.〈Eng.〉

— *The Lives of the Noble Grecians and Romans*, Plutarch

我来了，我见了，我征服了。

——普鲁塔克《希腊罗马名人传》

勒功燕然从此成为无数爱国志士共同的梦想与追求。纵使"西出阳关无故人""古来征战几人回"，也要投笔从戎，保家卫国，"勿使燕然上，惟留汉将功"。

豪迈之外，还有苍凉。北宋年间，范仲淹镇守西北边疆时，曾谱下一曲兼具豪放与婉约之美的《渔家傲·秋思》，抒写戍边将士的愁绪：

塞下秋来风景异，衡阳雁去无留意。四面边声连角起，千嶂里，长烟落日孤城闭。

浊酒一杯家万里，燕然未勒归无计。羌管悠悠霜满地，人不寐，将军白发征夫泪。

无论豪情万丈还是愁肠百结，不变的始终是那颗拳拳报国之心。

成语释读

表达立功异域的豪迈情怀。

发现与探索

典籍诗文

《燕然山铭》【东汉】 班固

《后汉书》【南朝宋】 范晔

《送魏大从军》【唐】 陈子昂

《送元二使安西》【唐】 王维*

《凉州词》【唐】 王翰*

《渔家傲·秋思》【北宋】 范仲淹*

跨学科及影视拓展

考古发掘(三级学科) 田野考古

纪录片《河套长烟》

纪录片《地理中国》(千里阴山)

研学旅行

汉长城遗址 辽宁省、河北省、山西省、内蒙古自治区、宁夏回族自治区、甘肃省

2008年12月沿河西走廊寻访汉代长城烽燧遗址。两图均为甘肃省境内的汉长城遗址。

成语人物

杨震

人文地理

华阴

以廉洁操守
立身处世，
以清白品行
继业传家。

中国有一句俗语——天知、地知、你知、我知，这句话的首创者是在汉代被称为"关西孔子"的杨震。

杨震的家族世系久远，可以追溯到楚汉战争时期——八世祖杨喜参与了垓下会战，因追歼项羽有功而拜将封侯；高祖杨敞在汉昭帝、宣帝年间出任丞相，同大将军霍光一起进行了废黜昌邑王刘贺的政治斗争；父亲杨宝则是两汉之际的著名学者和隐士，不肯臣服王莽，并由此得到汉光武帝的礼遇。

传说杨宝九岁之时，曾在华山救下一只被猫头鹰追杀的黄雀，悉心为其疗伤。百余日后，黄雀伤好飞去，当晚托梦给杨宝，向他献上四枚白玉环，说："我本是西王母的使者，特来报答救命之恩。希望你的后世子孙洁白无瑕，官拜三公，就像这玉环一样。"三公是汉代最高官位——西汉以丞相、太尉、御史大夫为三公；东汉撤销丞相，三公成为太尉、司徒、司空的合称。多年之后，杨震果然位至三公，更以正道直行声闻天下。

杨震年轻时非常好学，跟随桓郁研习《尚书》。桓郁出身东汉首屈一指的经学家族，父亲桓荣作过汉明帝的老师，本人又是章帝、和帝两朝国师。追随这样的老师，加上自己博览群书、勤读不辍，杨震的学术造诣可想而知。杨家世居弘农华阴，地理方位在函谷关以西，因此学者们都尊称杨震为"关西孔子"，从中不难看出，东汉士大夫阶层对他学问人品的推崇。

按照东汉社会风气，名重一时的杨震会经州郡推举出仕为官。他却并不急于应召，而是笃志学问，直到五十岁之后才踏入仕途。由于大将军邓骘的青睐，杨震先是出任荆州刺史，不久又升迁为东莱太守。东汉荆州刺史驻地在今天的湖南西部，东莱郡则位于山东半岛。赴任途中，杨震经过地处鲁西南的昌邑，县令王密恰好是他在荆州刺史任上举荐的官员。对提拔过自己的老领导，王密充满了感激之情，于是专门带了十斤黄金去拜访杨震。面对飞来横财，杨震不但一口回绝，还颇为失望地说："我能够赏识你，为何你却不了解我的为人呢？"王密以为杨震是怕事情声张出去，便自作聪明道："现在是深夜，不会有人知道。"杨震走到屋外，指着皎洁的夜空对他说："天知、神知、我知、子知，怎么能说没人知道呢？"子，是对故人朋友的敬称。

中西互鉴

Yet to possess virtue, like some art, without exercising it, is insufficient. Art indeed, when not effective, is still comprehended in science. The efficacy of all virtue consists in its use. Its greatest end is the government of states, and the perfection not in words but in deeds, of those very things which are taught in the halls.

——*The Republic*, Marcus Cicero

德性如同技艺，仅仅拥有而不加以运用是不够的。技艺即便不被使用，仍留存在知识当中。德性则完全依靠实践而存在，其最重要的用途就是治理国家，并将在殿堂里讲授的内容淬砺为行动而非言辞。

——马库斯·西塞罗《论共和国》

这就是四知拒金的故事。杨震想告诉王密，举头三尺有神明，作为一个君子，更加需要"慎独"。无论万众瞩目还是独处暗室，行为举止都应无愧于心。"不要人夸好颜色，只留清气满乾坤"，正是杨震的真实写照。从此，"四知"成为杨家的独有族徽，直到今天，许多地方的杨氏祠堂还被称作"四知堂"。随着成语的普及，"天知、神知、我知、子知"也逐渐衍变成了人们熟悉的"天知、地知、你知、我知"。

杨震清廉是始终如一的。曾有朋友劝他置办产业，为子孙生计预作打算。杨震却说："让天下后世之人，都称道他们是清白官吏的子孙，这样的遗赠难道还不够丰厚吗？"

杨震晚年先后担任过司徒和太尉。他刚正不阿、秉公执法，最终因为得罪了亲贵和宦官势力而被逼自杀。传说杨震下葬时，有一群大鸟飞聚到他的墓前，昂首悲鸣，涕泪交加，直到葬礼结束才纷纷离去。在这种精神感召下，杨震的子孙承袭家风，多以清白廉洁自守，获得了朝野的广泛尊敬，连续四代都做到三公之首太尉，其子杨秉尤以"三不惑"——不酗酒、不好色、不贪财——著称。弘农杨氏更是由汉至唐，历经六七百年簪缨不衰，成为中原地区首屈一指的世家大族。黄雀衔环的祝愿化成了现实。

从杨震的故事中，我们可以看出精神信仰对于家族传承的重要意义。聚集再多的财富，也会被不肖子孙挥霍一空；只有清白的家风家教、崇高的社会声望、世代不绝的学术传习和仕途积淀，才是一个家族绵延长久的根本要素。

成语释读

表示立身正直、居官清廉。

发现与探索

典籍诗文

《后汉书》【南朝宋】 范晔

《墨梅》【元】 王冕*

跨学科及影视拓展

家庭社会学(二级学科)　家庭教育与家风传承

研学旅行

杨震廉政博物馆　陕西省华阴市

2021 年 10 月到访杨震廉政博物馆。图为博物馆内景。

○七三 扫除天下

文化精神

生命的路是进步的，总是沿着无限的精神三角形的斜面向上走，什么都阻止他不得。

——鲁迅

很多家长、老师在教育孩子爱劳动、讲卫生时，经常会说："一屋不扫，何以扫天下？"意思是如果连一间屋子都打扫不干净，将来怎能大有作为？扫一屋与扫天下，二者之间有什么联系？又有什么区别？让我们从陈蕃的故事说起。

陈蕃生活在东汉中后期。他十五岁那年，有一天父亲的朋友薛勤来家做客，看到陈蕃居住的院落狼藉满地，便对他说："长辈前来，你怎么不打扫干净屋子招待客人呢？"一般的孩子听完，肯定会感到惭愧，但年仅十五岁的陈蕃，却以少年独有的英锐之气反驳道："大丈夫立身处世，应当扫除天下，哪能仅仅守着一间屋子呢？"薛勤听后，知道陈蕃志向高远，从此对他刮目相看。

这就是成语扫除天下的来历。薛勤和陈蕃的对话，以及陈蕃的名言"大丈夫处世，当扫除天下，安事一室乎"，被写进了《后汉书·陈蕃列传》。那句广为流传的"一屋不扫，何以扫天下"，则出自后人杜撰。在《后汉书》中，面对陈蕃扫除天下的豪言，薛勤非但不以为忤，还表现得十分欣赏。到了明清时期，当民族精神日趋封闭，人们重新审视这段历史，才发出了"一屋不扫，何以扫天下"的质问，并将其加到薛勤和陈蕃的对话之后。原本对少年蓬勃志向的赞扬，也一变而为长辈对不安分孩子的揶揄和教导了。

诚然，关注个人卫生是好事，从小处做起的性格养成很重要。但扫一屋和扫天下之间，则没有必然联系。历史上成就大业的人物，往往并不那么在意细枝末节。比如汉高祖刘邦，经常对人破口大骂，但性格豁达通脱，从不吝惜封赏，也不吹毛求疵，大家跟着他干前途光明，因此能够击败项羽，开创汉朝四百年天下。在唐朝笔记小说中，李世民年轻时同样不修边幅，却龙章凤姿、神采飞扬。过于注重细节，通常意味着魄力不足，株守一隅固然无可指摘，开拓进取便会黔驴技穷。

陈蕃本人，正是不扫一屋而扫除天下的典范。成年以后，他入仕为官，无论行政能力，还是品格操守，都堪称东汉士大夫的表率。拔擢德行高洁的才学俊彦，他礼贤下士、虚席以待；驳斥气焰滔天的宦官权贵，他横眉立目、刚正无私。陈蕃晚年历任太尉、太傅，在汉灵帝即位之初与大将军窦武同心辅政，准备改革积弊，清除宦官势力。不想谋划泄露，窦武被杀，临朝听政的窦太后也遭到软禁。消息传来，年逾七旬的陈蕃老当益壮，以慷慨赴死的决心，率领八十多位太学生突入宫城，奋力一搏，最终因寡不敌众，被宦官集团擒获后秘密杀害。他的死，为东汉王朝敲响了末日丧钟。

 中西互鉴

Man's dearest possession is life, and it is given to him to live but once. He must live so as to feel no torturing regrets for years without purpose, never know the burning shame of a mean and petty past.

——*How the Steel Was Tempered*, Nikolai Ostrovsky

人最宝贵的是生命，生命每个人只有一次。人的一生应当这样度过：当回忆往事的时候，他不会因为虚度年华而悔恨，也不会因为碌碌无为而羞耻。

——尼古拉·奥斯特洛夫斯基《钢铁是怎样炼成的》

这就是汉代人物的精神气象——开阔、豪迈、器宇轩昂，而到了把天下局限在一室之中的封建社会后期，人们的创造力早已枯竭，精神也愈发封闭，国家越来越呈现出沉闷、压抑的衰败之感。所以龚自珍才要大声疾呼："九州生气恃风雷，万马齐暗究可哀。我劝天公重抖擞，不拘一格降人才。"

从陈蕃扫除天下的故事，我们得到的另一层启发是，读书应尽可能阅读原著，而不是拾人牙慧、浅尝辄止；对随波逐流、人云亦云的观点，更要学会慎思明辨，去伪求实。非如此不足以获得真知灼见。

最后，我们站在反方立场再进行一点思考：虽然扫一屋和扫天下之间不存在必然联系，但良好习惯的养成、"勿以善小而不为"的修身实践，仍是相当重要的。我们不能因为汉高祖刘邦和唐太宗李世民不屑于扫一屋，便为自己的懒惰和放纵寻找借口。不拘一格、挥洒自如的生命状态令人心驰神往，砥砺德行、切磋学问却是立身处世的根本所在。

成语释读

表达以天下为己任的宏伟志向。

发现与探索

典籍诗文

《后汉书》【南朝宋】 范晔

《己亥杂诗》(九州生气恃风雷)【清】 龚自珍*

跨学科及影视拓展

社会史(三级学科) 中国古代不同时期的精神气象

研学旅行

汉魏洛阳故城国家考古遗址公园 河南省洛阳市

2019年12月到访汉魏洛阳故城。上图为阊阖门遗址，下图为永宁寺遗址。

〇七四　望门投止

文化精神

「贬斥势利，尊崇气节」，用生命捍卫理想道义。

戊戌变法失败后，谭嗣同曾经写下一首绝命诗："望门投止思张俭，忍死须臾待杜根。我自横刀向天笑，去留肝胆两昆仑。"张俭和杜根，都是汉代有气节的士大夫。望门投止，则是张俭逃亡路上发生的故事。

东汉后期王纲不振、朝政腐败，国家权力在外戚与宦官两个集团间不断转移。士大夫群体痛恨政治败坏，奋起抗争，逐渐与宦官势成水火，并由此引发党锢之祸。汉桓帝末年，第一次党锢之祸爆发，但在内外压力下不到半年即告解除。汉灵帝即位之初，大将军窦武与太傅陈蕃密谋诛杀宦官，失败后遭到疯狂反扑。在宦官的唆使下，汉灵帝再兴党锢之狱，捕杀各地士人领袖，侥幸逃脱者则禁锢终身。张俭，正是党锢之狱的追杀对象。

党锢之祸发生前，张俭担任山阳郡东部督邮，负责司法监察工作，宦官侯览家族正在他的辖区范围之内。侯家倚仗宦官势力，残害百姓、鱼肉乡里，先后侵夺民屋三百八十一所、农田一百一十八顷，为自家兴建豪华府第十六处；还不惜毁人坟冢，给自己修筑大墓。张俭上疏弹劾，奏章却被侯览从中拦截。激愤之下，张俭命令拆毁侯家府第、墓冢，赃款全部缴获归公。侯览从此与他结下深仇大恨。

由于同宦官集团的深厚积怨，第二次党锢之祸发生时，张俭名列榜首，成了朝廷通缉的头号要犯。张俭知道一旦被捕必死无疑，便只身逃窜、亡命天涯。在逃亡路上，张俭"望门投止"——见到人家就去投宿，以求觅得容身之所。当时，窝藏朝廷要犯是重罪，轻者身死，重者灭门。即使如此，张俭投奔过的人家，因为敬重他的气节名望，谁都不忍拒绝收留。甚至有一次，张俭投奔到朋友李笃家中，县令毛钦带兵前去围捕。李笃当面质问毛钦："张俭名震天下，现在遭奸人诬陷逃难至此，你忍心将他捉拿归案吗？"毛钦却说："古人耻独为君子，我又怎会见义不为呢？"说罢撤兵归去。李笃则将张俭送出塞外，离开了汉朝的统治区域。据《后汉书·党锢列传》记载，曾收留过张俭的人，被朝廷诛杀者数以十计，无不祸及满门，宗亲殄灭，郡县为之残破。孔融的哥哥孔褒，也在死难者名单中。当官府追究罪责时，兄弟二人争相赴死，演出了一场比让梨更动人心弦的情义故事。

Certainly, virtue is like precious odors, most fragrant when they are incensed, or crushed; for prosperity doth best discover vice, but adversity doth best discover virtue.

——*Bacon's Essays and Wisdom of the Ancients*, Francis Bacon

无疑，美德有如名香，在燃烧或碾压之下芬芳愈烈——盖因成功最能彰显恶行，而逆境最能展现美德。

——弗朗西斯·培根《培根论说文集》

纵然名重天下，但张俭望门投止的行为实在太过自私。与他齐名的范滂，面对死亡威胁时，为了不连累他人，选择慨然赴死。清末维新志士中，康有为类似张俭，谭嗣同犹如范滂。后者从容就义、临难不苟，前者狼狈逃窜、无所顾忌。虽同为享誉千古的历史人物，两相对比，人品气节还是高下立判。

十几年后，黄巾起义爆发，对党人的追捕也不了了之。张俭重新回到家乡，结束了"君问归期未有期"的流亡生涯。汉献帝初年，天下大乱，张俭倾其所有，把家中的粮食财产分给周边百姓，救活了几百人。后来，张俭看到曹氏代汉已成定局，就闭门养老，再不过问国事，以八十四岁高龄寿终正寝。

无独有偶，变法失败后康有为也曾在海外流亡多年，直至清朝覆灭才回到国内。晚年的康有为，依旧不甘寂寞，想要完成当初的未竟事业，为此不惜冒天下之大不韪，公然参与张勋复辟。然而，时代的车轮滚滚向前，将他远远抛下。1927年，生活富足但精神寂寞的康有为病逝于青岛。不知临终之际，他是否会想到抛洒热血、慷慨成仁的谭嗣同，想到张俭望门投止的逃亡故事。

成语释读

形容逃亡路途上的困窘仓猝情状。

发现与探索

典籍诗文

《后汉书》【南朝宋】 范晔

《夜雨寄北》【唐】 李商隐*

《狱中题壁》【清】 谭嗣同

跨学科及影视拓展

戊戌政变史(三级学科)　戊戌变法与戊戌六君子

研学旅行

谭嗣同故居及墓祠　湖南省浏阳市

2010年10月、2023年8月两次到访谭嗣同故居及墓祠。上图为谭嗣同故居,下图为谭嗣同祠。

三国两晋南北朝

乱世风华的终极诠释

〇七五 老骥伏枥

成语人物

曹操

人文地理

临漳

文化精神

英雄纵使年华老去，心中的豪情却永不熄灭。

老骥伏枥，是英雄曹操的暮年长歌。

曹操，是一个性格十分复杂的人物——既雄才大略，又诡诈多端；既宽和阔达，又忌刻寡恩；既用兵如神，又屡遭败绩；既有济世安民之志，又有残害百姓之举。历史对曹操的评价，也呈现出两个极端。

他是曹魏政权的开创者，被尊为太祖武皇帝。曹魏法统继承自东汉王朝，西晋法统又来源于曹魏，因此在很长一段时间里，其正统地位毋庸置疑。曹操本人也以英雄形象出现在历史当中，唐太宗李世民征讨高句丽途经邺城时，曾撰写祭文吊唁，称他有匡正天下之功。

但曹操去世后，负面评价随之产生。五胡十六国时期，后赵的建立者石勒指点江山，说："如果生在汉高祖之时，我一定俯首称臣，跟韩信、彭越等人并驱争先；如果遇到汉光武帝，则要与其争衡中原，看最终鹿死谁手。然大丈夫处世，应当光明磊落，不能像曹操和司马懿父子那样，欺负孤儿寡母，狐媚以取天下。"宋朝之后，儒家正统思想日渐深入人心，曹操平定天下的功劳被逐层隐去，阴谋篡汉的劣迹被不断放大，狡诈猜疑的性格更让他声名狼藉，于是慢慢变成了京剧舞台上的白脸奸臣形象。

近代以来，由于新思想的涌入，人们开始打破刻板印象，重新认识曹操。毛泽东主席就十分欣赏他，在《浪淘沙·北戴河》中说："往事越千年，魏武挥鞭。东临碣石有遗篇。萧瑟秋风今又是，换了人间。"所谓"东临碣石有遗篇"，说的正是曹操名作《观沧海》："东临碣石，以观沧海。水何澹澹，山岛竦峙。树木丛生，百草丰茂。秋风萧瑟，洪波涌起。日月之行，若出其中；星汉灿烂，若出其里。幸甚至哉，歌以咏志。"

无论历史如何评价，曹操的复杂性格始终萦绕在人们心中。他不是传统意义的忠臣，更非小说和戏曲舞台上的奸徒。曹操年轻时，著名的人物评论家许劭曾对他说："你是治世之能臣，乱世之奸雄。"罗贯中在《三国演义》

里,则为曹操写了一段画龙点睛的盖棺论定,这就是《邺中歌》。其中形容曹操"英雄未有俗胸中,出没岂随人眼底? 功首罪魁非两人,遗臭流芳本一身。文章有神霸有气,岂能苟尔化为群?"又说"古人作事无巨细,寂寞豪华皆有意。书生轻议冢中人,冢中笑尔书生气"。曹操人格的豪迈、气魄的雄浑,栩栩如生、跃然纸上。

曹操的性格特点,同样表现在其诗文当中。他是中国古代帝王里少有的诗人,文风雄劲苍凉,深沉中自有豪情。代表作除了《观沧海》,还有《龟虽寿》《短歌行》等。

在《龟虽寿》中,曹操感慨生命无论长短都将归于尘土,说:"神龟虽寿,犹有竟时。腾蛇乘雾,终为土灰。"同是感慨生命,西方谚语也说"ashes to ashes, dust to dust(尘归尘,土归土)"。但不同的是,西方人接着说"in sure and certain hope of the Resurrection to eternal life",将期待寄托于复活后的永生;而中国的英雄纵使年华老去,心中的豪情却永不熄灭,好像年迈的骏马,就算卧倒在马槽边,内心深处渴望的,依然是驰骋千里、纵横天下。所以曹操才会感慨:"老骥伏枥,志在千里。烈士暮年,壮心不已。"

中西互鉴

Old soldiers never die,

They simply fade away.

—*Soldiers' Songs and Slang of the Great War*, Martin Pegler

老兵不死,只是凋零。

——马丁·佩格勒《大战中的士兵歌曲与俚语》

　　曹操的统治中心邺城，位于今天的河北省临漳县。那里有他大宴群臣的铜雀台，也有目睹过他奕奕文采与赫赫武功的邺水秋风。唐朝宰相张说曾在此写下一首《邺都引》，将魏武帝曹操的文韬武略展现得淋漓尽致：

　　　　君不见魏武草创争天禄，群雄睚眦相驰逐。

　　　　昼携壮士破坚阵，夜接词人赋华屋。

成 语 释 读

比喻虽然年迈，但依旧保持着驰骋千里的雄心壮志。

发现与探索

典 籍 诗 文

《观沧海》【东汉】 曹操*

《龟虽寿》【东汉】 曹操

《邺都引》【唐】 张说

《浪淘沙·北戴河》 毛泽东

跨 学 科 及 影 视 拓 展

戏曲表演(三级学科) 京剧与京剧脸谱

纪录片《三国的世界》

研 学 旅 行

邺城国家考古遗址公园 河北省临漳县

邺城博物馆 河北省临漳县

邺城考古博物馆 河北省临漳县

图片来源：视觉中国

2019年11月到访邺城遗址及邺城博物馆。
图为邺城博物馆外景。

○七六 三顾茅庐、如鱼得水

成语人物

刘备　诸葛亮

人文地理

襄阳　南阳

文化精神

人才建设是决定事业成败的核心要素。

成都武侯祠内有一副楹联：

> 唯德与贤，可以服人，三顾频烦天下计；
>
> 如鱼得水，昭兹来许，一体君臣祭祀同。

"三顾频烦天下计"引自杜甫《蜀相》一诗，讲述刘备为匡扶汉室而三顾茅庐的求贤之心；"如鱼得水"典出《三国志》，形容刘备、诸葛亮君臣一体、心神无贰的合作关系。

诸葛亮是享誉千古的传奇人物。在民间故事里，他是智慧的化身；在朝廷庙堂上，他是贤臣的楷模；在天下后世的记忆中，他更是兼具德、功、言三不朽的典范。百姓对他的锦囊妙计、智谋韬略津津乐道，帝王要表彰他复兴汉室、至死不渝的耿耿忠心，士大夫则将他奉为秉公无私、治国有方的往圣先贤。中国历来有儒、法之争，诸葛亮却能得到两家的共同崇仰。刘备三顾茅庐，是诸葛亮一生事业的起点。多年以后，他在《出师表》中这样回忆："臣本布衣，躬耕于南阳，苟全性命于乱世，不求闻达于诸侯。先帝不以臣卑鄙，猥自枉屈，三顾臣于草庐之中，咨臣以当世之事，由是感激，遂许先帝以驱驰。"

根据《襄阳记》，胸怀大志却屡遭挫败的刘备，曾向水镜先生司马徽访求天下贤才。司马徽说："儒生俗士多不识时务，识时务者在乎俊杰。诸葛亮、庞统二人堪称卧龙、凤雏。"徐庶也向刘备推荐诸葛亮，并说此人只可就见，不可屈致，于是便有了三顾茅庐的君臣际会。

当时，诸葛亮只是一个未及而立的年轻人，隐居南阳、耕读为生；刘备已年近半百，主政一方、名满天下。两人年龄、地位相差悬殊，但刘备为图大业，不惜屈身求教；诸葛亮也不负所望，以寥寥数语，为他擘画出战略蓝图《隆中对》。

原先，刘备一直在中原地区发展，但他根基不深、实力不强，又缺乏曹操"挟天子以令诸侯"的政治号召力，因此处处碰壁，不仅两次丢失徐州，更损兵折将、抛妻弃子，只能来到荆州依附刘表。诸葛亮极具洞见地分析了天下大势，指出曹操在北方的统治已经不可动摇，江东孙氏可以作为外援却不能妄图兼并。如想成就一番事业，只有向西南开拓，占据荆、益二州。这里远离中原、土地辽阔、户口殷实、物资充盈，足以支撑刘备的霸王之略。

具体执行层面，诸葛亮建议刘备对内安抚西南地区少数民族，使其为我所用；对外结好孙权，与其共同抵御曹操的军事压力。澄清吏治，繁荣经济，一旦时机成熟则兵分两路——派遣大将从荆州出发，向北直插东汉王朝首都洛阳；刘备亲率主力部队由成都北上，翻越秦岭进逼关中，重现汉高祖刘邦起兵巴蜀、还定三秦的历史场景。如此，百姓一定会扶老携幼迎接王师，汉室复兴也就指日可待了。

这篇《隆中对》提纲挈领、直击要害，将汉末几大军事集团的强弱关系剖析得清楚明白，既有近期方向，又有远景目标，可谓"会当凌绝顶，一览众山小"。刘备从此如虎生翼、翻然翱翔，不过十余年间，便跨据一方，建国称帝。他与诸葛亮的君臣知遇，也成为千秋佳话。

Since virtue attracts friendship, as I have said, if there shines forth any manifestation of virtue with which a mind similarly disposed can come into contact and union.

—*De Amicitia*, Marcus Cicero

如我所言，德性吸引友谊，光芒显现的德性，将使具有同样特质的心灵与之产生联结。

——马库斯·西塞罗《论友谊》

刘备与诸葛亮情好日密，让跟随他转战南北几十年的关羽和张飞很是不满。刘备开导二人："我有诸葛亮，如鱼之有水。"这才打消了两人的负面情绪，成语如鱼得水由此而来。刘备此语，可以从两个层面理解：首先当然是表达对诸葛亮的信任，形容彼此关系融洽，但仅凭这点，恐怕无法让关、张二人心悦诚服；更深一层分析，刘备口中的"鱼"可能不单指自己，还指向刘、关、张三人共同开创的事业，只有诸葛亮加入，才能将"桃园三结义"的理想付诸实践，让兄弟三人像鱼入大海般任意驰骋。两人最终被说服并接纳诸葛亮，或许正缘于此。

刘备的三顾之诚与诸葛亮的谋国之忠，让后世景慕不已，连武侯庙中的古柏都成为人们爱惜、歌咏的对象。杜甫曾在此感慨"君臣已与时际会，树木犹为人爱惜"；李商隐睹物伤情，则说"大树思冯异，甘棠忆召公"。李白毕生渴求知遇明主却从未得志，只能将一腔壮怀寄托古人，在读《诸葛武侯传》后写下"赤伏起颓运，卧龙得孔明。当其南阳时，陇亩躬自耕。鱼水三顾合，风云四海生"的诗句。三顾茅庐和如鱼得水两个成语就这样融入到了诗人的历史豪情当中。

成语释读

三顾茅庐：表示多次过访，诚意相邀。

如鱼得水：比喻同朋友、伙伴情投意合，也指环境适宜，利于生存发展。

发现与探索

典籍诗文

《隆中对》【三国蜀汉】 诸葛亮

《出师表》【三国蜀汉】 诸葛亮*

《三国志》【西晋】 陈寿

《读诸葛武侯传书怀赠长安崔少府叔封昆季》【唐】 李白

《蜀相》【唐】 杜甫

《望岳》【唐】 杜甫*

《古柏行》【唐】 杜甫

《孔明庙古柏》【唐】 李商隐

跨学科及影视拓展

历史地理学(三级学科) 《隆中对》的战略构想与北伐路线

纪录片《三国的世界》

研学旅行

襄阳古隆中　湖北省襄阳市

南阳武侯祠　河南省南阳市

2012年6月、2018年7月两次到访南阳武侯祠。

因为诸葛草庐。

○七七 龙盘虎踞

成语人物

诸葛亮　孙权

人文地理

南京

文化精神

这是英雄的祖国，是我生长的地方。在这片古老的土地上，到处都有青春的力量。

——乔羽

1949年4月21日，毛泽东主席、朱德总司令发布《向全国进军的命令》，渡江战役随即打响。4月23日，中国人民解放军攻占南京，胜利消息传来，远在北平香山别墅的毛泽东主席挥笔写下一首七言律诗《人民解放军占领南京》：

> 钟山风雨起苍黄，百万雄师过大江。
>
> 虎踞龙盘今胜昔，天翻地覆慨而慷。
>
> 宜将剩勇追穷寇，不可沽名学霸王。
>
> 天若有情天亦老，人间正道是沧桑。

其中的虎踞龙盘，在历史上又写作龙盘虎踞，是对南京雄峻地势的生动描写。它来自东汉末年诸葛亮同孙权的一次对话，南京作为六朝古都的辉煌由此开始。

与刘备三顾茅庐几乎同时，曹操完成了中国北方的统一，并厉兵秣马筹划南征。建安十三年（公元208年）七月，曹操大军南下；八月，统治荆州近二十年的刘表病亡，其子刘琮开城投降，曹军立即向刘备展开追击。刘备原有机会突袭刘琮，一举拿下荆州，但他念及刘表生前恩义，不忍同室操戈，因此过其城而不入。当地士民百姓有感于刘备的仁德之心，十余万人扶老携幼随他一同逃难，每日前行不过十里。眼看追兵将至，有人劝刘备丢下百姓，轻装简从独自上路，刘备却说："成大事者必当以人为本，如今百姓追随于我，怎能忍心弃之不顾呢？"这才有了当阳城外那场苦战，赵云怀抱阿斗七进七出奋死冲杀，张飞长坂桥头横矛立马一声断喝，吓得百万曹军人如潮涌、马似山崩的传奇故事。刘备信守道义、以人为本的做法，得到了后世高度评价。司马光撰述《资治通鉴》时，特别引用东晋史学家习凿齿的评论，说刘备在艰难险阻之中信义愈发彰显，势危力蹙之际不忘君子之道，甘与百姓同生共死，最终成就大业，正是顺理成章。电视剧《三国演义》中，更将这段历史场景演绎得绘声绘色，一曲"携民渡江"唱尽了刘备的英雄之志与爱民之心。

当阳战败，刘备集团面临的首要问题是向何处去。刘表长子刘琦这时正担任江夏太守，有一定的军事实力；在他东面，则是诸葛亮《隆中对》里提到"可以为援而不可图也"的孙氏政权。继承父兄基业的孙权，清楚地知道夺取荆州后，曹操下一个目标就是自己；而能共同抵抗曹军的，只有刘备。他亲率兵马驻扎柴桑(今江西九江)，以便随时掌握荆州的战场动态。

判明形势后，刘备带领诸葛亮、张飞、赵云等人，与关羽的水军会合，倍道兼程奔赴夏口(今湖北武汉)。恰好此时，鲁肃代表孙权前来探听虚实，于是刘备派遣诸葛亮随鲁肃同往柴桑面见孙权，共商连兵破曹之计。

面对孙权，诸葛亮巧妙地采用了激将法。他先为孙权陈说利害：抵抗有战败的风险，投降则可求得苟安，首鼠两端、犹豫不定却是最危险的做法。孙权反问："既然如此，刘将军为什么不肯降曹？"诸葛亮答道："昔日田横不过一介武夫，尚能坚守气节、义不受辱，五百壮士全部自刎于海岛之上。刘将军乃当今英雄，人心所向，成败自有天命，怎能俯首帖耳、屈膝投降呢？"这番话无疑将投降视作怯懦小人之举，是以英雄自诩的孙权万难接受的。听闻此言，他勃然作色道："我不能以全吴之地、十万之众受制于人，必将同曹操拼死一战！"有了这份决心，诸葛亮再为孙权详细剖析战争形势，指出曹军远来疲敝且不习水战，以刘备、刘琦现有的军事力量，加上东吴兵马，只要指挥得当，定能击败曹军。于是才有了孙、刘联军赤壁火攻，曹操壮志未酬、兵败华容的跌宕情节，留下了"折戟沉沙铁未销，自将磨洗认前朝"的历史感慨。经过这次较量，几大军事集团重新达成战略平衡，刘备、孙权与曹操南北相峙、势均力敌，《隆中对》所规划的三分天下局面初步形成。

据说，诸葛亮曾随孙权来到其统治中心京口(今江苏镇江)。这里地处长江南岸，水面辽阔、易守难攻。诸葛亮登上北固山东望秣陵，对孙权说："钟山龙盘，石头虎踞，此帝王之宅！"意为钟山绵延起伏，状若盘龙；石城雄峻险固，势如猛虎，真是帝王建都之所在。孙权听从了诸葛亮劝告，于建安十六年（公元211年）将都城迁至秣陵，次年改名建业，就是今天的南京。孙吴之后，东晋和宋、齐、梁、陈四朝相继在此建都，因此南京又被称作六朝古都。到了宋代，辛弃疾登临怀古，在北固山上写出了"天下英雄谁敌手？曹刘。生子当如孙仲谋"的千古名篇。

中西互鉴

Earth has not any thing to show more fair:

Dull would he be of soul who could pass by

A sight so touching in its majesty.

——*Composed upon Westminster Bridge*, William Wordsworth

大地再没有比这儿更美的风貌：

若有谁，对如此壮丽动人的景物

竟无动于衷，那才是灵魂麻木。

——威廉·华兹华斯《威斯敏斯特桥上》

从此，南京城以其龙盘虎踞的雄伟姿态为历史所记录。它几经沧桑，见证了六朝金粉的歌舞升平、大明崛起的铁马金戈，也见证了太平天国的硝烟烽火、抗日战争的山河重光。"海日生残夜，江春入旧年"，伴随着"百万雄师过大江"的胜利号角，南京在1949年迎来了属于人民的崭新篇章。

成语释读

形容地势雄伟险要，特指南京。

发现与探索

典籍诗文

《隆中对》【三国蜀汉】 诸葛亮

《次北固山下》【唐】 王湾*

《赤壁》【唐】 杜牧*

《南乡子·登京口北固亭有怀》【南宋】 辛弃疾*

《七律·人民解放军占领南京》 毛泽东

跨学科及影视拓展

新民主主义革命史(三级学科) 解放战争

纪录片《解放战争经典战例》

电影《南征北战》

电影《开国大典》

研学旅行

渡江战役纪念馆 安徽省合肥市

香山革命纪念馆 北京市

南京钟山风景名胜区 江苏省南京市

夫子庙-秦淮风光带景区 江苏省南京市

镇江三山风景名胜区 江苏省镇江市

2002年1月以来多次到访南京并登临钟山。
上图为朝天宫，下图为莫愁湖。

○七八　鞠躬尽瘁，死而后已

文化精神

全心全意为

人民服务。

"鞠躬尽瘁，死而后已"是历史对诸葛亮的千秋定评。

陈寿在《三国志》中评价：

> 诸葛亮之为相国也，抚百姓，示仪轨，约官职，从权制，开诚心，布公道；尽忠益时者虽雠必赏，犯法怠慢者虽亲必罚，服罪输情者虽重必释，游辞巧饰者虽轻必戮；善无微而不赏，恶无纤而不贬；庶事精练，物理其本，循名责实，虚伪不齿；终于邦域之内，咸畏而爱之，刑政虽峻而无怨者，以其用心平而劝诫明也。可谓识治之良才，管、萧之亚匹矣。

这是说作为蜀汉丞相，诸葛亮能够开诚布公、安抚百姓、申明礼法、澄清吏治。不论亲疏、不分贵贱、有善必赏、有恶必罚，尽忠效命者奖励，违法怠慢者责咎，恳切认罪者宽待，巧言令色者严惩。处理政务简明精练，解决问题根本有效，考核官员名实相符，贬斥虚浮不遗余力。举国上下对他既敬畏又爱戴，政令严峻却无人怨恨，因其用心公平而劝诫分明。真可谓治世之良才，与管仲、萧何相比也不遑多让。

从中我们能够看出，诸葛亮治国既有法家的严明，也有儒家的温厚。他一生最大的成就，不在神机妙算，更非未卜先知，而是将国家治理得井井有条。据说东晋桓温在入蜀路上，曾遇到一个经历过诸葛亮时代、年逾百岁的小吏。桓温向其询问诸葛治蜀的观感，小吏答说："葛公在时，亦不觉异；自葛公殁后，正不见其比。——诸葛丞相在世之日，社会秩序井然，人民并不感到他有什么特别；丞相去世之后，才发现他的建树无人可及。"这便是诸葛亮的施政风格，如春风化雨般"润物细无声"，让人久久难以忘怀。

成都武侯祠中，有一副仅十二字的楹联——"六经而外二表，三代以下一人"，高度概括和肯定了诸葛亮的一生。它将前、后两篇《出师表》的历史地位抬升到儒家"六经"高度；更认为自夏、商、周三代以下，贤臣首推诸葛武侯。

《出师表》又名《前出师表》,是诸葛亮第一次兴兵北伐时奏陈的表文。其中劝喻后主刘禅开怀纳谏、激励人心,以"恢弘志士之气",光大先帝基业;表达了自己感念刘备三顾之恩、托孤之重而"庶竭驽钝,攘除奸凶,兴复汉室,还于旧都"的报国之诚;更提出"亲贤臣,远小人"这一被后世奉为圭臬的政治理念。《后出师表》则出自东吴张俨《默记》一书,是否为诸葛亮所作历来具有争议。但正是这篇真伪存疑的作品,精准把握了蜀汉政权面临的军事形势,阐明了北伐中原的必要理由,回顾了赤壁战后曲折复杂的历史进程,彰显了死生以之的理想信念。文章结尾一句"臣鞠躬尽力,死而后已,至于成败利钝,非臣之明所能逆睹也",将诸葛亮不计成败、至死方休的悃悃忠心,刻画得栩栩如生、跃然纸上。日后,鞠躬尽力又被写作鞠躬尽瘁。

中 西 互 鉴

Lives of great men all remind us

We can make our lives sublime,

And, departing, leave behind us

Footprints on the sands of time.

—*A Psalm of Life*, Henry Wadsworth Longfellow

千秋万代远蜚声,

学步金鳌顶上行。

已去冥鸿犹有迹,

雪泥爪印认分明。

——亨利·沃兹沃斯·朗费罗《人生颂》

古人曾说，读《出师表》不能感同身受、慷慨落泪者，一定不是忠臣。南宋初年岳飞抗金北伐，途经南阳拜谒武侯祠时，秉烛夜读《出师表》，不觉泪下如雨、辗转难眠，次日天明挥涕走笔、直抒胸臆，将前、后两篇《出师表》书写一通，越往后写，字形越激烈狂放，满腔报国之志，就这样在他笔下倾注而出。两百多年后，明太祖朱元璋看到岳飞手书的《出师表》，给出了八字评语："纯正不曲，书如其人"。武侯祠楹联"《出师表》惊人文字，千秋涕泪，墨痕同溅岳将军"一句，讲的便是这段往事。

"出师未捷身先死，长使英雄泪满襟！"虽然诸葛亮复兴汉室的政治理想最终化为泡影，自己也在萧瑟秋风中赍志以殁，陨落于五丈荒原之上，但他的精神风范却流传至今，激励了一代又一代志士仁人。"鞠躬尽瘁，死而后已"则被用来形容那些为国为民奉献毕生的伟大人物，比如我们的开国总理周恩来。

成语释读

形容勤恳尽责、至死不渝。

发现与探索

典籍诗文

《出师表》【三国蜀汉】 诸葛亮*

《后出师表》

《三国志》【西晋】 陈寿

《春夜喜雨》【唐】 杜甫*

《蜀相》【唐】 杜甫

跨 学 科 及 影 视 拓 展

魏晋南北朝史(三级学科)　诸葛亮治蜀

纪录片《三国的世界》

研 学 旅 行

武侯祠　四川省成都市

南阳武侯祠　河南省南阳市

勉县武侯祠　陕西省勉县

1999年8月以来多次到访成都武侯祠, 2012年4月到访勉县武侯祠及武侯墓。左图为成都武侯祠诸葛亮塑像, 右图为勉县武侯祠门坊。

○七九

轻裘缓带

成语人物

羊祜

人文地理

襄阳

文化精神

为官一任，造
福一方，以逍
遥坦荡的姿
态屹立于天
地之间。

唐代诗人孟浩然隐居襄阳时,登山揽胜,凭吊古人,曾写有一篇《与诸子登岘首》:

> 人事有代谢,往来成古今。
>
> 江山留胜迹,我辈复登临。
>
> 水落鱼梁浅,天寒梦泽深。
>
> 羊公碑尚在,读罢泪沾襟。

让诗人泪下沾襟的羊公碑,又名堕泪碑,是当地百姓为纪念羊祜而树立的。

羊祜家世出身极好,《晋书》说他"世吏二千石,至祜九世",意为羊家连续九代都做到郡国守相一级的高官。在东汉魏晋大族联姻的社会背景下,羊祜家族的姻亲势力也十分强大——他的外公是汉末大文学家蔡邕,姨母是著名才女蔡文姬,姐姐嫁给了司马懿的长子司马师。晋王朝的开创者司马炎,则是羊祜的子侄辈。

不同于多数纨绔子弟,羊祜从小就展现出良好的品德操守和个人才华。他孝敬亲长、博学多能、仪容伟岸、言谈练达,时人颇以颜子称之。此外,羊祜还极具先见之明,大将军曹爽掌权时,征召羊祜和另一名士王沈入朝做官,王沈欣然应命,羊祜却认为需要慎重考虑。等到司马懿发动政变诛杀曹爽,王沈因牵连遭到罢官,才不得不佩服羊祜独到的政治眼光。

显赫的出身加上卓越的才干,注定了羊祜此生不会庸碌无为。进入仕途后,他历任清显、参赞机密,更成为晋武帝开基建国的佐命元勋。羊祜在历史上最重要的功业,则是出镇荆州,为西晋的灭吴统一战争奠定了政治和军事基础。

三国时期,曹魏与蜀汉争衡天下,防御重心一直在西南方;孙吴以向内开拓为主,着眼于发展江南,魏、吴之间战事相对较少。魏景元四年(公元263年)夏,司马昭派遣大军伐蜀,当年秋天兵临成都,后主刘禅开城投降,蜀汉政权灭亡。两年后，司马昭之子司马炎受禅称帝，开创了西晋王朝。至此，三分天下一变而为南北对峙，灭吴战争开始提上议事日程。

为筹划南征，晋武帝司马炎任命羊祜为荆州都督，驻节在今天的湖北襄阳一带。到任以后，羊祜并不急于用兵，而是开设学校、宣扬教化、兴修水利、劝奖农耕、招徕远人、安抚民众。《晋书》记载，羊祜初到荆州时，军中粮草仅能维持百日；及至离任，积蓄物资已够十年之用。对待吴国，羊祜采用先兵后礼的怀柔战术——他先据守要津、筑城设防，最大限度压缩吴军战略空间；再开诚布公、以礼相待，收揽吴国军民人心；甚至每次到吴国境内抢收军粮后，都会计算价格，以丝织品偿付；士兵在边境捕获的猎物，也视情况送还对方。如此一来，吴国士民百姓对羊祜非常感念，都尊称其为羊公。

羊祜和吴军统帅陆抗之间，还留下了一段惺惺相惜的佳话。陆抗是陆逊之子，与羊祜同具儒将风范，两人彼此欣赏，常有书信往还。有次陆抗患病，羊祜送药给他，下属担心有毒，陆抗却用而不疑，并说："阴谋害人，岂是羊祜所为！"二人以君子之交，共同见证了三国时代璀璨群星的谢幕。

遗憾的是，羊祜没有看到晋朝统一大业的实现。晋武帝发动灭吴战争前夕，羊祜因病去世。临终之际，他向晋武帝推荐杜预接替自己。杜预果然不负所托，完成了羊祜未竟的事业。平定吴国之后，晋武帝在庆功宴上流着眼泪说："这都是羊太傅的功劳啊！"

史载羊祜统军荆州期间，经常轻装缓带外出巡视。有一次他同部属前往岘山游览，感慨道："自有宇宙存在以来，这座山就矗立此间。古往今来的贤达之士，像你我这样登山远望者不知凡几，而俱已湮灭无闻，每每念及不禁让人悲从中来。假如死后有知，我的魂魄也会留恋此地。"部属劝慰他说："羊公您的德行功业遍及海内，定会与此山一起流传后世。我们这些人，才是要在历史中湮灭无闻的。"羊祜去世以后，百姓思念他的德政，在他经常休憩的地方树碑纪念，每当人们走到碑前，都会痛哭落泪，于是杜预将其命名为"堕泪碑"。

中西互鉴

Thy soul was like a Star, and dwelt apart:

Thou hadst a voice whose sound was like the sea:

Pure as the naked heavens, majestic, free,

So didst thou travel on life's common way,

In cheerful godliness; and yet thy heart

The lowliest duties on herself did lay.

—*London, 1802*, William Wordsworth

你的灵魂是独立的明星，

你的声音如大海的波涛，

你纯洁如青天，自由而庄严，

行走在人生的正道之上，

带着虔诚的愉悦，即使最卑微的责任，

也将其置于心间。

——威廉·华兹华斯《伦敦，1802》

为国家统一事业奋斗半生、造福一方百姓的羊祜，果真与岘山一起，长久留存在了中华大地之上。

成语释读

形容宽适安闲、从容不迫。

发现与探索

典籍诗文

《晋书》【唐】 房玄龄等

《与诸子登岘首》【唐】 孟浩然

跨学科及影视拓展

魏晋南北朝史(三级学科) 西晋王朝的建立与三国统一的历史进程

研学旅行

岘首山文化观光旅游区 湖北省襄阳市

图片来源：视觉中国

2012年6月到访襄阳。因为岘首山风光。

文化精神

超越世俗名
利，建构独立
自觉的文化
人格。

魏晋是一个杀伐不断、阴谋迭起的乱世，也是一个名士辈出、风流潇洒的年代。"竹林七贤"正是魏晋风度的代表。

曹魏后期社会矛盾激化，政治斗争尖锐，处在夹缝中的士大夫群体报国无门，于是寄情山水、对酒当歌、白眼王侯、啸傲人生。《晋书》记载，嵇康隐居期间，与阮籍、山涛志同道合、心照神交，加上意趣相投的另四位名士——向秀、刘伶、阮咸、王戎，常共作竹林之游，世称"竹林七贤"。他们的风度与神采，让无数人为之倾倒，也为后世的文艺创作提供了诸多灵感，南京博物院馆藏文物"竹林七贤与荣启期砖画"便是其中代表。阮籍与嵇康的忘形之交，更被余秋雨誉为中国文化史上"遥远的绝响"。

与阮籍相比，嵇康的形容举止更加俊朗，个性也更加鲜明。《晋书》说他"身长七尺八寸，美词气，有风仪，而土木形骸，不自藻饰，人以为龙章凤姿，天质自然"，称其身材高大挺拔，从不刻意修饰，自然神气俊朗、风度超群，有龙凤一般的姿容。《世说新语》赞叹他"风姿特秀""爽朗轻举"，并引述好友山涛的评价，说："嵇叔夜之为人也，岩岩若孤松之独立；其醉也，傀俄若玉山之将崩。"平日如孤松般傲然独立的嵇康，沉醉后却仿佛高大的玉山颓然倾倒。从此，玉山自倒便被用来比喻醉饮狂放之态，李白《襄阳歌》中就说"清风朗月不用一钱买，玉山自倒非人推"。

比起飘逸不群、潇洒磊落的外表，更加动人心魄的，是嵇康傲岸不羁、决不同流合污的个性。魏晋人物大都以蔑视礼法闻名，比如在母亲丧礼上喝酒吃肉的阮籍。但阮籍小心谨慎，巧妙地在统治者可以接受的范围和自己的独立性格之间保持平衡；嵇康则奔放不羁，将自己的思想意志发挥到淋漓尽致，甚至提出"非汤武而薄周孔""越名教而任自然"这样惊世骇俗的观点，把儒家的古圣先王以及他们所代表的名教秩序一概否定，转而推崇天质自然的人生态度。

对于朝廷权贵，嵇康更表现出全然的冷淡与轻蔑。司马昭的宠臣钟会曾因仰慕前往拜访，随从的车马、宾客不计其数，但当大队人马浩浩荡荡开到门前时，嵇康正在同朋友打铁，对钟会丝毫不加理睬。等了半晌，自觉无趣的钟会掉头准备离开，嵇康却突然发问："何所闻而来？何所见而去？"钟会机敏地答道："闻所闻而来，见所见而去。"问答之间，看似轻松随意、配合默契，实则是两人心理的激烈交锋。这次经历，让钟会对嵇康恨之入骨。

几年之后，嵇康的朋友吕安遭人诬告，罪名是不孝。在魏晋时代，这是足以致人死地的大罪。嵇康因为帮吕安鸣冤，也身陷其中。接到案件呈报后，司马昭有些犹豫，他一方面恼恨嵇康公然不与司马氏集团合作的政治态度，另一方面也顾忌他巨大的社会声望。这时，钟会来进谗言，他抛开案件本身不谈，却对司马昭说："嵇康犹如卧龙，是您掌权路上的巨大障碍，且他向来诋毁礼法名教，有害世道人心，不如借此机会将其明正典刑，以敦厚社会风俗。"一番话让司马昭下定决心，判令将嵇康东市问斩。

被押赴刑场的嵇康，面对前来送行的三千太学生，从容抚琴，弹奏出千古绝唱《广陵散》。一曲弹毕，嵇康引颈就戮，魏晋风度最华丽的篇章随之落幕。

The sublime touches, the beautiful charms.

—*Observations on the Feeling of the Beautiful and Sublime*, Immanuel Kant

崇高使人感动，优美令人迷恋。

——伊曼努尔·康德《论优美感和崇高感》

嵇康死后，山涛将其遗孤嵇绍抚养成人并推荐入朝做官。成年后的嵇绍，也像其父嵇康一样风度翩翩、卓尔不群。有人曾对王戎说："嵇绍在众人当中，如野鹤之在鸡群。"同豫"竹林七贤"之流的王戎则答道："那是你没见过他的父亲。"

与嵇康不同，外表鹤立鸡群的嵇绍，性格却是循规蹈矩、任劳任怨。西晋末年"八王之乱"中，晋惠帝率领的军队战败，侍从官员纷纷四散逃命，只有嵇绍衣冠端正地守护在皇帝面前，忠心耿耿殉节而死。被杀害时，他的鲜血溅到了晋惠帝御服之上。等到战争结束，人们来给皇帝清洗衣服，晋惠帝恋恋不舍地说："这是嵇侍中的血啊，不要洗去了！"文天祥《正气歌》中"为嵇侍中血"一句，写的正是这段历史往事。

成语释读

比喻才能或仪表出类拔萃、卓尔不群。

发现与探索

典籍诗文

《释私论》【三国魏】　嵇康

《与山巨源绝交书》【三国魏】　嵇康

《世说新语》【南朝宋】　刘义庆

《晋书》【唐】　房玄龄等

《襄阳歌》【唐】　李白

《正气歌》【南宋】　文天祥

跨学科及影视拓展

文化社会学(二级学科) 竹林七贤与魏晋风度

纪录片《探索·发现》(竹林七贤)

研学旅行

山阳故城 河南省焦作市

南京博物院 江苏省南京市

图片来源:视觉中国

2010年1月到访南京博物院。图为博物院小景。

○八一 闻鸡起舞

成语人物

刘琨　祖逖

人文地理

马鞍山

文化精神

少年强则国强，少年独立则国独立。

——梁启超

闻鸡起舞的故事，来自西晋末年两个英雄人物——刘琨和祖逖。刘琨祖籍中山，据传是西汉中山靖王刘胜之后，少时以俊朗雄豪著称，与祖逖的哥哥祖纳齐名。祖逖的家乡范阳是燕国故地，中山则位于赵国旧境，燕赵之地多慷慨悲歌之士。刘琨和祖逖，正是这片热土所孕育出的少年英雄。

祖逖出身北方豪强，先辈世代担任太守、都尉一级的地方长官，家族势力庞大。成长在这样的环境里，祖逖自小性格豪爽、不修边幅、游荡不羁、轻财重义。他经常用家中积蓄的粮食、布帛周济乡里，获得了很高声誉。年纪稍长之后，祖逖折节读书，年仅二十四岁，便已博览古今、名重京华。刘琨则在磊落豪迈之外，更兼文采风流。二十六岁那年，他来到首都洛阳，与陆机、陆云兄弟过从甚密，并结交当朝权贵，名列"金谷二十四友"，成为西晋文士集团的代表人物。陆机和陆云的父亲，就是同羊祜保持君子之交的吴国大司马陆抗。

当时，刘琨和祖逖都在司隶校尉帐下任职，两人年岁相仿、志趣相投、一见如故、情好绸缪。中国古人朋友、兄弟之间，往往同榻抵足而眠。刘琨、祖逖，也是这样同眠共寝。俗话说"鸡鸣五更"，半夜鸡叫则被人们当作不祥的恶声。但英雄之志异于常人，祖逖听到夜半三更的荒鸡鸣叫之声，便会用脚踢醒刘琨，对他说："你听，这不是恶声，而是催促我们奋进的号角。"于是两人翻身下床，在夜幕中趁着月色拔剑起舞，一边操练武艺，一边磨砺心志。面对日渐紊乱的朝局，他们忧心忡忡，谈及时事不觉中宵起坐、夜不能寐，相互勉励说："如果有朝一日四海鼎沸、豪杰并起，你我二人当前往中原躲避战乱。"通常灾难来临之际，人们都是逃往相对安定的地方，刘琨和祖逖却要到首当其冲遭受战乱波及的中原避难。其实，这是二人之间的默契约定——一旦天下大乱，即当迎难而上、投身报国，以期挽狂澜于既倒、扶大厦于将倾。

几年之后，西晋统治集团内部爆发了"八王之乱"，随之而来是更加迅猛酷烈的"永嘉之乱"，一时间四方解体、沧海横流。危难之际，刘琨被任命为并州刺史。魏晋时期,这里是中原王朝和北方游牧民族对峙的前线。赴任之后,刘琨安抚民众、整顿秩序,还利用反间计分化、瓦解敌人势力,前来投奔他的人络绎不绝。并州也由荆棘丛生的衰残景象,逐渐形成人烟稠密的安定局面,让饱受战乱之苦的北方人民获得了暂时喘息。

刘琨从未忘记同祖逖的誓约。"永嘉之乱"中,祖逖率领宗族乡党,南迁至长江与淮河之间,被晋元帝任命为徐、豫二州刺史。得知少年好友受到朝廷任用的刘琨,曾对亲故感慨:"吾枕戈待旦,志枭逆虏,常恐祖生先吾著鞭。"说自己每晚睡觉,都会头枕兵器等待天亮,立志歼灭叛国作乱的逆虏贼寇。虽然如此,仍常常担心祖逖抢先一步建功立业。

与此同时,身居南方的祖逖,也始终以恢复中原为志。由于出身背景和个人气质等原因,祖逖无法得到东晋朝廷的信任,军事行动屡遭掣肘,但他矢志不渝、愈挫愈奋、厉兵秣马、坚持北伐,将战线从长江流域一路向北推进,收复了黄河以南的华夏故土。当他率领部众北渡长江,行船至江心之时,曾中流击楫立下誓言:"如不能挥师北上平定中原,便是辜负了这大好河山,扬子江水为我做证!"

中西互鉴

A life of slothful ease, a life of that peace which springs merely from lack either of desire or of power to strive after great things, is as little worthy of a nation as of an individual.

— *The Strenuous Life*, Theodore Roosevelt

苟且偷安的人生,只是源于缺乏追寻伟大事业的欲望或能力。无论对于国家还是个人,这样的生活方式都不值一提。

——西奥多·罗斯福《艰苦的生活》

最终，东晋王朝偏安江左，中国北方陷入百年战乱，刘琨、祖逖克复中原的宏图伟业化作了历史泡影，二人也先后赍志以殁。他们闻鸡起舞、枕戈待旦、先我著鞭、击楫中流的爱国情怀，却留在了史册里，激励着后人不断奋进。南宋张孝祥在听闻采石之战大胜的消息后，就以祖逖中流击楫的典故抒发内心豪情，写下了"我欲乘风去，击楫誓中流"的壮丽诗句。

成 语 释 读

形容不甘平庸、及时奋起的精神意志。

发现与探索

典 籍 诗 文

《晋书》【唐】 房玄龄等

《水调歌头·闻采石战胜》【南宋】 张孝祥

跨 学 科 及 影 视 拓 展

魏晋南北朝史(三级学科)　永嘉之乱与五胡十六国

研 学 旅 行

采石风景名胜区　安徽省马鞍山市

2021年11月到访采石风景名胜区。图为采石矶景区东门。

○八二 木犹如此，人何以堪

成语人物

桓温

人文地理

荆州

文化精神

在历史中感
慨生命，与古
今英雄共鸣。

"木犹如此，人何以堪"是桓温在北伐战争中发出的生命感慨。

东晋初年，面对四海分崩、中原板荡的惨痛现实，琅琊王氏代表人物——丞相王导曾发出"当共戮力王室，克复神州"的慷慨之言。但在当时社会形势下，由司马氏皇权和北方士族共同组成的政治集团，首要任务是与南方世家大族建立统一战线，稳定东南半壁江山。直到三四十年过去，后赵政权瓦解，中国北方重新陷入混战，东晋王朝才迎来短暂的安定局面，并由桓温主持，开始了北伐中原的活动。

桓温的远祖可以追溯到东汉大儒桓荣。桓荣、桓郁父子，先后做过三朝帝师，家族地位显赫，备受时人尊崇。桓温的父亲桓彝，生活在两晋之交，因躲避战乱渡江南来，很快成为东晋朝廷的重量级人物。他对晋王朝忠心耿耿，先辅助晋明帝平定了王敦叛乱，又在晋成帝初年的苏峻、祖约之乱中坚守政治立场，不与叛军同流合污，最终寡不敌众惨遭杀害。桓温此时只有十几岁。

虽然身世坎坷，桓温的个性却没有因此受到压抑。还是幼童的他就曾得到名士温峤的高度肯定，并依其姓氏取名为"温"。成年之后，桓温不但凭借一身胆略手刃杀父仇人，还得到皇帝赏识，迎娶南康长公主为妻。正是在这样的家世基础上，他一步步走上人生事业的巅峰。

东晋是一个玄学发达的时代。门阀士族的代表人物，大多重文轻武，擅长清谈，而对行军打仗不屑一顾。桓温则是士族中的异类，他倜傥多姿、雄杰勇武，不善言辞却喜欢规划用兵方略。桓温在东晋军事舞台的第一次亮相，是作为战略策应部队协助庾翼北伐。庾翼死后，他继承了庾氏家族在长江上游的政治、军事力量，出任荆州刺史，开始步入权力核心。

这时，桓温做出一个冒险的战略举动——平定四川。原来西晋末年天下大乱，眼见中原王朝势穷力蹙、鞭长莫及，四川当地的少数民族首领借机举事，建立起成汉政权。东晋朝廷本就偏安一隅，又失去了富庶的四川盆地，疆域的狭小和国势的衰弱不问可知。为了拓展疆土，更为了壮大个人权势，桓温顶着内外压力，率军溯江而上进入四川，只用短短几个月，便攻灭了成汉。经过这场战争，他的军事地位进一步得到巩固和提升。

不久，后赵皇帝石虎在骄奢淫逸中暴病身亡，统治阶级内部的权力斗争和民族矛盾一齐爆发，中原地区重新陷入动乱。北方军事压力骤然消失，让东晋王朝内部的派系斗争再次占据上风，北伐成为各方势力竞相争夺的筹码。

中西互鉴

And where are they? and where art thou,

My country? On thy voiceless shore

The heroic lay is tuneless now—

The heroic bosom beats no more!

And must thy lyre, so long divine,

Degenerate into hands like mine?

—*The Isles of Greece*, George Byron

呵，他们而今安在？还有你呢，

我的祖国？在无声的土地上，

英雄的颂歌如今已沉寂——

那英雄的心也不再激荡！

难道你一向庄严的竖琴

竟至沦落到我的手里弹弄？

——乔治·拜伦《哀希腊》

为了抑制桓温，东晋朝廷委派殷浩负责北伐。但名士出身的殷浩，既缺乏政治素养，也不具备军事才干，劳师糜饷，屡战屡败。桓温趁此机会，以咄咄逼人的姿态，攫取了东晋王朝军政大权，厉兵秣马准备北伐。

《世说新语》记载，晋穆帝永和年间，整兵经武的桓温由江陵(今湖北荆州)出发，率领军队进入中原。当他行至金城，看到自己少年时栽种的柳枝早已长成参天大树，不觉抚今追昔、悲从中来，攀扶着柳条唏嘘道："木犹如此，人何以堪！"以此感叹岁月无情、人生易老、江山依旧、世事已非。

两个世纪以后，南北朝大文学家庾信将这段往事写进了《枯树赋》，仿效桓温的口吻说："昔年种柳，依依汉南。今看摇落，凄怆江潭。树犹如此，人何以堪！"毛泽东主席晚年，对其共鸣尤其强烈，每次诵读《枯树赋》都不禁思接千载，感慨系之。

成语释读

表达岁月流逝、人生易老的今昔之感。

发现与探索

典籍诗文

《世说新语》【南朝宋】 刘义庆

《枯树赋》【南朝梁】 庾信

《晋书》【唐】 房玄龄等

《东晋门阀政治》 田余庆

跨学科及影视拓展

魏晋南北朝史(三级学科) 东晋士族与门阀政治

研学旅行

荆州博物馆 湖北省荆州市

荆州城墙 湖北省荆州市

2012年6月、2023年8月两次到访荆州古城。上图为荆州城墙,下图为复建后的东门宾阳楼。

○八三 风声鹤唳、草木皆兵

成语人物

苻坚

人文地理

淮南　寿县

文化精神

保持冷静清晰的战略判断，不因一时胜败影响理性决策。

风声鹤唳和草木皆兵，出自中国历史上著名的淝水之战。

西晋末年五胡乱华，匈奴、鲜卑、羯、氐、羌等少数民族纷纷登上中国北方的政治舞台，先后建立了十余个地方政权，这就是历史上的"五胡十六国"。最先崛起并占据中原的，是前赵与后赵，这两个王朝分别由匈奴和羯族创建。在遥远的辽东地区，活跃着慕容鲜卑建立的前燕政权。另外两支民族势力——苻洪率领的氐人武装和姚弋仲率领的羌人武装，在名义上对后赵称臣，同时保留了各自独立的军事建制。后赵皇帝石虎荒淫残暴却能征善战，统治期间有效压制了各方反对力量。但他刚去世，羯族政权马上陷入继承人危机，不久便分崩离析。石虎的养子冉闵更是反戈一击，不但将石氏满门斩尽杀绝，还挑动胡、汉矛盾，对羯族展开报复性屠杀。连续不断的斗争和杀戮，让北方重新陷入战乱。后赵政权崩溃遗留的权力真空，则被其他民族迅速填补——慕容鲜卑从东北进入中原，占领了今天河南、河北、山东、山西的广大地区；氐族集团在苻洪的领导下进据关中，以西汉故都长安为中心，建立了前秦政权。羌族颇有些时运不利，在逐鹿中原的关键时刻，首领姚弋仲染病去世，其子姚襄率部归降东晋。不出几年，屡遭权臣排挤的姚襄又拥众北上，在与氐族争夺关中时被苻坚所杀，其弟姚苌转而投入前秦麾下。

苻坚是苻洪之孙。经过祖孙三代人艰苦创业，苻坚即位时，氐族已经在关中地区建立起比较稳固的统治。苻坚励精图治、知人善用，他任命王猛为丞相，改革民族旧俗，推动汉化进程，发展农业生产，整顿军备力量，使前秦国力得到极大增强。从公元370年到376年，兵强马壮、国富民殷的苻坚，在王猛辅助下发动了一系列对外战争，攻灭前燕、前凉，以及由拓跋鲜卑建立的代国，并从西部入侵东晋，夺取了曾被桓温收复的巴蜀地区。这时的前秦，在西晋王朝崩溃之后，首次实现了中国北方的完全统一，更兼有物产丰饶的四川盆地，以泰山压顶之势，从西、北两个方面将僻处江南的东晋王朝包围起来。苻坚认为发动统一战争的时刻到了。

然而，就在平定北方的前一年，辅佐苻坚立下不世之功的王猛病逝了。临终之际，王猛留下遗嘱，劝阻苻坚不要轻易发动对东晋的战争。这是因为此时前秦政权内部存在深刻的社会矛盾，氐人与鲜卑、羌等被征服者之间的民族融合远未完成；而东晋还有着相当程度的政治、军事实力。一旦作战失败，前秦内部的民族、社会矛盾便会集中爆发，后果不堪设想。可惜的是，对于这个充满政治智慧的建议，苻坚并没有听从。

《晋书》记载，孝武帝太元八年(公元383年)，苻坚在内外群臣的反对声中，力排众议、孤注一掷，举倾国之兵南下，对东晋发动了大规模军事侵略。这场战争，前秦动用的总兵力高达九十七万；东晋方面，则由陈郡谢氏的代表人物谢安坐镇中枢，谢玄、谢琰统率八万北府兵出征，在今天安徽寿县附近的淝水一带，利用前秦军队指挥混乱之机，一举攻破敌阵。苻坚的百万大军，在晋军追击下倒戈弃甲、狼狈逃窜。败逃路上，前秦士兵听到风声呼啸、鹤鸟鸣叫，都以为东晋追兵到了，吓得胆战心惊。苻坚登上城楼眺望敌情，发现晋军兵甲整肃、号令严明，并非自己想象得那样不堪一击，不禁感到忧心忡忡，恍惚之中，竟将城外八公山上的野草树木都当作了东晋军队。这就是风声鹤唳、草木皆兵。

He that is proud eats up himself; pride is his own glass, his own trumpet, his own chronicle.

— *Troilus and Cressida*, William Shakespeare

骄傲者会自我毁灭——他把骄傲当作自己的镜子、自己的喇叭和自己的功劳簿。

——威廉·莎士比亚《特洛伊罗斯与克瑞西达》

　　苻坚和前秦的命运,终于被王猛不幸言中。淝水之战大败而归后,鲜卑与羌族的叛乱随即开始——慕容垂带领鲜卑民族在前燕故地重新建国,是为后燕;关中地区则由羌人武装占据,成立了后秦政权。苻坚本人,也在穷途末路中被姚苌杀害。前秦与氐族,从此在历史上烟消云散。

成语释读

风声鹤唳、草木皆兵:均指极度惊恐、疑惧的心理状态。

发现与探索

典籍诗文

《晋书》【唐】 房玄龄等

跨学科及影视拓展

中国古代战争史(三级学科) 淝水之战

研学旅行

八公山国家地质公园　安徽省淮南市

寿县古城　安徽省寿县

图片来源：视觉中国

2017年8月到访八公山及寿县古城。图为古城北门。

○八四 世外桃源

成语人物

陶渊明

人文地理

桃源　酉阳

文化精神

守护自由适意的精神家园。

在中国古典文学的宝库中，有一支山水田园诗派，风格以清新隽永、恬淡平实著称，常令人有远离繁嚣、超尘脱俗之感。它的创始人是五柳先生陶渊明。

陶渊明隐居于东晋、南朝交替之际，才华横溢、恃酒疏狂。《晋书·隐逸列传》说他"少怀高尚，博学善属文，颖脱不羁，任真自得"。在《五柳先生传》中，他形容自己"闲静少言，不慕荣利。好读书，不求甚解；每有会意，便欣然忘食"。

陶渊明家境贫寒，仕途蹉跎，却有着显赫的出身背景。他的曾祖父陶侃，是东晋初年重量级政治人物，长期镇守荆州等处战略要地，多次主持平叛战争，对稳定时局发挥过关键作用。祖辈的辉煌功业与自身的惨淡现实，不免让他心怀激愤、意气难平；狷介的个性、羸弱的身体，则进一步强化了他消极避世的人生态度。正是在这种境遇之下，陶渊明发出了"吾不能为五斗米折腰"的感慨，挥笔写下回归田园的自由宣言——《归去来兮辞》。

比《归去来兮辞》更脍炙人口的，当属《桃花源记》。这篇寥寥数百字的短文，为后人勾勒出一个逍遥淳朴的避世之地。这里"土地平旷，屋舍俨然""阡陌交通，鸡犬相闻""黄发垂髫，并怡然自乐"；居住其中的人民，从秦代就已经与世隔绝，"不知有汉，无论魏晋"。他们对远道而来的客人十分热情，家家杀鸡备饭，竞相邀请；但当来客不遵约定，妄图带人闯入，破坏桃花源的宁静之时，它却如海市蜃楼般，消失在迷离烟雨中了。唐代诗人王维在《桃源行》中将其描述为世外仙境，说："初因避地去人间，及至成仙遂不还。峡里谁知有人事，世中遥望空云山。"那个鲁莽冒失的外来者，则被桃花春水永远阻隔在了仙境之外——"当时只记入山深，青溪几度到云林。春来遍是桃花水，不辨仙源何处寻。"唐代另一位诗人兼书法家张旭，更将这个故事凝练为隽永的七言绝句，用飘逸空灵的笔法白描出澹泊悠远的桃源风情——"隐隐飞桥隔野烟，石矶西畔问渔船。桃花尽日随流水，洞在清溪何处边？"

中西互鉴

For among them there is no unequal distribution, so that no man is poor, none in necessity, and though no man has any thing, yet they are all rich. For what can make a man so rich as to lead a serene and cheerful life, free from anxieties; neither apprehending want himself, nor vexed with the endless complaints of his wife?

—*Utopia*, Thomas More

这里没有不公平的分配制度，因此不存在穷人和乞丐。人人一无所有，却又人人富足——当人们无忧无虑，愉悦且宁静地生活，既不为吃饭问题操心，也不因妻子无休止的抱怨而烦恼时，对他们来说，还有什么是更大的财富呢？

——托马斯·莫尔《乌托邦》

　　成语世外桃源就出自《桃花源记》，它为身处乱世、漂泊无依的心灵提供了一个永久的避风港湾。苏轼曾在《记承天寺夜游》中感叹："何夜无月？何处无松柏？但少闲人如吾两人者耳。"与之相似，人人心中都有一处桃花源，区别只在于是否被世俗的尘垢蒙蔽。正如陶渊明在另一首名为《饮酒》的五言诗中所说："结庐在人境，而无车马喧。问君何能尔？心远地自偏。"

　　陶渊明以其充满山居隐逸色彩的文章诗作，为繁华绮丽的六朝文风注入了一股清流，也为后世开创了山水田园这一诗歌流派。唐代王维《辋川集》所描写的终南风光——"空山不见人，但闻人语响""深林人不知，明月来相照"；宋代范成大《四时田园杂兴》所讲述的农家生活——"梅子金黄杏子肥，麦花雪白菜花稀""昼出耘田夜继麻，村庄儿女各当家"，都是对这份隐士情怀的继承与传扬。

历来认为,桃花源在中国南方的崇山峻岭之间,陈寅恪先生却提出了另一种思考路径。《桃花源记旁证》中,陈先生采用文史互见的考据方式,旁征博引、由隐而显,将正史材料、文学作品与陶渊明的身世、信仰背景结合分析,论证真实的桃花源不在南方的武陵郡,而在北方的关中平原;所谓"避秦时乱",并不是指统一中国的秦王朝,而是苻坚治下的前秦政权。淝水之战后,北方再次陷入社会动荡,人们纷纷避难至坞堡当中。三十年后刘裕北伐,恰逢春、夏之交,北方桃花盛开,那些隐迹于桃林深处,既据守山川险要又能够衣食自足的坞堡,经由随军文人口耳相传,便成了桃花源的最初形象。这些山间坞堡,也像世外桃源一样,为战乱中的民众筑起了基本的安全屏障。

成语释读

比喻与世隔绝、富足安乐的理想之处。

发现与探索

典籍诗文

《桃花源记》【东晋】 陶渊明*

《五柳先生传》【东晋】 陶渊明

《归去来兮辞》【东晋】 陶渊明

《饮酒》【东晋】 陶渊明*

《晋书》【唐】 房玄龄等

《桃源行》【唐】 王维

《鹿柴》【唐】 王维*

《桃花溪》【唐】 张旭

《记承天寺夜游》【北宋】 苏轼*

《四时田园杂兴》(梅子金黄杏子肥)【南宋】 范成大*

《四时田园杂兴》(昼出耕田夜绩麻)【南宋】 范成大*

《桃花源记旁证》 陈寅恪

跨学科及影视拓展

魏晋文学(三级学科) 陶渊明与山水田园诗派

文艺复兴时期哲学(三级学科) 托马斯·莫尔与《乌托邦》

研学旅行

桃花源风景名胜区 湖南省桃源县

酉阳桃花源旅游景区 重庆市酉阳土家族苗族自治县

图片来源:视觉中国

2016年6月到访湖南桃花源。图为桃花源古镇。

○八五　长风破浪

文化精神

生命之河如
同万里长江，
东奔大海永
不止息。

初唐四杰之一的王勃在《滕王阁序》里，抒发有志建功却报国无门的豪情时自我感慨："无路请缨，等终军之弱冠；有怀投笔，慕宗悫之长风。"长风破浪是南朝初年宗悫的故事，被记载在《宋书》和《南史》当中。

南朝文化繁荣、佛教兴盛、清谈流行、士风绮靡，杜牧笔下"千里莺啼绿映红，水村山郭酒旗风。南朝四百八十寺，多少楼台烟雨中"的江南风光，正是其生动写照。在这种社会氛围中，习武当兵被视作贱业，不受人们尊重。宗悫一家叔侄兄弟都雅好读书，以文章学术见长，只有他喜欢舞刀弄枪，因此很被宗族乡里轻蔑。但年轻而充满抱负的心灵，无论何时都不会为世俗偏见所遏抑。少年时代，叔父询问他的人生志向，宗悫朗声答道："愿乘长风，破万里浪。"听闻此言，宗悫的叔叔并不感到欣喜，反倒颇为忧虑，因为怀有如此志向的年轻人，通常不肯循规蹈矩、安分守己，要么成就丰功伟绩，要么闯下滔天大祸。日后事实证明，宗悫勇猛刚毅的性格，非但没有惹祸，反为家族化解了不少灾难。

He was stirred less by the accomplishments of his heroes than by the consuming spiritual zeal which had engendered their work.

—*Napoleon*, Georges Lefebvre

相较于英雄已取得的丰功伟业，他更加向往造就伟业时其所倾注的精神热情。

——乔治·勒费弗尔《拿破仑时代》

宗悫家住南阳，这里是南北双方往来争夺之地，社会治安尤其不好。他十四岁那年，哥哥新婚燕尔，但嫂子刚一进门，匪徒便前来劫夺。就在全家束手无策之际，宗悫单枪匹马挺身而出，同劫匪奋力搏斗，十几个匪徒被他打得东倒西歪、狼狈逃窜，家人由此逃过一劫。

这样的少年英雄，注定要在战场上建功立业。宋文帝晚年，南方的林邑国屡屡发生叛乱，朝廷决意派兵讨伐。宗悫主动请缨，被任命为振武将军。在前军出师不利的情势下，他临危受命，分兵数路深入敌境，一路攻城略地，取得了初战胜利。林邑国王亲自上阵，率领浩浩荡荡的大象兵团前来迎击，宗悫则仿效诸葛亮南征孟获时"驱巨兽六破蛮兵"的做法，在战车上绘制出虎豹、狮子等猛兽张牙舞爪的形象，吓得大象四处狂奔，林邑国王精心布置的战阵瞬间被全线击溃。当地盛产明珠、玳瑁、贝齿、沉香，林邑国被攻克之后，缴获的奇珍异宝不可胜数。以往，取得战功的将领都要大肆劫掠，宗悫却一无所取，行囊萧然。得知此事的宋文帝，不由对他大为激赏。

宋文帝去世后，宗悫又在宋孝武帝即位之初的平叛战争中发挥了重要作用，被任命为左卫将军，封洮阳侯。这时的宗悫，置身青云、拜将封侯，实现了"愿乘长风，破万里浪"的人生志向。但他不改本色，始终保持着低调、宽和的处事风范。宗悫发达之前，同乡有个名叫庾业的豪绅，家产富足、生活奢侈，一次大摆宴席招待宾客，却对宗悫冷眼相加，只给些粗茶淡饭，还当众嘲笑说："他是个行军打仗的，粗饭吃习惯了。"宗悫毫不在意，饱食而去。等到宗悫出任豫州刺史主政一方，庾业刚好是其属官。宗悫不计前嫌，依然厚待庾业。

这就是宗悫长风破浪的故事。他那句激荡人心的"愿乘长风，破万里浪"，曾让诗仙李白赞叹不已，在仕途受挫、人生失意中以此勉励自己，创作出唐诗名篇《行路难》：

金樽清酒斗十千，玉盘珍羞直万钱。

停杯投箸不能食，拔剑四顾心茫然。

欲渡黄河冰塞川，将登太行雪满山。

闲来垂钓碧溪上，忽复乘舟梦日边。

行路难，行路难。多歧路，今安在？

长风破浪会有时，直挂云帆济沧海。

成语释读

比喻志向远大，不惧艰险，攻坚克难，奋勇前进。

发现与探索

典籍诗文

《宋书》【南朝梁】 沈约

《南史》【唐】 李延寿

《滕王阁序》【唐】 王勃

《行路难》(金樽清酒斗十千)【唐】 李白*

《江南春》【唐】 杜牧*

《三国演义》【明】 罗贯中

跨学科及影视拓展

隋唐五代文学(三级学科) 初唐四杰

研学旅行

滕王阁 江西省南昌市

图片来源：视觉中国

2006年6月到访南昌并登临滕王阁。图
为滕王阁全景。

〇八六 宁为玉碎，不为瓦全

文化精神

人，不能低下
高贵的头，只
有怕死鬼才
乞求「自由」。

——陈然

西晋"永嘉之乱"后，中国北方陷入了一个多世纪的分裂混战，直到北魏崛起并重新统一北方。北魏与继之而起的东魏、西魏、北齐、北周四个政权合称"北朝"，这是一个胡、汉民族深度融合，将"塞外野蛮精悍之血，注入中原文化颓废之躯"的激荡年代，产生了像《敕勒歌》《木兰辞》那样意境辽阔、质朴明快的诗歌作品。

北魏是中国历史上第一个被视为正统王朝的少数民族政权。十六国中的后赵、前秦，虽曾实现过短暂统一，但历来被正史认作伪政权。北魏能够得到历史承认，首先因为其长期稳固的统治——从公元439年统一北方，到公元534年东、西分裂，政权持续将近百年；更加重要的原因，是北魏孝文帝改革使这个草原王朝浴火重生，成为华夏文明正朔所在。此外，隋、唐两个大一统王朝与北魏的传承渊源，也让它的正统地位不可动摇。

同十六国时期许多少数民族政权一样，北魏的创业史可以追溯到魏晋年间。西晋灭亡前夕，拓跋鲜卑部的首领被晋愍帝册封为王，在今天的内蒙古呼和浩特附近建立了代国。这个部族政权量小力微，远离中原，几十年后便在前秦横扫漠北的铁蹄下分崩离析。然而，历史的深邃迷人之处恰恰在于，置身其中的人们永远不知道接下来会发生什么。统一北方不到十年，苻坚就在淝水之战遭遇惨败，前秦随即陷入分裂。本来大势已去的鲜卑部落，则在拓跋珪率领之下重获生机，不仅恢复了祖先基业，更将势力扩张到中原地区。当时，和拓跋珪争衡天下的，是同属鲜卑的慕容部落。出身前燕皇族的慕容垂，在中山(今河北定州)建立后燕政权，与拓跋珪展开了反复激战，甚至一度攻陷其未来的首都平城。但命运再次眷顾了拓跋珪，在战事胶着的关键时刻，年逾七旬的慕容垂因劳累与伤痛溘然长逝。群龙无首的后燕，在拓跋珪的连续打击下迅速崩溃，窜逃回慕容氏在辽东的发祥地。中原争夺战以拓跋珪取得完胜告终。

公元396年夏，拓跋珪下诏改国号为魏，秋季迁都平城，岁末正式建国

431

称帝,史称魏道武帝。平城旧址在今天的山西大同,云冈石窟历经千年风霜,依然向人们讲述着那个草原王朝的昔日荣光。

经过三代人艰苦奋战,到公元439年,雄才大略的太武帝拓跋焘最终完成了中国北方的统一。此后半个世纪,鲜卑民族与中原汉族的融合交流日益加深,北魏统治者君临华夏的渴望也日益迫切。在此背景下,公元五世纪末,孝文帝拓跋宏发起汉化改革运动——他将首都从平城迁往洛阳,下令皇室、贵族与汉人通婚,学习中华语言文字和礼乐制度,改服华夏衣冠,改用汉人姓氏,并率先将北魏皇族的拓跋氏改为汉姓"元"。

北魏孝文帝改革无疑具有巨大的历史进步意义。但是,这场改革太过急迫,大量民族、阶级和地域矛盾未能得到有效疏导,几年之后孝文帝的突然去世,更打破了微妙维系的政治平衡。身处洛阳的北魏统治集团迅速腐化堕落,只经过两代人,就在六镇叛乱和军阀战争中骤然解体,分裂为东魏与西魏两个敌对政权。不久,东魏与西魏又分别被北齐与北周取代。

中西互鉴

I know not what course others may take; but as for me, give me liberty or give me death!

——*Speech to the Second Virginia Convention*, Patrick Henry

我不知道他人将作何抉择,但于我而言——不自由,毋宁死!

——帕特里克·亨利《在第二届弗吉尼亚州会议上的演讲》

王朝的更迭,往往以杀戮作为代价。高洋建立北齐后,对原北魏皇室展开大规模清洗,血缘亲近的多遭到残杀,关系疏远的也朝不保夕。《北齐书》记载,一个叫元景安的皇族成员为求自保,主动提出改姓高氏,以此表示效忠之心。

堂兄弟元景皓斥责他说："大丈夫处事，宁为玉碎，不为瓦全。怎能背弃祖宗认贼作父呢？"元景安听罢，非但没有改过从善，反将其作为投名状，秘密向高洋汇报。结果元景皓被高洋诛杀，元景安如愿以偿将族姓改为高氏，继续享受荣华富贵。

现代诗人北岛曾说："卑鄙是卑鄙者的通行证，高尚是高尚者的墓志铭。"这两句诗用在元景安、元景皓兄弟身上恰如其分。而无论壮烈赴死，还是苟且偷生，他们的生命都早已消逝；只有那句掷地有声的"宁为玉碎，不为瓦全"，被铭记在史册之上，化作中华儿女人生气节的铿锵宣言。清朝末年，面对"遍地腥云，满街狼犬"的恐怖环境，革命志士林觉民等人正是以此相互激励，在"碧血横飞，浩气四塞"的黄花岗起义中慷慨成仁，引燃了辛亥革命的熊熊烈火。

成语释读

表示宁愿牺牲生命，也不肯丧失气节的意志与决心。

发现与探索

典籍诗文

《木兰辞》　北朝民歌*

《敕勒歌》　北朝民歌*

《北齐书》【唐】　李百药

《与妻书》　林觉民

《李唐氏族推测之后记》　陈寅恪

跨学科及影视拓展

魏晋南北朝史(三级学科)　北魏孝文帝改革

辛亥革命史(三级学科)　黄花岗起义与辛亥革命

美国史(三级学科)　美国独立战争

研学旅行

云冈石窟　山西省大同市

黄花岗七十二烈士墓　广东省广州市

2004年6月、2012年8月两次到访云冈石窟。图为第二十窟造像。

隋唐五代

精悍血液注入疲乏之身躯

的化学反应

○八七 一衣带水

文化精神

自古以来，国
家统一就是
大势所趋、人
心所向。

一衣带水出自《南史·陈本纪》,这个成语的历史背景是隋朝统一战争。

公元420年到589年,是中国历史上的南北朝时期。北魏末年,经过短暂军阀混战,中国北方形成了以高欢和宇文泰为首的两大军事集团。公元534年、535年,两人分别拥立北魏皇室成员称帝,建立了东魏和西魏政权。建政伊始,高欢和宇文泰便牢牢控制了各自国家的权力,皇帝不过是台前傀儡。两人去世以后,其继任者很快通过禅让的方式取而代之——高欢之子高洋于公元550年废东魏孝静帝自立,开创了北齐王朝;西魏恭帝在权臣宇文护的逼迫下,将皇位让给宇文泰之子宇文觉,公元557年北周王朝创立。

东魏、北齐的政治中心是邺城(今河北临漳)和晋阳(今山西太原),西魏、北周则以长安所在的关中平原为立国基础。双方相互敌视,战争不断。最初,两边形势东强西弱,但从高洋开始,北齐皇帝逐渐走上荒淫享乐、残忍暴虐的歧途,统治集团内斗不断,综合国力江河日下。反观北周,吏治清明、社会稳定,军事实力更是蒸蒸日上。公元577年,周武帝向东方发动战争,一举灭亡北齐。这时,北周已经囊括从华北平原到四川盆地的广大疆域,并完成了对南方陈朝的战略包围。平陈统一战争如箭在弦上,只等待号角吹响,就可以饮马长江了。

但北齐灭亡的第二年,周武帝突然身染重疾,暴病而崩。其子周宣帝荒淫无度、任性妄为,两年后也一命呜呼,皇位落到年仅八岁的周静帝身上。外戚杨坚抓住这一历史机遇迅速崛起,掌控了北周政权。杨坚出身关陇贵族集团,父亲杨忠是西魏十二大将军之一,女儿杨丽华则是周宣帝皇后。周静帝幼年即位,杨丽华以太后身份,召父亲入朝辅政。杨坚乘势独揽朝纲,在不到半年的时间里,先后平定北周重臣尉迟迥等人发动的三方叛乱,大肆诛杀宇文氏皇族,实现了最高权力的更迭。公元581年初,杨坚胁迫周静帝禅位并登基称帝,建国号隋,改元开皇。从此,中国历史掀开了崭新篇章。

与此同时,经过"侯景之乱"打击的南朝政权,已是日暮途穷、微弱仅存。相比宋、齐、梁三代,陈朝的领土面积大幅缩水,在北方强邻耽耽虎视之下,仅能依靠长江天险苟延残喘。陈朝末代皇帝——后主陈叔宝更是历史上有名的荒唐君王,他大兴土木、广建宫室、声色犬马、穷奢极欲,整日不是与轻薄文人彼此唱和淫词艳曲,就是同后宫嫔妃寻欢作乐、醉生梦死,根本无心治理国家。唐代杜牧伤感南朝往事,曾痛惜说:"商女不知亡国恨,隔江犹唱后庭花。"《玉树后庭花》正是陈后主最具代表性的宫体诗作。

Anyone strives only to retain without acquiring he must come to grief, for every nation which makes no forward progress sinks lower and lower, and must ultimately fall.

——*The National System of Political Economy*, Friedrich List

任何人如果安于现状、不思进取,则必将追悔莫及;一个国家如果不能开拓前行,则将逐渐衰落,终至覆亡。

——弗里德里希·李斯特《政治经济学的国民体系》

面对这种形势,隋文帝杨坚觉得发动统一战争的时机到了,他对宰相高炯说:"我们和陈朝之间,只隔了一条像衣带那样狭窄的水域。作为百姓父母,我怎能眼看陈叔宝君臣胡作非为而不去吊民伐罪呢?"隋文帝用一衣带水形容长江,是为了从战略上藐视敌人,突显隋朝强大的军事力量足以跨越天险渡江作战。

经过一系列缜密准备,开皇八年(公元588年)冬,隋文帝誓师南征,以次子晋王杨广为元帅,统辖九十名行军总管,征调五十一万八千大军,东西并进讨伐陈朝。次年(公元589年)正月,隋军顺利渡过长江,兵锋直抵建康(今江苏南京)城下,军民百姓逾城出降者络绎不绝。陈后主茫然无措,昼夜啼哭,文武臣僚乱作一团。不久,隋朝名将韩勤虎、贺若弼攻入建康,慌不择路的陈后主带着两个宠妃躲进枯井避难,被俘获后押往北方。至此,从西晋"永嘉之乱"开始,长达近三百年的南北分裂局面宣告结束,中国历史上第二次大一统时代来临了。

成语释读

泛指地理位置临近,相互往来方便。

发现与探索

典 籍 诗 文

《南史》【唐】 李延寿

《泊秦淮》【唐】 杜牧*

跨 学 科 及 影 视 拓 展

隋唐五代十国史(三级学科) 隋朝:大一统国家的重建

研 学 旅 行

夫子庙-秦淮风光带景区 江苏省南京市

南朝陵墓石刻 江苏省南京市、江苏省丹阳市

图片来源:视觉中国

2002年1月以来多次到访南京并游览秦淮风光带。图为秦淮河夜景。

文化精神

广开言路、虚怀纳谏，善于听取不同意见。

以人为鉴,是唐太宗李世民对魏徵这位骨鲠之臣的深切缅怀。

魏徵是唐初宰相,以犯颜直谏闻名后世。谏,有规正劝告的意思;进谏则是建言献策、指陈得失,特指臣下向君王提出批评劝诫的行为。在中国传统道德伦理中,如何对待进谏,是评判帝王贤明与否的重要标准,也是衡量政治风气清浊的关键指标。

唐朝是中国历史的黄金年代,可谓锦天绣地、满目俊才、光耀万邦、流芳千载。这个盛世的开创者,是唐太宗与房玄龄、杜如晦、魏徵、长孙无忌等一众名臣贤相。经过他们夙兴夜寐的协同治理,中国社会在各个方面都崭露出欣欣向荣的风采,史称"贞观之治"。能够取得这样的成就,同大臣们直言进谏的胆识和唐太宗虚怀纳谏的风范密不可分。最著名的进谏者,正是魏徵。

魏徵少时丧父,生活落魄,但慷慨有大志,通习经史典籍。隋末战争中,他先加入李密阵营,又随其归降唐朝,担任太子李建成的属官。在激烈的立储之争中,他劝李建成早作打算,除掉潜在威胁。"玄武门之变"后,李世民责问他:"为何离间我们兄弟?"魏徵答道:"如果太子早听我言,必无今日之难。"李世民被他耿直忠诚的态度打动,非但不予惩处,反而引为亲信,授予谏议大夫之职。

谏议大夫,是专门负责谏谕得失的官员。在这个位置上,魏徵干得风生水起。他感激皇帝的知遇之恩,因此直陈时弊、言无不尽,前后上疏二百余章,事事切中要害,与唐太宗同符合契,几年之后就以秘书监参预朝政,进入了宰相行列。

唐太宗天资英武、少年得志,十八岁太原起兵,旋即扫清四海、荡平天下,年末三十便已登基称帝,自以为古来创业之君无出其右者。但风起云涌的隋末农民战争和隋朝二世而亡的惨痛现实,始终在他心中萦绕不去。针对唐太宗害怕亡国的心理，魏徵展开了全方位、多角度的劝谏工作，最具代表性的，就是《谏太宗十思疏》。在这篇奏疏中，魏徵首先提出国家长治久安的根本在于居安思危、戒奢以俭；继而劝导唐太宗竭诚待人、慎终如始，警告他"怨不在大，可畏惟人，载舟覆舟，所宜深慎"；最后总括提出十条施政原则，诫勉君王自我约束、克己复礼。对魏徵的良苦用心，唐太宗做出了积极反馈，将其视为座右铭，随时随地警醒自己。唐代初年能够迅速抚平战争疮痍，稳定政治秩序，恢复经济活力，促进人口增长，魏徵可以说是居功至伟。唐太宗曾在宴会上当着满朝文武说："贞观以前，跟随我平定天下、艰难与共者，首推房玄龄；贞观之后，辅佐我治理天下、竭智尽忠者，唯有魏徵。"并亲自解下佩剑赠给二人。

The greatest good of man is daily to converse about virtue, and all that concerning which you hear me examining myself and others, and that the life which is unexamined is not worth living.

——*The Apology of Socrates*, Plato

每天谈论德性，谈论别的你们听我说的事——听我对自己和别人的省察，听我说，未经省察的生活不值得过。

——柏拉图《苏格拉底的申辩》

《新唐书》说魏徵相貌平平却胆气过人，即使皇帝盛怒之下，也能做到辞色不挠、无所畏惧，让唐太宗收敛脾气，接纳他的正确意见。同时，魏徵进谏还很讲究方式方法，常以循循善诱开导皇帝。一次，他对唐太宗说："希望陛下让我成为良臣，而非忠臣。"唐太宗十分好奇，于是问他："良臣和忠臣有什么分别呢？"魏徵答道："直言获罪，被无道昏君杀害的叫作忠臣；知遇明主，共同成就宏图伟业的，才可称为良臣。忠臣身死国丧，徒具空名却于事无补；良臣致君尧舜，名垂青史且福禄无穷。"一席话既表明了尽忠报国的政治立场，又不动声色地称赞了唐太宗，将他与古圣先王相提并论。面对这样的金石之言，唐太宗自然乐于接纳。

当魏徵于贞观十七年(公元643年)病逝，唐太宗深感悲痛，临朝叹息道："以铜为鉴，可正衣冠；以古为鉴，可知兴替；以人为鉴，可明得失。现在魏徵去世，让我失去了一面鉴戒得失的明镜。"同年，他命人绘制魏徵等二十四名开国功臣画像，放置于凌烟阁上以供怀念。唐太宗与魏徵，也成为千古君臣知遇的典范，受到后世的推崇景仰。他们关于治国理政的讨论，被写入《贞观政要》，影响了一代又一代人。

成语释读

表示积极吸纳各方意见，以其成败得失作为借鉴。

发现与探索

典籍诗文

《谏太宗十思疏》【唐】 魏徵

《新唐书》【北宋】 欧阳修、宋祁

跨学科及影视拓展

隋唐五代十国史(三级学科) 贞观之治

研 学 旅 行

大明宫国家考古遗址公园　陕西省西安市

西安碑林博物馆　陕西省西安市

昭陵　陕西省礼泉县

2004年7月、2009年11月、2019年7月三次到访唐昭陵。因为昭陵九嵕山主峰。

成语人物

狄仁杰

人文地理

洛阳

文化精神

秉持公心，
为国育才。

桃李满天下，是人们对一代名相狄仁杰的称颂之辞。

提到狄仁杰，很多人脑海中会浮现出一个神探形象，这来源于《狄公案》的成功塑造。这部小说讲述了狄仁杰担任县令期间的许多断案故事，日后荷兰汉学家高罗佩据此创作出以狄仁杰为主角的推理侦探小说，让他成为了欧洲人眼中的"东方福尔摩斯"。但真实的狄仁杰并非如此。

历史上的狄仁杰，首先是一个品质卓越的人。他年轻时就有沧海遗珠的美誉，更被同僚赞为："狄公之贤，北斗以南，一人而已。"

其次，狄仁杰还是一个正直而富有同情心的人。他任地方官员期间，恰逢李唐宗室反对武则天的战争爆发，大量无辜百姓被裹挟其中。动乱平息后，他上疏武则天申理冤狱，挽救了两千多人的生命，还曾怒斥滥杀无辜的宰相："如能请得尚方斩马剑，砍下你的头颅以谢天下，我虽死不恨！"并因此遭到贬官。

Sweet mercy is nobility's true badge.

——*Titus Andronicus*, William Shakespeare

悲悯是高贵者的真正徽章。

——威廉·莎士比亚《泰特斯·安德洛尼克斯》

最后，狄仁杰更是一个充满智慧、同时坚守原则的人。武则天称帝之初，为了改朝换代，大肆使用酷吏，放任其以权谋私、打击异己，凡是不肯招供的人，都遭严刑拷打，生不如死。狄仁杰也受到诬陷被捕入狱，面对审问，他毫不迟疑地认罪说："大周革命，万物唯新，作为唐朝旧臣，我死而无怨。"但当审判官员要他牵连无辜、诬告他人时，狄仁杰却严词拒绝，并用头猛烈撞击屋柱,以致血流满面,吓得酷吏都不敢再逼问他了。因为承认谋反,狄仁杰被判处死罪,择日行刑,来俊臣等酷吏由此放松了对他的监管。狄仁杰趁他们防范疏漏之机,将申诉信藏在棉衣当中交给家人,再呈送到武则天面前。经过亲自审问,武则天辨明了狄仁杰的冤屈,于是免他一死,贬往地方担任县令。

面临杀身之祸,狄仁杰可以自己承担罪名,为平反争取机会;却绝不做诬告陷害的龌龊勾当,甚至以死明志。这正是一个君子的智慧与操守。

狄仁杰最大的历史功绩,是在继承人问题上开导武则天,恢复了李唐王朝的法统,为大唐中兴埋下伏笔。作为横空出世的一代女皇,武则天杀伐决断、刚毅果敢,却对太子人选顾虑重重、犹豫不决。她想传位于武氏一族,但女性身份让她在强大的宗法制度下进退维谷——亲生儿子都是李唐血脉,武家子孙中血缘最近的只有侄子。武则天不甘将千辛万苦打下的江山交还李唐,也知道一旦侄子继承皇位,自己在家族谱系中必然被边缘化。继承人问题,成为武则天后期政治斗争的焦点,武、李两家明争暗斗、矛盾尖锐。牵涉其中者,稍有不慎即粉身碎骨。狄仁杰外放后,由于武则天的器重,很快重新回到中央,再次出任宰相之职。他看到武则天日益衰老,朝堂之上党争不断,为了维护政治大局,确保皇权顺利交接,于是动之以情,从母子天性出发劝说武则天。当武则天就立储一事询问他时,狄仁杰恳切地说:"陛下试想,姑侄和母子哪个亲近?天下只有儿子祭祀父母,几曾听过侄子祭祀姑母呢?帝王只有传位于子,才能世世代代享有后人尊崇,否则便会化作无人照管的孤魂野鬼。"最终,武则天获得启发,迎回被贬在外十五年的李显并立其为太子,大唐中兴的局面由此奠基。

晚年的狄仁杰,很受武则天敬重,被尊称为"国老"。每遇国家大事,武则天都要移樽就教,并嘱咐说:"国老您年纪大了,不必下拜。看到您下拜,我的身上也会感到疼痛。"信任到这一步，对于其所推荐的人才，武则天自然格外青睐，予以重用。张柬之、桓彦范、敬晖、姚崇等大唐中兴名臣，都出自狄仁杰的举荐。有人因此恭维说："天下桃李，都在狄公您的门墙之下了。"狄仁杰却回答："我为国荐贤是出于公心，并非树立个人私恩。"这是一个坦荡无私的君子、一个正直敢为的大臣，发自内心深处的肺腑之声。

成 语 释 读

比喻培养的学生或举荐的人才众多。

发现与探索

典 籍 诗 文

《旧唐书》【五代后晋】 刘昫等

《新唐书》【北宋】 欧阳修、宋祁

《资治通鉴》【北宋】 司马光

跨 学 科 及 影 视 拓 展

比较文学(二级学科)《狄公案》的文本演绎与国际传播

纪录片《天地洛阳》

研 学 旅 行

隋唐洛阳城国家考古遗址公园 河南省洛阳市

龙门石窟 河南省洛阳市

2019年12月到访隋唐洛阳城国家考古遗址公园。上图为定鼎门遗址,下图为隋唐洛阳城复原模型。

○九○

唾面自干

文化精神

胸怀大局意识，不计较一时荣辱。

唾面自干的故事发生在武则天时期，这是一个政治变革剧烈的动荡年代。

　　唐朝初年，统治权力掌握在关陇贵族集团手中，代表人物为长孙无忌。他出身北魏皇族，妹妹是唐太宗长孙皇后，自己更与李世民患难相从，在大唐开基创业的过程中立有汗马功劳，位居凌烟阁二十四功臣之首，可谓地兼亲贤、既富且贵。唐太宗晚年的储位之争中，李治能被立为太子，很大程度上得益于长孙无忌的支持。唐太宗去世后，高宗李治即位，长孙无忌官拜三公之首太尉并兼任宰相，独揽朝廷大权。但武则天的横空出世，改变了这一切。

　　武则天本是唐太宗的嫔妃，却通过偶然机会，获得了太子李治好感，在其即位后被重新接入宫廷，大受宠爱。随着羽翼逐渐丰满，她开始觊觎皇后之位。唐高宗一方面在感情上依赖武则天，另一方面希望借助其政治才华，打击日益膨胀的关陇贵族集团势力。两人迅速结成盟友，向朝堂之上的功臣元老发起进攻。唐高宗先是不顾朝臣反对，强行废黜原配皇后王氏，改立武则天为后；继而调整人事布局，将褚遂良等托孤重臣远贬地方，起用逢迎圣意的许敬宗、李义府一干人马。长孙无忌则赋闲在家，专心著书立说。几年以后时机成熟，高宗、武后二人再次发难，由许敬宗出面诬告长孙无忌谋反，将其贬往巴山蜀水之间的黔州，不久又逼令自杀。至此，被功臣元老集团把持的政治权力，回到了唐高宗手中，与他分享胜利成果的人，是武则天。

　　唐高宗执政后期身体非常不好，常因头晕目眩无法处理工作，这给了武则天合法干政的机会。她以高宗健康为借口，独操权柄、改革旧制、培植私党、广收人心。在她的授意下，唐高宗将二人称谓改作天皇、天后，合称"二圣"，武则天就此取得了实质上的皇权。

　　唐高宗去世后，武则天的政治野心愈发不受控制。她先与宰相裴炎联手，废黜中宗李显，改立幼子李旦为帝；再罗织罪名处死裴炎，以太后的权威临朝称制；同时逐步翦除李唐皇族势力，为政权转换铺平道路。万事俱备之后，武则天于公元690年宣布改唐为周，登基称帝。为了巩固权力，她奖励告密、屡兴大狱、纵容酷吏、清除异己，制造了大量冤假错案。很多正直、忠诚的大臣都倒在血泊当中，连狄仁杰这样出类拔萃的人物，也险些因诬告而丧命。

置身血雨腥风之中，有一人却能始终保全功名，他便是娄师德。此人身材高大、性格宽厚、喜怒不形于色。《新唐书》记载，娄师德出任宰相后，其弟被派往地方做官，临行前，他叮嘱弟弟凡事皆需忍耐。为了让兄长放心，弟弟表态道："就算有人朝我脸上吐唾沫，我也忍住脾气，自己擦干净，总可以了吧？"娄师德却忧心忡忡地说："这正是我所担忧的。人家唾你，是因为愤怒；你去擦掉，只会令其愈发恼火。不如让它风干好了。"成语唾面自干由此而来。

这个故事会让人产生错觉，认为娄师德只是一个卑躬屈膝、唯唯诺诺的老实人，但事实远不仅于此。首先，娄师德的小心谨慎确有明哲保身的成分，非如此不足以渡过当时波诡云谲的政治漩涡；然而，娄师德的隐忍退让又不只为个人安危，还有维护政治大局的目的与考量。

中西互鉴

Nothing in the world can read so awful and so instructive a lesson, as the conduct of Ministry in this business, upon the mischief of not having large and liberal ideas in the management of great affairs.

—*Speech on American Taxation*, Edmund Burke

临大事，却只有斥鷃井蛙的胸怀，其祸国殃民的教训之深，足为后人借鉴者，当以内阁对美洲事务的处理为甚。

——爱德蒙·柏克《论课税于美洲的演讲》

娄师德与狄仁杰间的一段往事很能说明问题。狄仁杰担任宰相,出自娄师德向武则天的推荐。狄仁杰不知此事,反倒对娄师德隐忍懦弱的脾气很有些轻视,因此经常排挤他。武则天发现后,有一次上朝问狄仁杰:"娄师德贤明吗?"狄仁杰给出了否定回答。武则天再问:"那他善于赏识、提拔人才吗?"狄仁杰再次予以否定。这时武则天将娄师德推荐狄仁杰的奏章拿给他看,并说:"我能用卿,正由其举荐。以此看来,娄师德可谓知人善任。"狄仁杰看罢,深感惭愧,慨叹道:"娄公盛德,我一直在其包容之中而不自知,他的心胸气度实在非我所及。"

《新唐书》的作者评价娄师德"深沉有度量",颇具长者之风。在乱世中韬光养晦、抱朴守真、拔擢贤能、维持大体,这才是娄师德唾面自干背后的深刻用意。

形容面对侮辱挑衅极度隐忍、毫不反抗的做法。

典籍诗文

《新唐书》【北宋】 欧阳修、宋祁

跨学科及影视拓展

隋唐五代十国史(三级学科) 陈寅恪与"关陇贵族集团"概念的提出

研学旅行

乾陵 陕西省乾县

2004年7月、2019
年7月两次到访唐乾陵。
上图为乾陵神道，下图
为武则天无字碑。

〇九一 守文持正

成语人物

姚崇　宋璟

人文地理

西安

文化精神

以和而不同
的君子之道，
共同致力于
国家复兴。

"贞观之治"奠定了大唐王朝宽广恢宏的立国规模，经过几代人筚路蓝缕，到唐玄宗开元、天宝年间，真正的盛世到来了。

诗仙李白以浪漫情怀讴歌它的精神气象：

一百四十年，国容何赫然！

隐隐五凤楼，峨峨横三川。

王侯象星月，宾客如云烟。

斗鸡金宫里，蹴鞠瑶台边。

举动摇白日，指挥回青天。

诗圣杜甫以现实笔法记录它的社会面貌：

忆昔开元全盛日，小邑犹藏万家室。

稻米流脂粟米白，公私仓廪俱丰实。

九州道路无豺虎，远行不劳吉日出。

齐纨鲁缟车班班，男耕女桑不相失。

宫中圣人奏云门，天下朋友皆胶漆。

百余年间未灾变，叔孙礼乐萧何律。

开元盛世的创建者，是唐玄宗李隆基，以及姚崇、宋璟两位贤相。

武则天统治末期，政治紊乱、佞臣当道、国力衰落、军备废弛。唐中宗李显继承皇位后，宠奸养小、不思进取，以韦皇后、安乐公主为代表的后宫势力再度干预朝政。不出几年，中宗被毒身亡，李唐王室岌岌可危。千钧一发之际，李隆基与太平公主联手发动政变，诛灭韦皇后一党，拥立唐睿宗李旦。随即，政治斗争在太平公主和李隆基姑侄二人之间展开，经过反复搏杀，睿宗主动禅位，李隆基称帝成为唐玄宗，太平公主兵败身死。

登基之初，唐玄宗面临的最大挑战，是如何尽快结束武则天晚年以来的混乱局面,开创风清气正的政治生态。这时,他想到了老臣姚崇。于是,亲政仅三个月,唐玄宗就以打猎名义,在渭水之滨召见了年逾六旬的姚崇,一则寻访为政之道,再则考察其治国理念和身体状况。经过深入了解,他决定请姚崇出任宰相,协助自己革除弊政、开启盛世。为了坚定皇帝励精图治的决心,姚崇郑重提出了十条施政原则,请唐玄宗谨慎考虑,如无法实行,则不敢接受宰相任命。这份名为"十事要说"的政策总纲包括:施行仁政,严肃法纪,不赏边功,杜绝侥幸,禁止靡费,藏富于民,打击权贵,抑制外戚,鼓励谏诤,礼待大臣。唐玄宗听后心有戚戚地说:"您的建议,正是我日思夜想、孜孜以求的目标,怎会不予采纳呢?"即日,唐玄宗拜姚崇为相,"开元之治"由此启航。

担任宰相期间,姚崇以大开大阖、灵活多变的气魄和手法,起用贤才、摈斥佞幸、解放思想、破除迷信,从而稳定了政治局面,刷新了社会风气。他对于蝗灾的态度尤其值得一提——开元初年,河南、河北、山东等地飞蝗漫天,庄稼毁损非常严重,但古人盲目认为蝗虫是天灾,因此不敢加以捕杀。姚崇力排众议,鼓励年轻的皇帝下令捕蝗,并大义凛然地表示,如果上天降罪由自己一人承当。结果蝗虫被捕杀殆尽,粮食生产得以保全,广大人民也避免了忍饥挨饿、流离失所的命运。

任相三年之后,姚崇主动提出辞呈,并向皇帝推荐宋璟接班。唐玄宗接受了他的意见。

宋璟为人刚正,处事严明,与姚崇是多年的同僚兼好友。继任宰相后,他在大政方针上与姚崇保持一致,对"十事要说"中提出的政治原则奉行不渝;同时澄清吏治、整肃纲纪,矫正了姚崇过于灵活的执政作风。大唐王朝逐渐展现出蓬勃进取、欣欣向荣的景象。

We must decide that the most important activities, those most indicative of a great spirit, are performed by the men who direct the affairs of nations; for such public activities have the widest scope and touch the lives of the most people.

—*De Officiis*, Marcus Cicero

我们必须肯定，最能表现一种伟大精神的、最为重要的活动是治国理政，因为这种公务活动范围最广，事关最大多数人的生活。

——马库斯·西塞罗《论义务》

姚崇、宋璟相继主政不过六年，却在唐玄宗的信任下，凭借自身道德才干，成就了辉映千古的不朽功业。姚崇开物成务，宋璟守文持正，两人工作风格迥然不同，但合作无间、相得益彰，共同开创了那个"九天阊阖开宫殿，万国衣冠拜冕旒"的璀璨盛世。正如《新唐书·姚崇宋璟列传》所评价的那样，"崇善应变以成天下之务，璟善守文以持天下之正。二人道不同，同归于治，此天所以佐唐使中兴也"。

表示遵守法度，坚持正道。

发现与探索

典籍诗文

《古风》(一百四十年) 【唐】 李白

《忆昔》(忆昔开元全盛日) 【唐】 杜甫

《和贾至舍人早朝大明宫之作》【唐】 王维

《新唐书》【北宋】 欧阳修、宋祁

跨学科及影视拓展

隋唐五代十国史(三级学科)　开元盛世

研学旅行

大雁塔·大唐芙蓉园景区　陕西省西安市

图片来源:视觉中国

2005年8月到访大唐芙蓉园。图为芙蓉园夜景。

雁塔题名

文化精神

「促进机会公平」，选拔卓越人才。

先秦选官采用世卿世禄制，官爵可以世代传承。随着秦始皇统一中国，世袭制度被基本废除。汉王朝建立之初，当官主要有三种途径：一是祖先荫庇，二是出资纳捐，三是建立军功。后来察举制兴起，由朝廷公卿和地方长官出面，举荐优秀人才进入仕途，科目有孝廉、明经、贤良方正、直言极谏等项。对名重一时、才能卓越者，皇帝也会下旨征召，直接授予官职。东汉大科学家张衡，就是汉安帝亲自拔擢任用的。

在汉代有权察举人才的，中央以"五公"——太傅、太尉、司徒、司空、大将军为主，地方则是州刺史和郡国守相。如此一来，选官权逐渐被地方豪强和家族势力垄断。《三国演义》里"四世三公，门生故吏遍于天下"的袁绍、袁术兄弟，便是依靠祖辈提拔选用的各级官僚，构建起影响巨大的权力关系网络，从而拥兵自重、割据称雄。察举制，也扭曲成为变相的世袭制。

It has eternally been observed that any man who has power is led to abuse it; he continues until he finds limits.

——*The Spirit of the Laws*, Montesquieu

自古以来的经验表明，拥有权力的人都倾向于滥用权力，而且不用到极限绝不罢休。

——孟德斯鸠《论法的精神》

三国时期，曹魏政权创行"九品官人法"，在地方州郡设立大、小中正，将人物品级分为九等，由中正考评辖区内的才能之士，以此作为选官依据。这就是笼罩了魏晋南北朝近四百年的"九品中正制"。按照制度设计，人才考评应当以其自身道德学识为准绳；但东汉以来世家大族兴起的社会现实，让评价标准从个人能力一变而为家族门第。于是，门第成为迈入仕途的敲门砖，出身决定了一个人的发展高度。"上品无寒门，下品无士族"，阶级的鸿沟不再能够轻易跨越，文化与政治权力被门阀士族牢牢掌控。

隋代大体沿用了两汉魏晋的选官制度，但同一时期，科举制开始形成。所谓科举，就是分科举士。到了唐代，这项制度发展定型，与以往各类人才选拔机制相比，科举制的最大优势，在于通过考试而非其他方式选用官员，且应选者无须地方长官推荐，仅凭自己报名即可参加。相较恩荫、纳捐、军功、征召等形式，考试无疑更具公平性，也更有利于不拘一格选用人才。《唐摭言》记载，当唐太宗站在皇宫门前，看到新科进士鱼贯而出时，喜不自禁言道："天下英雄豪杰，都已被我网罗其中了。"

唐代举士，以明经、进士两科为主。明经科考察对儒家经典的熟悉程度，偏重章句背诵；进士科则引导考生自由发挥，强调诗赋创作。当时社会风尚重进士而轻明经，流行着"三十老明经，五十少进士"的说法，意为三十岁考上明经已属老大无成，五十岁得中进士仍算年少有为。从中可以看出，唐代进士科的考取难度之大与水准之高。很多著名的历史人物，如开元贤相宋璟、张九龄，盛唐诗人王维、王昌龄，都是进士出身。新科进士，堪称万众瞩目的时代骄子。每逢考场放榜，皇帝总会下诏在长安城南的曲江池赐宴款待。宴会结束，士子们更结伴同行，前往大慈恩寺，题名于雁塔之下，享誉后世的雁塔题名即由此而来。白居易"慈恩塔下题名处，十七人中最少年"的意气风发之作，孟郊"春风得意马蹄疾，一日看尽长安花"的欣喜若狂之言，都是唐代文人进士及第后心态的真实写照。

科举制的兴起，冲破了被门阀士族把持的人才晋升通道，极大促进了文化的昌明和诗歌的繁荣。它将影响中国历史长达千年，并深刻塑造这个古老民族的性格基因。

成语释读

比喻考试取得优异成绩。

发现与探索

典籍诗文

《登科后》【唐】 孟郊

《唐摭言》【五代】 王定保

跨学科及影视拓展

中国政治制度史(三级学科) 中国古代科举制度

纪录片《科举》

研学旅行

大雁塔 陕西省西安市

2008年12月、2009年11月、2016年9月、2019年7月四次到访大雁塔。图为大慈恩寺建筑及大雁塔。

○九三 梦笔生花

成语人物

李白　杜甫

人文地理

当涂　托克马克

文化精神

天生我材
必有用，千
金散尽还
复来。

——李白

唐朝是中国诗歌的黄金年代。李白与杜甫，则是大唐盛世最为耀眼的双子星座。

"唐宋八大家"之首的韩愈，曾以"李杜文章在，光焰万丈长"向这两位盛唐诗人致敬。杜甫是诗中圣哲，毕生怀抱"致君尧舜上，再使风俗淳"的高远理想，热切关心民间疾苦。在他笔下，虽不乏"迟日江山丽，春风花草香""两个黄鹂鸣翠柳，一行白鹭上青天"那样的清词丽句，更多却是"朱门酒肉臭，路有冻死骨""安得广厦千万间，大庇天下寒士俱欢颜！风雨不动安如山"一类的忧患之辞。与其相比，号称"谪仙人"的李白，则多了几分诗酒人生、快意江湖的浪漫色彩。

据郭沫若考证，李白出生在中亚碎叶，就是今天吉尔吉斯斯坦北境、楚河南岸的托克马克市。他少时随家人入蜀，二十五岁离开成都平原泛舟东下，"朝发白帝，暮到江陵"，驶过"两岸猿声啼不住"的长江三峡，进入湘楚地区，继而"南浮洞庭，北游襄汉，东上庐山，直下金陵扬州"，经历了一场波澜壮阔的人生遨游。随后，他两次来到首都长安，结识朝中达官显贵，在贺知章等人推荐下，被唐玄宗特旨征召，担任翰林供奉。成为天子近臣的李白，希望得君行道，一展平生所学；但事与愿违，在皇帝眼里，他只是个吟风弄月的文人清客，而非治国安邦的将相良才。郁闷无聊之时，李白只能借酒消遣，杜甫《饮中八仙歌》所说的"李白一斗诗百篇，长安市上酒家眠。天子呼来不上船，自称臣是酒中仙"，恰为他此刻生活的写照。由于性格张扬、恃酒狂放，供职长安仅一年，李白就被唐玄宗以"赐金放还"的方式罢官，重新踏上萍踪浪迹的旅程。

离开长安之后，李白在洛阳遇到杜甫，他们纵情漫游于梁、宋、齐、鲁之间。二人志趣相投、信仰相近，不但"醉眠秋共被，携手日同行"，更驰骋田猎、饮酒赋诗，结下了终身的友谊。李白交游遍天下，但无论"桃花潭水深千尺，不及汪伦送我情"的潇洒告别，还是"孤帆远影碧空尽，唯见长江天际流"的深情凝望，都不及他与杜甫这段交往令人怦然心动。因为在唐诗的璀璨星空中，堪与诗仙李白媲美的，唯有诗圣杜甫。

中西互鉴

Better than all measures

Of delightful sound,

Better than all treasures

That in books are found,

Thy skill to poet were, thou scorner of the ground!

—*To a Skylark*, Percy Shelley

一切歌篇的韵律，

都不及你的音响；

一切书本的知识，

都不及你的宝藏。

大地的蔑视者啊，

你的诗艺举世无双！

——珀西·雪莱《致云雀》

唐玄宗天宝末期，"安史之乱"爆发，大唐王朝深陷战火、繁华不再。隐居庐山的李白，为了实现政治抱负，以垂暮之年加入永王幕府，渴望在战场上建功立业、报效国家。这一举动，却将他裹挟进唐肃宗李亨与永王李璘兄弟二人的政治斗争之中。不久，永王兵败身死，李白则被流放夜郎。当初王昌龄贬官外放，李白曾以"我寄愁心与明月，随君直到夜郎西"的诗句怀念故人；如今，他也踏上了这条万里长途。幸好行至三峡，李白即被皇帝下旨赦免，他再一次泛舟东行，来到"天门中断楚江开，碧水东流至此回"的安徽当涂定居。

当涂地处长江之滨，南临芜湖，北望金陵，更有战略要冲采石矶拱卫其间。在这里，李白走完了生命的最后旅程，伴随着宝应元年（公元762年）的冬日寒风溘然长逝。人们无法接受一代诗仙如此寂寞地离去，于是传说他月夜泛舟采石矶下，饮酒沉酣之际跳入水中，去捉取那"飞在青云端"的皎皎明月，被一条凌空跃起的长鲸载返天宫。

李白的一生，跌宕起伏、气象万千，有过"仰天大笑出门去，我辈岂是蓬蒿人"的慷慨豪情，也曾经历"冠盖满京华，斯人独憔悴"的黯然神伤。但无论面对何种境遇，他始终没有失去那份独属于诗人的赤子之心，没有失去吞吐天地、纵横古今的英雄之志。《开元天宝遗事》上说，李白少年之时，梦到笔头生花，自此才华横溢、文思泉涌。正是用这支生花妙笔，他绘制出一个奇幻瑰丽的诗的梦境，流光溢彩的大唐盛世从他的笔端倾泻而出。余光中先生在《寻李白》中说他：

> 酒入豪肠，七分酿成了月光，
>
> 余下的三分啸成剑气，
>
> 绣口一吐就半个盛唐。

这是李白的浩荡长歌，它穿透历史的时空，属于我们每一个人。

比喻文思敏捷、才华横溢。

发现与探索

典 籍 诗 文

《三峡》【北朝北魏】 郦道元*

《望天门山》【唐】 李白*

《黄鹤楼送孟浩然之广陵》【唐】 李白*

《南陵别儿童入京》【唐】 李白

《闻王昌龄左迁龙标遥有此寄》【唐】 李白*

《古朗月行》【唐】 李白*

《赠汪伦》【唐】 李白*

《早发白帝城》【唐】 李白*

《饮中八仙歌》【唐】 杜甫

《与李十二白同寻范十隐居》【唐】 杜甫

《奉赠韦左丞丈二十二韵》【唐】 杜甫

《自京赴奉先县咏怀五百字》【唐】 杜甫

《梦李白》(浮云终日行)【唐】 杜甫

《茅屋为秋风所破歌》【唐】 杜甫*

《绝句》(迟日江山丽) 【唐】 杜甫*

《绝句》(两个黄鹂鸣翠柳) 【唐】 杜甫*

《调张籍》【唐】 韩愈

《李白与杜甫》 郭沫若

《寻李白》 余光中

跨 学 科 及 影 视 拓 展

隋唐五代文学(三级学科) 李白与杜甫

人文地理学(三级学科)　李白一生的游历路线

研学旅行

太白楼　安徽省马鞍山市

李白文化园　安徽省当涂县

阿克·贝希姆遗址(碎叶城)　吉尔吉斯斯坦

2016 年 3 月
到访李白文化园。
图为李白雕像。

○九四 司空见惯

文化精神

在逆境中依然保持"斯是陋室，惟吾德馨"的情怀操守。

司空见惯出自刘禹锡的一首七言绝句。

刘禹锡的前半生，在唐代宗、德宗两朝度过。那时，"安史之乱"刚刚结束，饱受战火蹂躏的大唐王朝政治失序、民生凋敝、强敌外侵、藩镇内扰，首都长安甚至一度被吐蕃军队攻陷，武将叛变更是此起彼伏、层出不穷。

唐德宗是一个无能且昏聩的皇帝，在他的统治下，内忧外患非但没有缓解，反因决策失当而变本加厉。年轻的士大夫们忧心忡忡，渴望革新政治，重振大唐雄风。一批有识之士聚集到了太子周围。

公元805年初唐德宗去世，太子即位成为唐顺宗。以王叔文、王伾、刘禹锡、柳宗元为核心的改革派官员，在唐顺宗支持下发起"永贞革新"。他们试图通过疾风骤雨式的行政措施，加强中央权威、巩固国防军备、削除藩镇割据、抑制宦官势力。但这次改革过于仓促冒进，既对错综复杂的现实局势缺乏认识，也未能平衡朝中各派政治利益，加上唐顺宗身患风疾、卧病在床，无法给改革者以有力支持。仅半年之后，"永贞革新"就在内朝与外廷反对力量的联合绞杀下失败，唐顺宗被迫禅位太子，王叔文等人纷纷贬官外放，被派往边远地区担任州司马，史称"二王八司马事件"。

A reformer is one who sets forth cheerfully toward sure defeat.

—*National Municipal Review, July, 1927*, Richard Childs

改革者是向着注定失败的命运前行而甘之如饴的一类人。

——理查德·柴尔斯《国家市政评论，1927年7月》

　　刘禹锡、柳宗元二人分别被贬为朗州和永州司马。这里僻处湘西南，在唐代是远离中原的蛮荒之地，却因此保留下楚人独有的土风民俗。刘禹锡任职朗州期间，深入走访当地群众，以他们的生产生活为蓝本，作出大量脍炙人口的民歌；柳宗元则寄情物外，写下中国山水小品的典范之作《永州八记》。

　　贬官十年后，刘、柳二人一度被召还长安。但由于政局变动，加之刘禹锡以"玄都观里桃千树，尽是刘郎去后栽"讥讽当朝权贵而再次遭到贬谪，发往更为遥远的两广地区担任刺史。不久，柳宗元在柳州刺史任上去世；刘禹锡则以"孤舟蓑笠翁，独钓寒江雪"的顽强姿态，辗转于中国南方的崇山峻岭之间，尝尽了世态炎凉与人生酸辛，直到唐文宗即位才被调回东都洛阳。此时，距离"永贞革新"已经过去了整整二十三年。

　　赴任洛阳途中，刘禹锡路经扬州，同白居易杯酒相逢，感怀身世之余，留下了"沉舟侧畔千帆过，病树前头万木春"的千古名句。

　　一次司空李绅邀刘禹锡至家中赴宴，酒酣耳热之际命歌伎乐舞助兴。眼前的钟鸣鼎食与曾经的颠沛流离，让刘禹锡生出强烈的今昔之感，即席赋诗道："鬐鬓梳头宫样妆，春风一曲杜韦娘。司空见惯浑闲事，断尽江南刺史肠。——明眸皓齿的佳人、轻柔曼妙的歌舞，对久经繁华的李司空来说，早就习以为常、浑然不觉了，却让我这个远谪他乡的游子恍若梦中、肝肠寸断。"

　　在二十几年的政治打击和生活压迫之下，当初的青年才俊一变而为花甲老翁，人生最珍贵的时光都被抛掷在贬官路上，无怪刘禹锡会发出如此感慨。更加令人唏嘘的，则是中唐以来萎靡不振的社会风气。酒席宴上的李司空，就是以《悯农》闻名于唐代诗坛的李绅。"四海无闲田，农夫犹饿死"的悲惨现状尚未改变，写下"谁知盘中餐，粒粒皆辛苦"的诗人，却早已陶醉在温柔乡中难以自拔了。

然而，沉沦的现实、坎坷的命运，并不能消磨刘禹锡坚韧倔强的个性。"野火烧不尽，春风吹又生"，调任回京之初，他就以"种桃道士归何处？前度刘郎今又来"高调宣告复出。随后十几年间，刘禹锡先在宰相裴度的支持下担任礼部郎中、集贤院学士，参赞朝廷政事；又出为苏州刺史，教化民众、广施善政，百姓将他与白居易、韦应物并称"三贤"，立祠供奉，享祀千秋。

公元842年，刘禹锡以七十二岁高龄病逝洛阳。纵观他的一生，无论身居显位，还是远窜蛮荒，始终持守着"斯是陋室，惟吾德馨"的清操劲节，襟怀磊落、直道而行，真可谓"老当益壮，宁移白首之心；穷且益坚，不坠青云之志"。

表示习以为常、屡见不鲜。

发现与探索

典籍诗文

《滕王阁序》【唐】 王勃

《玄都观桃花》【唐】 刘禹锡

《陋室铭》【唐】 刘禹锡*

《酬乐天扬州初逢席上见赠》【唐】 刘禹锡*

《再游玄都观》【唐】 刘禹锡

《赠李司空伎》【唐】 刘禹锡

《永州八记》【唐】 柳宗元

小石潭记*

《江雪》【唐】 柳宗元*

《赋得古原草送别》【唐】 白居易*

《悯农》(春种一粒粟)【唐】 李绅*

《悯农》(锄禾日当午)【唐】 李绅*

《旧唐书》【五代后晋】 刘昫等

《新唐书》【北宋】 欧阳修、宋祁

跨学科及影视拓展

隋唐五代十国史(三级学科) 永贞革新

城市史(三级学科) 柳宗元与柳州的城市发展

研学旅行

刘禹锡纪念馆 安徽省和县

柳子庙 湖南省永州市

柳侯祠 广西壮族自治区柳州市

2013年6月到访永州柳子庙,2010年11月、2017年10月两次到访柳州柳侯祠。左图为永州柳子庙,下图为柳州柳侯祠。

宋元明清

学人情怀与烈士鲜血

○九五 开卷有益

成语人物

宋太宗

人文地理

开封

文化精神

勤勉学问，
在书籍中传
承文化血脉。

宋朝是一个文治昌明、士大夫阶层全面崛起的时代，这与宋太祖、太宗兄弟的治国思路密不可分。

"安史之乱"终结了花团锦簇的大唐盛世，更造成此后二百年间武人跋扈、军阀割据的社会现象。公元907年唐朝在藩镇逼迫下灭亡，历史进入五代十国。半个世纪当中，短命王朝如走马灯般你方唱罢我登场，地方政权则各据一方、争战不休。暴政与杀戮成为生活的主基调，人民在血雨腥风里苦苦挣扎。

公元959年夏秋之交，后周世宗柴荣病逝。次年正月，赵匡胤在陈桥驿黄袍加身，建立了宋王朝。开国之初，如何驾驭骄兵悍将，抑制藩镇势力，从根本上改变"天子宁有种耶？兵强马壮者为之耳"的混乱局面，避免宋朝成为又一个短命政权，是宋太祖赵匡胤亟需解决的首要问题。

宋太祖采用的策略是崇文抑武。他一边提倡"宰相须用读书人"，抬升文官集团的政治地位；一边"杯酒释兵权"，削弱武将群体的军事力量。在他统治的十七年里，唐末五代以来藩镇割据、军阀混战的情况逐步得到扭转，中央权威空前加强，十国中残存的后蜀、南汉、南唐等政权也在宋军摧枯拉朽的攻势下土崩瓦解，国家再次走向统一。

开宝九年(公元976年)冬，在一个大雪纷飞的夜晚，五十岁的宋太祖暴崩去世，留下"斧声烛影"千古疑案。其弟赵光义凭借长期积累的政治资本，迅速夺权并继承皇位，随即改元太平兴国，向天下宣告新时代的来临。

得位不正的宋太宗赵光义，迫切需要建立文治武功以获取执政合法性。为此，他进行了一系列军事活动和文化创制。

军事方面，宋太宗主动出击，灭亡了五代十国最后一个割据政权北汉，并乘胜进攻契丹，意图一举收复被石敬瑭割让的幽云十六州。但由于不娴将略，指挥失当，宋军在高粱河遭遇惨败，太宗腿上连中两箭，狼狈之余只能搭驴车逃离战场。七年之后，报仇心切的宋太宗又组织了一次"雍熙北伐"，却同样以失败收场，老将杨业被俘不屈、绝食而死，演绎出杨家将的传奇故事。宋朝君臣自此畏敌如虎，终太宗之世再无恢复故土之志。

武功虽乏善可陈，宋太宗在文治方面却成绩斐然。太祖少年从军，气质粗犷豁达，有赳赳武夫之风；与其相比，太宗的文人性格非常明显。他大兴科举、广纳贤才，对科甲及第者给予显贵的政治地位和优厚的物质待遇。寒门出身的吕蒙正，太平兴国二年（公元977年）考取进士第一，被太宗破格简拔为升州通判，十一年后即以中书侍郎同平章事入阁拜相。寇准少年英锐，因直陈时弊获得太宗赏识，被比作唐初贤臣魏徵，年仅三十便进入中枢决策

Studies serve for delight, for ornament, and for ability. Their chief use for delight, is in privateness and retiring; for ornament, is in discourse; and for ability, is in the judgment and disposition of business; for expert men can execute, and perhaps judge of particulars one by one; but the general counsels, and the plots and marshalling of affairs, come best from those that are learned.

——*Bacon's Essays and Wisdom of the Ancients*, Francis Bacon

读书足以怡情，足以傅彩，足以长才。其怡情也，最见于独处幽居之时；其傅彩也，最见于高谈阔论之中；其长才也，最见于处世判事之际。练达之士虽能分别处理细事或一一判别枝节，然纵观统筹、全局策划，则舍好学深思者莫属。

——弗朗西斯·培根《培根论说文集》

层。真宗初年，在契丹大举南下的危机时刻，正是寇准独排众议、力挫强敌，主持"澶渊之盟"，为国家立下盖世之功。"世有伯乐，然后有千里马"，北宋一朝济济多士、人才鼎盛，离不开太宗的立法垂训和培养造就。

宋太宗大力提倡文治，既是延续太祖以来崇文抑武的既定国策，也意在借此突显自身优势，营造明君形象，进而树立统治权威。他本人对文化典籍更是情有独钟。

《渑水燕谈录》记载，太平兴国年间，宋太宗诏令学士李昉等人编撰了一部囊括古今、包罗万象的百科全书《太平御览》。书稿完成后，他规定自己每日阅读三卷，如因事无法完成，则在闲暇时补读，并对宰相说："我生性喜好读书，开卷有益，故而未曾感到劳苦。这部书总计千卷，一年便可披阅完成，看来读破万卷亦非难事。"身居九重、日理万机的一代帝王，尚能如此勤学不倦，可知读书与否的关键，不在时间多寡，而在心态静躁。

成语释读

表示用心读书必然有所收获。

典籍诗文

《马说》【唐】 韩愈*

《太平御览》【北宋】 李昉等

《渑水燕谈录》【北宋】 王辟之

跨学科及影视拓展

宋史(三级学科)　北宋的建立与五代十国分裂局面的结束

研学旅行

北宋东京城遗址　河南省开封市

祐国寺塔(铁塔)　河南省开封市

图片来源:视觉中国

2003年7月到访北宋东京城遗址。图为航拍镜头下的祐国寺塔。

成语人物

欧阳修

人文地理

滁州　扬州

文化精神

克服物质困难，传承中华文明。

唐代中期"古文运动"兴起,提倡返古开新,以活泼自由的质朴文风,取代浮艳绮靡的骈俪辞章。这场贯穿唐宋的文学革命发轫于韩愈,使之恢宏壮阔、蔚为大观的,则是宋代欧阳修。

《宋史》本传记载,欧阳修四岁丧父,母亲独自将其抚养成人,并担负起教育工作。因为家境贫寒,母亲就用荻杆当笔,在地上教欧阳修读书识字,向他讲述立身处世的道理。荻是一种类似芦苇的禾木科植物,多分布于水系充沛、沟港纵横的河湖湿地周边。在艰苦的物质环境中,欧阳修的母亲充分利用自然条件,以画荻教子的方法,培养出一代文宗。它不同于"临行密密缝,意恐迟迟归"那样的生活关爱,而是孟母三迁式的价值传递与精神引领,令欧阳修获益终生。

That the difference to be found in the manners and abilities of men, is owing more to their education than to any thing else.

—*Some Thoughts Concerning Education*, John Locke

人们行为举止与才干能力的彼此差异,主要因其所受教育不同而非其他。

——约翰·洛克《教育漫谈》

勤奋刻苦的学习,加上敏悟过人的天资,造就了欧阳修。他博闻强识、岐嶷不群,少时读到韩愈遗稿,便心驰神往、废寝忘食,立志与其并驾齐驱;二十四岁考取进士后,同尹洙、梅尧臣等学林翘楚交游唱和、反复切磋,遂以文章名冠天下。欧阳修文风简约自然、俊逸清丽,而气魄豪迈、瑰伟雄奇。在他的倡导下,"古文运动"翕然成风,唐末五代积习相沿的空洞文体为之一变。对于奖掖后进，欧阳修更是不遗余力，"唐宋八大家"中的王安石、曾巩和三苏父子，都因其拔擢、称誉而闻名当世。

欧阳修既是文学泰斗，也是史学巨擘，"二十四史"中的《新唐书》和《新五代史》都出自其手。仿效《春秋》微言大义而作的《新五代史》，将史事与政论熔于一炉，尤其能够反映"古文运动"的指导方针——以史笔文章为载体，褒善贬恶、激浊扬清，收拾世道人心，重建华夏道统。陈寅恪先生在《赠蒋秉南序》中说："欧阳永叔少学韩昌黎之文，晚撰《五代史记》，作义儿、冯道诸传，贬斥势利，尊崇气节，遂一匡五代之浇漓，返之淳正。故天水一朝之文化，竟为我民族遗留之瑰宝。"可谓知人论世之言。

文章之外，欧阳修还积极投身政治。他与范仲淹、韩琦、富弼等人志同道合，在宋仁宗的支持下发起"庆历新政"，意图革除北宋立国以来各项积弊。在变法失败，以范仲淹为首的改革派官员接连遭受打击诽谤时，他屡屡不避忌讳、仗义执言，因此多次被贬谪外放，著名的《醉翁亭记》就是他在滁州任上写成的。贬官途中，支撑欧阳修精神信念的，仍是母亲的教导。她对儿子说："你家原本贫贱，我早已安之若素。你只管正道直行，不必担心清苦生活连累到我。"

嫉恶如仇、刚正不阿的性格，让欧阳修仕途坎坷，却也让他受知于宋仁宗。这位仁德宽厚的皇帝，十分赏识欧阳修的才华人品，不但多次施以援手，还在执政后期将他引入宰相行列，命其以枢密副使、参知政事的身份决策军国要务。等到宋神宗即位，年逾六旬的欧阳修因与王安石政见不合而主动引退。

欧阳修晚年归隐山林，自号"六一居士"，逍遥岁月、诗酒优游。多年之后，苏轼来到扬州，在他曾经"挥毫万字，一饮千钟"的平山堂前驻足凝望，写下了"欲吊文章太守，仍歌杨柳春风。休言万事转头空，未转头时皆梦"

的词句,以空灵伤感的笔法凭吊恩师,发出"无可奈何花落去,似曾相识燕归来"的浮生若梦之叹。

成语释读

形容因地取材、教子有方。

发现与探索

典籍诗文

《游子吟》【唐】 孟郊*

《浣溪沙》(一曲新词酒一杯)【北宋】 晏殊*

《新唐书》【北宋】 欧阳修、宋祁

《新五代史》【北宋】 欧阳修

《醉翁亭记》【北宋】 欧阳修*

《朝中措·送刘仲原甫出守维扬》【北宋】 欧阳修

《西江月·平山堂》【北宋】 苏轼

《宋史》【元】 脱脱等

《赠蒋秉南序》 陈寅恪

跨学科及影视拓展

文化史(三级学科) 唐宋古文运动与欧洲文艺复兴

研学旅行

琅琊山风景名胜区 安徽省滁州市

蜀冈瘦西湖风景名胜区 江苏省扬州市

图片来源:视觉中国

2016年3月到访琅琊山 及醉翁亭。
图为复建后的醉翁亭。

〇九七 出人头地

成语人物

苏轼

人文地理

杭州 黄州 惠州 儋州

文化精神

蝉蜕于浊秽，以浮游尘埃之外。

——司马迁

在"水光潋滟晴方好，山色空蒙雨亦奇"的杭州西子湖上，有一道杨柳掩映、花木扶疏、北望孤山、南引雷峰的卧波长堤，它由疏浚西湖的葑田泥土堆砌而成，主持建造者是时任杭州知州苏轼。当地百姓亲切称其为苏公堤或苏堤，每到"乱花渐欲迷人眼"的暮春时节，"苏堤春晓"成为最负盛名的杭城风景。

浚治水患、灌溉农田，与民谋利的同时为湖山增色，这是苏轼的大手笔，也是他任职地方期间留下的众多惠政之一。无论身处何方，苏轼总将国家利病、民生疾苦置于心中——在密州，他法令严明，惩治骄兵悍将；在徐州，他身先士卒，带领百姓抗洪；在扬州，他体察民情，革除漕运弊政；在定州，他整饬武备，防范契丹侵袭。今人提起苏轼，往往强调其文学成就，而忽略了他在政事上的卓越建树。将立功与立言合为一途，既深怀雅人高致，又独具务实精神，才是真实的东坡先生。

宋仁宗嘉祐二年(公元1057年)，初出茅庐的苏轼进京应试，以一篇《刑赏忠厚之至论》受到主考官欧阳修青睐，被拔擢为进士第二名。投书谒见时，欧阳修不但降阶相迎，还对同为文坛领袖的梅尧臣说"吾当避此人出一头地"，意思是这个年轻人文才天纵，连我也要让他高出一头。几年之后，苏轼参加制举，再次名列优等。宋仁宗读到苏轼、苏辙兄弟的考卷十分欣喜，对近臣说："我今天给子孙选出两名宰相人才。"此时的苏轼，是一颗冉冉升起的新星，无远弗届的前景在远方等待着他。

然而苏轼入仕未久，北宋政坛就发生巨变。随着仁宗、英宗相继去世，年轻气盛又锐意进取的宋神宗登上皇位，旋即与王安石君臣一心，开启了声势浩大、如火如荼的"熙宁变法"。朝中大臣则根据立场不同分为新、旧两党，彼此之间矛盾斗争日趋尖锐。苏轼因批评新法触怒王安石，被贬黜外放，八年中往返穿梭于浙江、山东、江苏等地担任州郡长官。

元丰二年(公元1079年),刚刚赴任湖州的苏轼,由于文字不慎遭到谗言陷害,被逮捕进京,囚禁在御史台狱中,史称"乌台诗案"。政敌希望借此将他置之死地,但宋神宗爱惜苏轼的学识才华,最终在王安石等人劝说下网开一面,把他贬作黄州团练副使。正是在黄州,苏轼写下前、后《赤壁赋》和《念奴娇·赤壁怀古》,自创别号"东坡居士",还发明了东坡肉。如今,在他泛舟遨游的长江之滨,东坡赤壁风光宛然,酹江亭、二赋堂临水而立,早已成为当地名胜。

元丰七年(公元1084年),苏轼离开黄州,在南京拜会了退职家居的王安石。次年,宋神宗去世,宣仁太后临朝听政,起用旧党代表人物司马光,全面废除熙宁新法。苏轼也奉调回京,以翰林侍读学士参赞朝政。但耿介率真的性格,让他在纷繁复杂的朝局中深感"高处不胜寒"。为求全身远害,苏轼屡次上疏,请求外任地方,杭州苏堤就是他在这一时期修筑完成的。

元祐八年(公元1093年),宣仁太后去世,宋哲宗亲政,新党势力卷土重来,开始了又一轮的反攻清算。激烈的政治博弈再次波及苏轼,将他远贬到瘴疠丛生的岭南之地。以垂暮之年辗转于天涯海角的苏轼,感慨身世飘零,以自嘲的口吻写下:"心似已灰之木,身如不系之舟。问汝平生功业,黄州惠州儋州。"

虽然远谪海南、生计萧条,苏轼依然乐天知命。没有了"竹外桃花三两枝"的诗酒惬意,他便自力更生,同当地黎族群众打成一片,和他们谈天论地,呼朋唤友,还说"九死南荒吾不恨,兹游奇绝冠平生"。宋徽宗即位后,苏轼遇赦北归,自雷州半岛踏上返乡的行程,于建中靖国元年(公元1101年)病逝常州。

中西互鉴

Art allows truth to arise.

——*Off the Beaten Track*, Martin Heidegger

艺术让真理脱颖而出。

——马丁·海德格尔《林中路》

纵观苏轼一生,幼时聪颖、少年得志、中岁坎坷、晚景萧瑟。但无论遭逢何种际遇,忠谠赤诚的家国情怀和潇洒适意的人生态度,在他身上始终未曾改变。《宋史》的修撰者惋惜苏轼,说他在得到宋仁宗、神宗两朝天子赏识的情况下,仍然不获重用,假使能够收敛锋芒、和光同尘,即使无法身登相位,至少可以避灾远祸;但随即释然道:"如果苏轼因宰相之位而改易本性,也就不成其为苏轼了。"

成语释读

形容才能出众或成就卓越。

发现与探索

典籍诗文

《钱塘湖春行》【唐】　白居易*

《刑赏忠厚之至论》【北宋】　苏轼

《饮湖上初晴后雨》(水光潋滟晴方好)【北宋】　苏轼*

491

《水调歌头》(明月几时有)【北宋】 苏轼*

《前赤壁赋》【北宋】 苏轼

《后赤壁赋》【北宋】 苏轼

《念奴娇·赤壁怀古》【北宋】 苏轼

《惠崇春江晚景》(竹外桃花三两枝)【北宋】 苏轼*

《六月二十日夜渡海》【北宋】 苏轼

《自题金山画像》【北宋】 苏轼

《宋史》【元】 脱脱等

跨学科及影视拓展

人文地理学(三级学科) 苏轼的贬谪路线

研学旅行

杭州西湖风景名胜区 浙江省杭州市

惠州西湖风景名胜区 广东省惠州市

东坡赤壁 湖北省黄冈市

东坡书院 海南省儋州市

2005年4月首次到访杭州西湖，2019年12月旋居杭州以来多次到访。两图均为西湖风光。

精忠报国

成语人物

岳飞

人文地理

开封 杭州

文化精神

将至死不渝
的信念永远
铭记心中。

岳飞"精忠报国"的故事可谓家喻户晓、妇孺皆知，它的背后是一曲荡气回肠的历史长歌。

北宋靖康年间，敌国兴师，都城失守，二帝蒙尘，社稷丘墟。无数英雄豪杰应声而起、仗义前行，抗金救亡的旗帜席卷大河南北、汴京内外。作为宋王朝最高统治者的赵构，却奉行绥靖政策，畏葸退缩、避敌求和，致使金人豕突狼奔、长驱深入，在中原地区耀武扬威，兵锋直指长江以南。走投无路的赵构政权，只得不断狼狈逃窜，甚至一度乘船流亡海上。

在血与火的洗礼中，涌现出众多抗金名将，岳飞正是其中之一。他在北宋末年应募从军，"靖康之变"后隶属东京留守宗泽麾下。宗泽是著名的主战派大臣，多次率部抗击金军，收复了河南、河北大片领土。沉厚寡言、果敢勇武的岳飞深受宗泽信任，二人经常秉烛夜谈，共谋恢复大计。宗泽十分看重岳飞的军事才能，为他讲授行军阵图，岳飞却说："运用之妙，存乎一心，何必拘执常理、胶柱鼓瑟呢？"展现了一名杰出将领的气魄风采。

南宋建国的第二年夏天，长期受到赵构和投降派官员打击、排挤的宗泽，在"出师未捷身先死，长使英雄泪满襟"的慨然叹惜中去世。弥留之际，他无一语谈及家事，而是连呼三声"渡河"，希望宋朝军队打过黄河，杀敌报国。这种公尔忘私、有国无家的精神深深影响了岳飞，成为他毕生的不懈追求。

宗泽死后，继任者很快在赵构授意之下放弃中原，率兵撤往江南地区。岳飞苦谏不从，只能且战且退，尽力保证军民百姓不受金兵蹂躏。这时，绥靖政策恶果显现，金军接连攻破建康（今江苏南京）、杭州，前锋直趋明州（今浙江宁波），各地军阀盗匪趁乱而起，南宋小朝廷分散逃往浙东沿海和赣南一带躲避兵燹，大有土崩瓦解之势。危急存亡之际，岳飞凭借过人的军事天赋和出色的战场成绩迅速崛起——他先以伏兵大破金兀术，收复建康；又率部前往江北驻防，连战连捷，杀得金军人仰马翻、闻风丧胆。与其他将领不同，岳飞治军极为严明，决不允许部下骚扰百姓，"冻死不拆屋，饿死不掳掠"成了岳家军最响亮的口号，金人敬畏地将这支队伍称作"岳爷爷军"。

此后十年之间，岳飞以鄂、岳二州为战略基地，利用长江上游地势要害，控御湖广、连结河朔，积极筹划经略中原。绍兴十年（公元1140年），金兵再一次大举南侵，岳飞受命驰援，在郾城摆开阵势、准备决战。面对四面合围、汹涌而来的金国军队，岳飞胸有成竹、指挥若定。他先激怒敌人，争取有利战机，再纵兵鏖斗，大破"拐子马"，赢得郾城大捷。一时北方义军风起云涌，中原战场捷报频传，遗民百姓扶老携幼，箪食壶浆以迎王师。岳飞率军进驻与北宋旧都汴京（今河南开封）咫尺之隔的朱仙镇，收罗英雄、抚慰故老，准备渡河北上，直捣黄龙。

但就在敌军威胁初步解除，北伐将士踌躇满志之时，赵构与秦桧君臣决意同金国缔结和约。为求苟延残喘，赵构不惜将淮北之地尽数割让，并强行遣散北方各处抗金武装，更连发十二金牌逼迫岳飞班师回朝。消息传来，父老百姓遮道痛哭、声震原野，王命难违的岳飞则仰天长叹："十年之力，废于一旦。"

次年，宋金"绍兴和议"达成，赵构向金朝皇帝称臣纳贡，双方以淮河至大散关一线划分彼此疆界。为了清除议和障碍，赵构在秦桧的挟持下将岳飞秘密杀害。《宋史》记载，被逮捕审问时，岳飞撕裂上衣，展露出刺有"尽忠报国"四个大字的脊背。从此，尽忠报国成为岳飞平生志业的最高概括。由于建政之初，对其深加倚重的赵构曾手书并颁赐"精忠岳飞"战旗，这个成语又被写作精忠报国。

同为抗金名将的韩世忠替岳飞抱不平，向秦桧提出质问，得到的回答却是："岳飞图谋不轨之举虽未查明，然其事莫须有。"由此引发一个千古公案——谁是杀害岳飞的主谋？

中国传统史学有"为尊者讳"的观念，把罪责笼统归咎于秦桧，以维护赵构的君王形象。将批判矛头指向赵构的，历史上也不乏其人，如明代文徵明就说："岂不惜，中原蹙？岂不念，徽钦辱？但徽钦既返，此身何属！千载休谈南渡错，当时自怕中原复。笑区区一桧亦何能，逢其欲。"直言秦桧不过逢君之恶，赵构才是幕后真凶。然而，深入历史现场，我们会发现事实不止于此。

岳飞之死，是多重因素叠加的结果。比如宋太祖以来逐渐形成并强化的崇文抑武、防范军事将领的治国理念，以及由"士大夫与天子共治天下"派生出的宰辅专权现象。总体来说，杀害岳飞是秦桧为扫除异己、独揽大权，以议和作诱饵，钳制赵构所实施的奸恶行径；赵构则因其怯懦残忍、刻薄寡恩的个性，和只求一己私利、不顾社稷安危的卑劣心理，自觉充当了秦桧的同谋及帮凶。将秦桧定为岳飞冤案的主谋，是合乎逻辑的。

中西互鉴

Rightly it has been said that a nation is characterised not only by her great men but rather by the manner in which she recognises and honours them.

—*Philosophy during the Tragic Age of the Greeks*, Friedrich Nietzsche

一个民族的性格，与其说表现在这个民族的伟人身上，不如说表现在其认定和尊崇这些伟人的方式上。

——弗里德里希·尼采《希腊悲剧时代的哲学》

今天，在杭州栖霞岭下，岳王庙巍然矗立，"接天莲叶无穷碧"的西湖风景将其映衬得格外静穆。大殿上方，遒劲有力的"还我河山"让每一位到访者肃然起敬。秦桧等人的跪像，则反剪双手俯伏于岳飞父子墓前，接受世人的唾骂。"青山有幸埋忠骨，白铁无辜铸佞臣"，徘徊在灰瓦红墙的庭院之间，仿佛仍能听到岳将军"待从头，收拾旧山河，朝天阙"的慷慨呐喊之声。

成语释读

表达一心报效祖国的赤子情怀。

发现与探索

典籍诗文

《蜀相》【唐】 杜甫

《满江红》(怒发冲冠)【南宋】 岳飞

《晓出净慈寺送林子方》【南宋】 杨万里*

《宋史》【元】 脱脱等

《满江红》(拂拭残碑)【明】 文徵明

《岳飞传》 邓广铭

跨学科及影视拓展

宋史(三级学科) 靖康之变与绍兴和议

中国古代战争史(三级学科) 郾城大捷

研学旅行

岳飞墓　浙江省杭州市

汤阴岳飞庙　河南省汤阴县

2019年12月旅居杭州以来,每年元旦清晨到访岳王庙及岳飞墓。上图为岳王庙正门,下图为大殿内岳飞塑像。

○九九 两袖清风

成语人物
于谦

人文地理
北京　杭州

文化精神

殉国忘身，
舍生取义。
宁正而毙，
弗苟而全。
——于谦

公元1457年正月，北京城朔风凛冽、阴霾蔽天，一位朴实贫寒的朝廷重臣被押赴刑场问斩，他就是曾写下"粉骨碎身浑不怕，要留清白在人间"的兵部尚书于谦。这首名叫《石灰吟》的少年之作伴随了于谦终身，成为他波澜壮阔人生的真实缩影。

明太祖朱元璋去世那年，于谦出生在杭州钱塘。他自幼便崭露出英迈超群的气质，被预言家称作未来的"救时宰相"。明成祖迁都北京次年，于谦考取进士步入仕途，开始了以身报国、为民请命的居官生涯。明宣宗即位之初，汉王朱高煦发动叛乱，兵败被俘后仍意气扬扬、不可一世，于谦当面对其进行了正义凛然、声色俱厉的驳斥，从此受知于明宣宗，被超擢为兵部右侍郎，巡抚河南、山西两省。

明代巡抚是中央监察系统的延伸，大权在握、威震一方。于谦到任之后，轻车简从、访贫问苦、扶危济困、兴利除弊，足迹踏遍了辖区内的每个角落。当时，地方官员聚敛财富，结交朝中权贵，谋求个人进身之阶，是普遍且通行的做法。于谦却反其道而行之，每次进京述职都行囊空空，更在《入京》一诗中以"清风两袖朝天去，免得闾阎话短长"自明心志。这种不合流俗的耿介态度，让他受到朝堂之上的小人嫉恨，被捏造罪名逮捕下狱准备处死。危急关头，河南、山西两地百姓数千人来到京城伏阙上书，为于谦鸣冤叫屈；甚至明朝分封在藩的周、晋二王，也对此举提出异议。巨大的请愿声势震慑了宵小之辈，他们将于谦无罪释放、官复原职。

正统十三年(公元1448年)，于谦被征召进京担任兵部左侍郎。第二年"土木堡之变"爆发，明王朝几十万大军和半数文武官员命丧荒野，英宗朱祁镇被蒙古瓦剌部首领也先俘虏，变成了敌人手里的一张筹码。当也先带领浩浩荡荡的蒙古军队，挟胜利者余威杀向北京时，是否弃城南逃，成为大明君臣面临的生死抉择。

在公元1449年初秋那个天崩地坼、沧海横流的至暗时刻，书生于谦站了出来，他慨然以社稷安危为己任，要用一腔赤诚，保护自己的国家和人民。于谦先在朝堂之上，怒斥了迁都南京的提议，侃侃言道"主张南迁之人，应当斩首示众。京师乃天下根本，一旦动摇则大事去矣。宋朝就是前车之鉴"；再部署指挥，急调河南、山东及沿海等处后备部队入京勤王。面对天子北狩、国无长君的混乱情势，已升任兵部尚书的于谦，率群臣恳请太后立郕王朱祁钰为帝，以此稳定大局、挽回人心。

同一时间，挟持着明英宗的瓦剌骑兵，已从紫荆关进逼北京。于谦下令：二十二万卫戍部队全部开出京师九门，列阵城外准备迎敌；所有城门关闭，大战开始之日，无论何人，凡后退者立斩不赦。他本人则督师于德胜门外，誓与京城共存亡。"北京保卫战"由此打响。

经过艰苦卓绝的浴血奋战，北京军民打退瓦剌进攻，大明王朝转危为安，避免了"靖康之变"后宋朝的同样命运。论功行赏之时，于谦却拒绝了皇帝的加官进爵，他说："四郊多垒，京师告急，是士大夫的奇耻大辱。我怎敢因此而邀功呢！"这一刻，功在社稷、名高天下的于谦，依然恪守着"但愿苍生俱饱暖，不辞辛苦出山林"的人生信条，苟利国家，别无所求。

七年后，明英宗通过"夺门之变"复辟。一身洁白、两袖清风的于谦，再次遭到小人陷害，被急于证明夺权合法性的朱祁镇以谋逆之罪杀害。消息传出，天下为之痛惜。当负责查抄的官员来到于谦家中，却发现他身无长物、四壁萧然，只有皇帝御赐的蟒袍、佩剑，端端正正地摆放在厅堂之上。

Those who propose to take charge of the affairs of government should not fail to remember two of Plato's rules: first, to keep the good of the people so clearly in view that regardless of their own interests they will make their every action conform to that; second, to care for the welfare of the whole body politic and not in serving the interests of some one party to betray the rest.

—*De Officiis*, Marcus Cicero

有志于掌管国家事务的人，应当谨记柏拉图的两条原则：首先，要守护人民福祉，显然，唯有摒弃个人私利，才能使自己的每一行为都与之相符；其次，要关心国家的整体福祉，不能因效力于某一党派而罔顾其余。

——马库斯·西塞罗《论义务》

于谦死后归葬杭州，埋骨于三台山下。人们无法忘记这位挽狂澜于既倒、扶大厦于将倾的悲剧英雄，岁时祭奠者络绎不绝。成化初年，明宪宗下诏为于谦昭雪，在祭文中对其殊勋伟业给予了高度评价，同时表达出悔恨之情。"当国家之多难，保社稷以无虞。惟公道而自持，为权奸之所害。在先帝已知其枉，而朕心实怜其忠"数语，可以看作明朝皇帝对于谦的盖棺之论。

《明史》记载，性格刚直的于谦，常常抚膺自叹："这一腔热血，不知竟会洒向何处！""血不曾冷，风孰与高"，在历史的记忆中，于谦始终是那个写下《石灰吟》的热血少年。

成语释读

比喻为官清廉、克己奉公。

发现与探索

典籍诗文

《石灰吟》【明】 于谦*

《咏煤炭》【明】 于谦

《入京》【明】 于谦

《明史》【清】 张廷玉等

跨学科及影视拓展

明史(三级学科) 土木堡之变与北京保卫战

研学旅行

德胜门箭楼 北京市

于谦墓 浙江省杭州市

2019年12月旅居杭州以来，每年清明时节到访于谦祠墓。上图为于谦墓石坊，下图为于谦祠内景。

天下兴亡，匹夫有责

成语人物

顾炎武

人文地理

北京　南京

文化精神

为实现中
华民族伟
大复兴而
不懈奋斗！

　　"天下兴亡，匹夫有责"是顾炎武在明清鼎革之际发出的振臂一呼。

　　从15世纪下半叶开始，世界经历了翻天覆地的剧烈变化。在西方，迪亚士绕过好望角，哥伦布远航美洲，达伽马抵达印度，麦哲伦环行世界，地理大发现的热潮蓬勃展开，商业、航海业和工业空前高涨，新兴的资本主义迅速萌芽。东方的大明王朝，也涌现出许多前所未有的社会景象。

　　首先是商品经济的发展。古代中国是农业社会，有重农抑商的历史传统。元末明初以来，手工工场不断出现，商业城市日益兴起，新的工商业者阶层逐渐形成。世风所及，贵族、官员也大范围参与到商业活动当中。

　　其次是市民文化的勃兴。明代中后期市井文学陡然增多，故事主角由文人士大夫向平民百姓和商人群体转移，如《白蛇传》的主人公是药铺老板许仙，"三言""二拍"里的《转运汉巧遇洞庭红》《卖油郎独占花魁》，描写的则是穷汉、商贩一类小人物。

　　这一时期，中国同西方的交流也渐趋频繁。利玛窦等传教士带来了欧洲的科学技术，以徐光启、李之藻、杨廷筠为首的晚明士大夫对此报以热诚欢迎。在他们的积极学习和大力倡导下西学蔚然成风，并与中国传统道德思想发生了碰撞和交融。

　　明朝晚期，又是一个社会动荡、斗争尖锐的剧变时代。张居正改革失败后，明王朝政治腐败、国力空虚，农民反抗的烽烟燃遍大江南北，崛起于白山黑水之间的女真部落则在辽东半岛跃马扬鞭、纵横驰骋。努尔哈赤率领建州女真从赫图阿拉出发，先定都辽阳，再迁都沈阳，逐步蚕食山海关外的大明领土；其子皇太极更于公元1636年正式称帝，建立了清王朝。

　　公元1644年初，李自成率领农民起义军攻破北京，崇祯皇帝自缢煤山。

短短两月之中，吴三桂背国降敌，李自成苦战失败，山海关门户洞开，清王朝入主中原。明朝的残存势力在南京拥戴福王朱由崧称帝，改元弘光，意图凭借长江天险固守半壁江山。然而，随着清军大举南下，庸懦无能且内斗不断的弘光政权迅速崩溃，史可法殉难扬州，朱由崧被俘虏至北京处死。

北、南两京相继失守后，东南沿海地区建立起若干相互关联又彼此争立的南明小朝廷。公元1645年夏，唐王朱聿键在福州称帝，建元隆武；鲁王朱以海在绍兴自称监国。次年，清军攻取浙东，并经由仙霞关入闽，朱以海流亡孤岛，朱聿键战死汀州。隆武政权覆灭后，桂王朱由榔在广东肇庆被拥立为帝，改元永历，南明法统得以延续。张煌言、郑成功等人则在舟山至漳州一带以"咬定青山不放松"的顽强意志坚持抗清，直到康熙初年。

但大厦将倾，非独木所能支。在救亡图存的二十年间，南明军民虽说取得了像会师长江、兵临南京那样的骄人战绩，抗清大局却是江河日下。永历帝即位后，军阀派系斗争不断，叛降将领更引导清军向西南边陲步步进逼。永历君臣先从两广退守云南，再败逃入缅甸，最终在内外夹攻下一败涂地。朱由榔被吴三桂押解至昆明，用弓弦绞杀而死。

西学东渐带来的文明冲撞，以及中原板荡、四海鼎沸的社会现实，让明末清初的士大夫群体生发出强烈的文化自觉意识。在他们看来，明清鼎革不仅是国家政权的更替，更是文明形态的变易。继南宋灭亡之后，华夏文明再次面临家国沦丧、道统断绝的恐惧与挑战。

正是在这样一种对中国固有文明的反省和自新中，顾炎武提出振聋发聩的亡国与亡天下之辨。他在《日知录》中说："王朝改姓，政权更迭，是为亡国；天崩地裂，仁义灭绝，是为亡天下。"亡国不过帝王将相一姓之私事，亡天下却与每个社会成员利害交关。任何一个人，即使身份低微、能力有限，都应具备守护天下安危的责任意识和主动精神。

由于清朝统治者广设文网、屡兴大狱，严厉镇压具有独立精神的学术观点。顾炎武的思想在当时并未得到广泛传播，反而遭受长期忽视。"青山遮不住，毕竟东流去"——思想的光芒，可以暂时黯淡，却不会永远熄灭，在幽暗昏惑的旅途中，终将照亮后来者前行的道路。顾炎武去世二百多年后，另一批新时代的启蒙者接过他的思想武器，开启了中国近代化的艰苦征程。梁启超、麦孟华等维新先驱，将顾炎武的亡国与亡天下之辨重新阐发，提炼为"天下兴亡，匹夫有责"，以此恢弘志士之气，挽救民族危亡。

Let us therefore boldly face the life of strife, resolute to do our duty well and manfully; resolute to uphold righteousness by deed and by word; resolute to be both honest and brave, to serve high ideals, yet to use practical methods. Above all, let us shrink from no strife, moral or physical, within or without the nation, provided we are certain that the strife is justified, for it is only through strife, through hard and dangerous endeavor, that we shall ultimately win the goal of true national greatness.

—*The Strenuous Life*, Theodore Roosevelt

让我们直面人生苦难，坚定而有尊严地履职尽责，言行举止不偏不党、诚朴勇毅，为实现崇高理想埋头苦干。最重要的，无论精神还是肉体，都让我们不惧艰辛，纵横四海。我们深信，艰难困苦玉汝于成，只有通过艰苦卓绝的奋斗，才能最终实现民族伟业。

——西奥多·罗斯福《艰苦的生活》

"欲穷千里目,更上一层楼。"在中华民族大国崛起与文明复兴的今天,让我们从前辈的深邃思想中汲取力量,守先待后、继往开来、勤勉不懈、为国奋斗!

成语释读

意为振兴中华,人人有责。

发现与探索

典籍诗文

《登鹳雀楼》【唐】 王之涣*

《菩萨蛮·书江西造口壁》【南宋】 辛弃疾

《日知录》【明】 顾炎武

《竹石》【清】 郑燮*

跨学科及影视拓展

世界近代史(三级学科) 地理大发现与资本主义全球扩张

文化史(三级学科) 中国人的天下观念与责任意识

研学旅行

故宫博物院 北京市

景山 北京市

南京城墙 江苏省南京市

出生并成长于北京，多次到访故宫博物院。上图为午门，下图为乾清宫内景。

中文文献

阿里安. 亚历山大远征记[M]. 李活, 译. 北京: 商务印书馆, 1979.

爱德蒙·柏克. 美洲三书[M]. 缪哲, 选译. 北京: 商务印书馆, 2003.

拜伦. 拜伦诗选[M]. 查良铮, 译. 北京: 人民文学出版社, 2021.

柏拉图. 柏拉图全集. 理想国[M]. 王扬, 译. 北京: 华夏出版社有限公司, 2023.

柏拉图. 柏拉图全集. 中短篇作品. 上[M]. 刘小枫, 等译. 北京: 华夏出版社有限公司, 2023.

柏拉图. 理想国[M]. 郭斌和, 张竹明, 译. 北京: 商务印书馆, 1986.

柏拉图. 游叙弗伦·苏格拉底的申辩·克力同[M]. 严群, 译. 北京: 商务印书馆, 1983.

查士丁尼. 法学总论: 法学阶梯[M]. 张企泰, 译. 北京: 商务印书馆, 1989.

大仲马. 基督山伯爵[M]. 李玉, 译. 北京: 人民文学出版社, 2018.

方濬师. 蕉轩随录: 续录[M]. 盛冬铃, 点校. 北京: 中华书局, 1995.

伏尔泰. 路易十四时代[M]. 吴模信, 沈怀洁, 梁守锵, 译. 北京: 商务印书馆, 1996.

李斯特. 政治经济学的国民体系[M]. 陈万煦, 译. 北京: 商务印书馆, 1961.

刘小枫. 柏拉图四书[M]. 北京: 生活·读书·新知三联书店, 2015.

海德格尔. 存在与时间［M］. 陈嘉映, 王庆节, 译. 2版. 北京: 商务印书馆, 2016.

海德格尔. 林中路［M］. 孙周兴, 译. 北京: 商务印书馆, 2018.

黑格尔. 历史哲学［M］. 王造时, 译. 上海: 上海书店出版社, 2001.

卡尔·冯·克劳塞维茨. 战争论［M］. 时殷弘, 译. 北京: 商务印书馆, 2022.

卡尔·雅斯贝尔斯. 大哲学家. 孔子与老子［M］. 李雪涛, 译. 上海: 华东师
    范大学出版社, 2023.

康德. 论优美感和崇高感［M］. 何兆武, 译. 北京: 商务印书馆, 2001.

康德. 实践理性批判［M］. 邓晓芒, 译. 杨祖陶, 校. 2版. 北京: 人民出版社,
    2016年.

列宁. 列宁全集. 第32卷［M］. 中共中央马克思恩格斯列宁斯大林著作编译
    局, 编译. 2版. 北京: 人民出版社, 2016.

罗曼·罗兰. 约翰-克利斯朵夫［M］. 傅雷, 译. 北京: 人民文学出版社, 1957.

罗俞君. 杨绛散文［G］. 杭州: 浙江文艺出版社, 1994.

马基雅维里. 君主论［M］. 潘汉典, 译. 北京: 商务印书馆, 1985.

马克思, 恩格斯. 共产党宣言［M］. 中共中央马克思恩格斯列宁斯大林著作
    编译局, 编译. 北京: 人民出版社, 2018.

孟德斯鸠. 论法的精神［M］. 许明龙, 译. 北京: 商务印书馆, 2012.

尼采. 查拉图斯特拉如是说［M］. 孙周兴, 译. 北京: 商务印书馆, 2023.

尼采. 希腊悲剧时代的哲学［M］. 李超杰, 译. 北京: 商务印书馆, 2020.

尼古拉·奥斯特洛夫斯基. 钢铁是怎样炼成的［M］. 陈恒哲, 译. 天津: 天津
    人民出版社, 2017.

欧内斯特·海明威. 老人与海［M］. 陈良廷, 等译. 北京: 人民文学出版社, 2013.

欧文. 见闻札记［M］. 刘荣跃, 译. 北京: 清华大学出版社, 2015.

培根. 培根论说文集［M］. 水天同, 译. 北京: 商务印书馆, 1983.

普林尼. 自然史［M］. 李铁匠, 译. 上海: 上海三联书店, 2018.

普鲁塔克.希腊罗马名人传［M］.陆永庭,吴彭鹏,等译.北京:商务印书馆, 1990.

普洛科皮乌斯.普洛科皮乌斯战争史［M］.王以铸,崔妙因,译.北京:商务 印书馆,2010.

乔治·勒费弗尔.拿破仑时代［M］.河北师大外语系《拿破仑时代》翻译组, 中山大学《拿破仑时代》翻译组,译.北京:商务印书馆,1978.

萨克雷.巴里·林登［M］.李晓燕,译.北京:首都师范大学出版社,2015.

莎士比亚.莎士比亚全集［M］.朱生豪,等译.北京:人民文学出版社,1994.

色诺芬.回忆苏格拉底［M］.吴水泉,译.北京:商务印书馆,1984.

泰戈尔.飞鸟集:英汉对照［M］.郑振铎,译.杜文娟,绘.北京:中国青年出 版社,2015.

托马斯·莫尔.乌托邦［M］.戴镏龄,译.北京:商务印书馆,1982.

王佐良.英国散文名篇选［G］.北京:人民文学出版社,2023.

王佐良.英诗的境界［M］.北京:生活·读书·新知三联书店,2012.

西塞罗.论共和国 论法律［M］.王焕生,译.北京:中国政法大学出版社,1997.

西塞罗.论老年 论友谊 论责任［M］.徐奕春,译.北京:商务印书馆,1998.

西塞罗.论演说家［M］.王焕生,译.北京:中国政法大学出版社,2003.

西塞罗.论义务［M］.王焕生,译.北京:中国政法大学出版社,1999.

修昔底德.伯罗奔尼撒战争史［M］.谢德风,译.北京:商务印书馆,1960.

亚里士多德.形而上学［M］.吴寿彭,译.北京:商务印书馆,1959.

印卡·加西拉索·德拉维加.印卡王室述评［M］.白凤森,杨衍永,译.北京: 商务印书馆,2018.

雨果.悲惨世界［M］.李丹,方于,译.北京:人民文学出版社,1992.

约翰·罗尔斯.正义论［M］.何怀宏,何包钢,廖申白,译.北京:中国社会 科学出版社,2009.

外文文献

Aristotle. *The Metaphysics of Aristotle*. Trans. Thomas Taylor. London: Davis, Wilks, and Taylor, 1801.

Arrian. *Alexander the Great*. Trans. Martin Hammond. Oxford: Oxford University Press, 2013.

Bacon, Francis. *Bacon's Essays and Wisdom of the Ancients*. Boston: Little, Brown, and Company, 1884.

---. *Meditationes Sacrae*. Londini: Excudebat Iohannes Windet, 1597.

Burke, Edmund. *Select Works of Edmund Burke*. Vol 1. Indianapolis: Liberty Fund, 1999.

Cicero, Marcus. *De Amicitia*. Trans. Andrew Peabody. Boston: Little Brown and Company, 1887.

---. *De Officiis*. Trans. Walter Miller. London: William Heinemann; New York: the Macmillan Co., 1913.

---. *De Oratore*. Trans. E. W. Sutton. London: William Heinemann Ltd.; Cambridge, Massachusetts: Harvard University Press, 1967.

---. *The Republic of Cicero*. Book 1. Trans. G. W. Featherstonhaugh. New-York: G. & C. Carvill, 1829.

de la Vega, Garcilaso. Los *Comentarios Reales de los Incas*. Lima: Imprenta y Libreria Sanmarti y Ca., 1919.

---. *The Royal Commentaries of Peru, in Two Parts*. Trans. Paul Rtcaut. London: Miles Flesber, 1688.

Dumas, Alexandre. *The Count of Monte-Cristo*. London and New-York: George Routledge and Sons, 1888.

Franklin, Benjamin. *The Works of Benjamin Franklin*. Vol. 2. New York and London: G. P. Putnam's Sons; the Knickerbocker Press, 1904.

Hegel, G. W. F. *Philosophy of History*. Trans. J. Sibree. New York: P. F. Collier and Son, 1901.

Heidegger, Martin. *Off the Beaten Track*. Trans. and eds. Julian Young and Kenneth Haynes. Cambridge: Cambridge University Press, 2002.

---. *Poetry, Language, Thought*. Trans. Albert Hofstadter. New York: Harper and Row, 1971.

Hemingway, Ernest. *The Old Man and the Sea*. New York: Charles Scribner's Sons, 1952.

Hippocratis. *Aphorismi cum Commentariolo*. Londini: Typis W.B. Impensis A. & J. Churchill, 1703.

Hölderlin, Friedrich. *Hymns and Fragments*. Trans. Richard Sieburth. Princeton: Princeton University Press, 1984.

Hugo, Victor. *Les Misérables*. Trans. Isabel F. Hapgood. New York: Thomas Y. Crowell & Co., 1887.

Irving, Washington. *The Sketch Book of Geoffrey Crayon, Gent*. New York: G. P. Putnam, 1864.

Jaspers, Karl. *The Great Philosophers*. Trans. Ralph Manheim. Ed. Hannah Arendt. New York: Harcourt, Brace & World, Inc., 1962.

Kafka, Franz. *The Blue Octavo Notebooks*. Trans. Ernst Kaiser and Eithne Wilkins. Ed. Max Brod. Cambridge: Exact Change, 1991.

Kant, Immanuel. *Critique of Practical Reason*. Trans. Lewis White Beck. Indianapolis, New York: the Bobbs-Merrill Company, Inc., 1956.

---. *Observations on the Feelings of the Beautiful and Sublime and Other*

Writings. Eds. Patrick Frierson and Paul Guyer. New York: Cambridge University Press, 2011.

Lefebvre, Georges. *Napoleon*. Trans. Henry F. Stockhold and J. E. Anderson. London and New York: Routledge, 2011.

Lenin, V. I. *Lenin Collected Works*. Vol. 25. Moscow: Progress Publishers, 1977.

List, Friedrich. *The National System of Political Economy*. Trans. Sampson S. Lloyd. London: Longmans, Green, and Co., 1909.

Locke, John. *Some Thoughts Concerning Education*. London: A. and J. Churchill, 1712.

Machiavelli, Nicolò. *The Prince*. Trans. M. K. Marriott. London: J. M. Dent & Sons Ltd.; New York: E. P. Dutton & Co., Inc., 1908.

Marx, Karl and Frederick Engels. *Communist Manifesto*. Trans. Frederick Engels. Chicago: Charles H. Kerr & Company, 1888.

Montesquieu. *De l'esprit des lois*. Paris: Garnier-Flammarion, 1979.

---. *The Spirit of the Laws*. Trans. and eds. Anne M. Cohler, Basia Carolyn Miller, and Harold Samuel Stone. Cambridge: Cambridge University Press, 1989.

More, Thomas. *Utopia*. Trans. Gilbert Burnet. Eds. Henry Morley and Stephen Duncombe. London: Cassell & Company, 1901.

National Municipal Review. Vol. 16. New York: National Municipal League, 1927.

Nietzsche, Friedrich. *Early Greek Philosophy & Other Essays*. Trans. Maximilian A. Mügge. New York: the Macmillan Company, 1911.

---. *Thus Spake Zarathustra*. Trans. Thomas Common. London: George Allen & Unwin Ltd.; New York: the Macmillan Company, 1930.

Ostrovsky, Nikolai. *How the Steel Was Tempered*. Part 2. Trans. R. Prokofieva. Moscow: Foreign Languages Publishing House, 1952.

Pegler, Martin. *Soldiers' Songs and Slang of the Great War*. Oxford: Osprey Publishing, 2014.

Plato. *Protagoras*. Trans. Benjamin Jowett. Ed. Gregory Vlastos. Indianapolis, New York: the Bobbs-Merrill Company, Inc., 1956.

---. *The Apology of Socrates*. Ed. Adela Marion Adam. Cambridge: the University Press, 1964.

---. *The Republic*. Trans. Tom Griffith. Ed. G. R. F. Ferrari. Cambridge: Cambridge University Press, 2000.

Pliny. *Natural History*. Vol. 4. Trans. H. Rackham. London: William Heinemann Ltd.; Cambridge: Harvard University Press, 1960.

Plutarch. *The Lives of the Noble Grecians and Romans*. Trans. John Dryden. Ed. Arthur Hugh Clough. New York: the Modern Library, 1996.

Procopius. *History of the Wars*. Book 1. Trans. H. B. Dewing. London: William Heinemann Ltd.; Cambridge: Harvard University Press, 1971.

Rawls, John. *A Theory of Justice*. Cambridge: Harvard University Press, 1971.

Rolland, Romain. *Jean-Christophe*. Trans. Gilbert Cannan. New York: Henry Holt and Company, 1914.

Russell, Bertrand. *Mortals and Others*. Vol. 2. Ed. Harry Ruja. London and New York: Routledge, 1998.

Seneca, Lucius. *Hercules Furens. Seneca's Tragedies*. Vol. 1. Trans. Frank Justus Miller. London: William Heinemann Ltd., 1917.

Shakespeare, William. *Shakespeare Twenty-three Plays and the Sonnets*. Eds. Edward Hubler and Robert Stockdale Telfer. New York: Charles Scribner's

Sons, 1938.

Syrus, Publius. *The Moral Sayings of Publius Syrus, A Roman Slave*. Trans. Darius Lyman. Boston: L. E. Barnard & Company, 1856.

Tagore, Rabindranath. *Stray Birds*. London: Macmillan and Co., Limited, 1918.

Thackeray, William Makepeace. *Barry Lyndon*. Teddington: the Echo Library, 2006.

The Declaration of Independence and the Constitution of the United States. New York, Toronto, London, Sydney, Auckland: Bantam Books, 1998.

The Institutes of Justinian. Trans. Thomas Collett Sandars. London: Longmans, Green, and Co., 1874.

Thucydides. *The History of the Peloponnesian War*. Trans. Richard Crawley. New York: E. P. Dutton and Company, Inc.; London: J. M. Dent and Sons, Limited, 1950.

Virgil. *The Aeneid of Virgil*. Trans. J. W. Mackail. London: Macmillan and Co., 1885.

Voltaire. *The Works of Voltaire*. Trans. William F. Flemings. New York: E. R. Dumont, 1901.

von Clausewitz, Carl. *On War*. Trans. Michael Howard and Peter Paret. Oxford: Oxford University Press, 2007.

Wilde, Oscar. *The Importance of Being Earnest*. New York: Barron's Educational Series, 1959.

Xenophon. *Memorabilia*. Trans. Amy L. Bonnette. Ithaca and London: Cornell University Press, 1994.

Colonial Williamsburg. https://www.colonialwilliamsburg.org.

Folger Shakespeare Library. https://www.folger.edu.

Founders Online, National Archives. https://founders.archives.gov.

International Churchill Society. https://winstonchurchill.org.

In Defence of Marxism. https://www.marxist.com.

John F. Kennedy Presidential Library and Museum. https://www.jfklibrary.org.

Library of Congress. https://www.loc.gov.

Ministère de l' Europe et des Affaires étrangères. https://www.diplomatie.gouv. fr/en.

Perseus Digital Library. http://www.perseus.tufts.edu.

Poetry Foundation. https://www.poetryfoundation.org.

Stanford News. https://news.stanford.edu.

The American Presidency Project. https://www.presidency.ucsb.edu.

The Center for Hellenic Studies, Harvard University. https://chs.harvard.edu.

The Martin Luther King, Jr. Research and Education Institute, Stanford University. https://kinginstitute.stanford.edu.

Theodore Roosevelt Center, Dickinson State University. https://www. theodorerooseveltcenter.org.

Yale University. https://www.yale.edu.

思考于时间，

古今相传成语不绝，如何赓续千年？

是我们不曾改变？

思考于空间，

中西相隔千山万水，为何认知相通？

是你我曾经相遇？

探索与实践，

我们用音频讲述成语背后的故事，

我们用视频演绎成语蕴含的典故。

六年来，受众数以千万计。

呼应者之广，无分南北；

响应者之众，不论老幼。

似乎有一种力量让大家聚到一起，满怀憧憬走向未来。

成语，寥寥数字。

承载着五千年历史的时空切片；

承载着广袤土地上的那些城、那些人、那些事；

承载着我们对母语的文化热爱；

更承载着中国的文化精神和文化自信。

文化精神，通向未来。

五千年中国与当下中国，文化一脉相承，精神一以贯之。

正是这种文化精神使我们坚信美好的未来。

文化自信，具象而立体。

是一位位鲜活生动到表情的中华先贤，

是一座座相隔千里却总能到达的历史名城，

是一句句至今仍回响于耳畔的诗文吟咏……

让我们从成语里发现中国。

了解中国，启迪未来；

了解中国，对话世界。

最后，

致敬我们的文化，

致敬我们的时代，

致敬你我的文化信仰！

2023 年 12 月

上海产业转型发展研究院

博士书院研学中心

致谢

领 衔 学 术 支 持

陈鼓应　虞万里　谢茂松

学 术 支 持

戈志勇　　罗　峰　林志猛　孟　琢　王　乐　彭英之

欧阳崇勋　朱顺慈　王荷舒　谷亚韬　姚舜雨　何　怡

徐思思　　王悦笛　吴科杰

艺 术 支 持

吴　超　张文容　宁　静　徐若昭　王　莉　张　闽

文 旅 支 持

沈慧蓉　刘结成　蒋回源　唐　芳　盛　杰　窦俊杰

文 教 支 持

张春林　徐　红　张　宁　周　青　干　宇　严　嵘

章红柱　丁元璞　王　赢　左长连　辛　鹏　高沐晗

产 业 支 持

王顺林　陈晓云　姜　宁　曹天风　于　杰　倪丰羽

陈晓东　王凯鹏　方　正　周　林　向方悟　刘德琳

策 划 运 营

张 珺　俞雯玮　姚之均　潘 翼　王德嵘　冯 骏

周漪澜　孙麟华　宋燕燕　许强强　梁 媚　张佳慧

蔡 藜　廖镁凤

少 年 品 读 人

张以群　郭欣雨　姚运心　潘黄宇沐　何京龙　芮兆卓

顾翊歆　王熙元　乔瀚达　乔明达　梁 朗　林淳叙

高小然　陆欣妍　戚苏晨　蒋语霏　盛颢楠　梁子悠

赵嘉君　赵思涵　许扬济　许扬沐　魏梦泽　周云丞

林知瑜　周自珩　张恩睿　朱韵洁　孙宇航　方 涵

徐嘉琰　刘蕴恬　曹睿妍　魏致远　杨乐懿　党好和